実務逐条解説

フリーランス・事業者間取引適正化等法

TMI総合法律事務所
弁護士 那須勇太
弁護士 益原大亮　編著
元 厚生労働省大臣官房総務課法務室法務指導官／労働基準局労働条件政策課課長補佐・労働関係法専門官

弁護士 海住幸生
元 公正取引委員会審査局訟務官付審査専門官
弁護士 安中嘉彦
元 厚生労働省労働基準局監督課労働関係法専門官
弁護士 池田絹助　弁護士 正田琢也
弁護士 長島 誠　弁護士 小野関 翼
弁護士 梶原大暉　弁護士 打越まりん　著

中央経済社

はしがき

　本書は，令和6年11月施行の特定受託事業者に係る取引の適正化等に関する法律（フリーランス・事業者間取引適正化等法）について，立法経緯や他法との関係性，各条文の内容と実務対応等を，通達，ガイドライン，Q&A，パブコメ，国会答弁等を含めて網羅的かつ詳細に解説するものである（本書1冊で同法の全てがわかるよう，情報の一元化を目指した）。

　また，本書は，TMI総合法律事務所において，競争法分野や労働法分野を専門とする弁護士により執筆されたものである。公正取引委員会出向経験者や私を含む厚生労働省出向経験者の弁護士等，幅広いバックグラウンドを持つ弁護士により，専門的かつ実践的な内容に仕上げている。

　本法は，業種・職種にかかわらず，事業者間取引において弱い立場に立たされやすい個人事業主・フリーランスを保護すべく，委託事業者に対し，「取引の適正化」と「就業環境の整備」に係る規制を設けている。「取引の適正化」という点では，下請法に倣った取引規制を設けており，また，「就業環境の整備」という点では，職安法上の募集情報の的確表示，均等法や労推法上の各ハラスメントの防止措置，労基法上の解雇予告といった労働関係法令に倣った規制を設けているほか，育児・介護との両立を図るための規制を設けており，競争法的思想と労働法的思想を盛り込んだ法律といえよう。個人事業主・フリーランスと取引のある事業者としては，業種・職種にかかわらず，この両側面の規制を遵守しなければならないため，本法の施行による企業実務への影響は極めて大きい。そのため，個人事業主・フリーランスと取引のある事業者においては，社内研修を含めた本法の遵守体制の整備等を行い，本法への対応について万全な状態にしておくことが重要となってくる。

　本書においては，第1編で本法の立法経緯，本法の内容（概要）及び他法との関係性を解説した上で，第2編で本法の条文ごとに「第1　本条の趣旨」，「第2　条文解説」，「第3　実務対応」という構成で逐条解説を行っている。

本書は，個人事業主・フリーランスと取引のある事業者（企業・法人の法務部，事業部，人事・労務部門等）のみならず，個人事業主・フリーランスに係るプラットフォーマーや個人事業主・フリーランス自身も参考となるような構成としているが，特に個人事業主・フリーランスと取引のある事業者におかれては，本書には条文のみならず，実務対応の解説もあるため，本法の各規制を遵守する上で，ぜひ，活用いただきたい。

　最後に，本書の執筆に際して，一般社団法人プロフェッショナル＆パラレルキャリア・フリーランス協会代表理事の平田麻莉様におかれては，種々ご協力を賜り，厚く御礼申し上げたい。また，中央経済社実務書編集部の石井直人様におかれては，本書の執筆に当たり，タイトなスケジュールの中，多大なご協力を賜り，感謝の念に堪えない。本書の刊行にあたって，ご協力，ご尽力いただいた皆様には重ねて御礼申し上げたい。

　本書が，本法に関わるすべての方々における本法の遵守の一助になれば，著者一同，幸甚の至りである。

　令和6年11月

編著者として　益 原 大 亮

I

目　　次

はしがき　i

第1編　本法の概要

第1　本法の立法経緯 ———————————————————— 2

　　1　フリーランスをめぐる背景　2

　　2　フリーランスをめぐる課題・要因　4

　　3　政府の動き　6

　　4　業界団体の活動　7

　　5　本法の制定　8

第2　本法の内容 —————————————————————— 10

第3　他法との関係性 ———————————————————— 14

　　1　独禁法との関係　14

　　2　下請法との関係　15

　　3　労働関係法令との関係　16

第2編　本法の解説

第1章　総　　則 ————————————————————— 22

第一条（目的）22

第二条（定義）25

Ⅱ

第1　本条の趣旨 ——————————————————— 26

第2　条文解説 ——————————————————— 26

　　1　「特定受託事業者」（法2条1項）　26

　　⑴　定義　26

　　⑵　「事業者」　27

　　⑶　「個人であって，従業員を使用しないもの」　33

　　⑷　「法人であって，一の代表者以外に他の役員（理事，取締役，
　　　　執行役，業務を執行する社員，監事若しくは監査役又はこれ
　　　　らに準ずる者をいう。）がなく，かつ，従業員を使用しない
　　　　もの」　36

　　⑸　特定受託事業者該当性の判断基準時　37

　　2　「特定受託業務従事者」（法2条2項）　37

　　3　「業務委託」（法2条3項）　38

　　⑴　概要　38

　　⑵　「その事業のために」（法2条3項各号）　38

　　⑶　「他の事業者に……委託すること」（法2条3項各号）　40

　　⑷　物品の製造・加工委託（法2条3項1号）　41

　　⑸　情報成果物の作成委託（法2条3項1号）　42

　　⑹　役務の提供委託（法2条3項2号）　43

　　⑺　業務委託の越境取引への本法の適用関係　44

　　4　「情報成果物」（法2条4項）　45

　　5　「業務委託事業者」（法2条5項）　45

　　6　「特定業務委託事業者」（法2条6項）　47

　　⑴　特定業務委託事業者の内容　47

　　⑵　特定業務委託事業者該当性の判断基準時　48

　　7　「報酬」（法2条7項）　49

第3　実務対応 ——————————————————— 49

　　1　法の適用の有無の確認事項・確認時期　49

目　次　Ⅲ

(1)　特定受託事業者該当性を判断するための確認事項　49

(2)　確認対象事項の確認の時点　50

2　確認対象事項に関する確認の実務的な対応　51

(1)　具体的な確認方法　51

(2)　現実的な対応　52

第2章　特定受託事業者に係る取引の適正化 ──── 53

第三条（特定受託事業者の給付の内容その他の事項の明示等）　53

第1　本条の趣旨 ──────────────────────53

第2　条文解説 ──────────────────────54

1　「業務委託事業者」（法3条1項・2項）　54

2　「業務委託をした場合」（法3条1項）　55

(1)　「業務委託をした場合」の意味　55

(2)　本法施行前の業務委託の取扱い　55

(3)　共通して適用される事項の取決め　56

3　「直ちに」（法3条1項）　56

4　「公正取引委員会規則で定めるところにより，特定受託事業者の給付の内容，報酬の額，支払期日その他の事項」（法3条1項）　57

(1)　「公正取引委員会規則で定める」内容　57

(2)　再委託の場合の明示事項（公取委関係法施行規則1条2項）　68

5　「書面又は電磁的方法（電子情報処理組織を使用する方法その他の情報通信の技術を利用する方法であって公正取引委員会規則で定めるものをいう。）」（法3条1項）　68

(1)　「書面」　69

IV

　　(2)　「電磁的方法（電子情報処理組織を使用する方法その他の情報通信の技術を利用する方法であって公正取引委員会規則で定めるものをいう）」　69

　6　「ただし，これらの事項のうちその内容が定められないことにつき正当な理由があるものについては，その明示を要しないものとし，この場合には，業務委託事業者は，当該事項の内容が定められた後直ちに，当該事項を書面又は電磁的方法により特定受託事業者に対し明示しなければならない」（法3条1項）　72

　　(1)　「その内容が定められないことにつき正当な理由がある」　73

　　(2)　「当該事項の内容が定められた後直ちに，……特定受託事業者に対し明示しなければならない」　74

　7　「特定受託事業者から当該事項を記載した書面の交付を求められたとき」（法3条2項）　75

　8　「遅滞なく」（法3条2項）　75

　9　「公正取引委員会規則で定めるところにより」（法3条2項）　75

　10　「ただし，特定受託事業者の保護に支障を生ずることがない場合として公正取引委員会規則で定める場合は，この限りでない」（法3条2項）　76

　　(1)　「公正取引委員会規則で定める場合」の具体的内容　77

　　(2)　特定受託事業者からの書面交付請求に応じる期間　78

　　(3)　書面交付請求への拒否の例外　78

第3　実務対応 ———————————————79

　1　法遵守に向けた社内体制の整備　79

　2　実務上の留意点　84

　　(1)　報酬の額が定まらない場合の対応方法　84

　　(2)　継続的に役務が提供される場合における3条通知の取扱い　87

目　次　V

(3)　契約の更新時に留意すべき点　87

第四条（報酬の支払期日等）　89

第1　本条の趣旨——————————————————90

第2　条文解説———————————————————91

1　「特定業務委託事業者が特定受託事業者に対し業務委託をした場合」（法4条1項）　91

2　「報酬の支払期日」（法4条1項）　91

3　「当該特定業務委託事業者が特定受託事業者の給付の内容について検査をするかどうかを問わず，当該特定業務委託事業者が特定受託事業者の給付を受領した日（第二条第三項第二号に該当する業務委託をした場合にあっては，特定受託事業者から当該役務の提供を受けた日。次項において同じ。）」（法4条1項）　92

(1)　物品の製造を委託した場合における「給付を受領した日」　92

(2)　情報成果物の作成を委託した場合における「給付を受領した日」　93

(3)　「役務の提供を受けた日」　94

(4)　月単位の締切制度　95

(5)　特定受託事業者の納期遅れにより給付受領日が遅延した場合　95

(6)　特定受託事業者の責めに帰すべき事由により給付のやり直しをさせた場合　96

4　「給付を受領した日……から起算して六十日の期間内において，かつ，できる限り短い期間内において，定められなければならない」（法4条1項）　97

5　「前項の場合において，報酬の支払期日が定められなかったときは特定業務委託事業者が特定受託事業者の給付を受領した日が，同項の規定に違反して報酬の支払期日が定め

られたときは特定業務委託事業者が特定受託事業者の給付を受領した日から起算して六十日を経過する日が，それぞれ報酬の支払期日と定められたものとみなす」（法4条2項）97

6 「他の事業者（以下この項及び第六項において「元委託者」という。）から業務委託を受けた特定業務委託事業者が，当該業務委託に係る業務（以下この項及び第六項において「元委託業務」という。）の全部又は一部について特定受託事業者に再委託をした場合，……当該再委託に係る報酬の支払期日は，元委託支払期日から起算して三十日の期間内において，かつ，できる限り短い期間内において，定められなければならない」（法4条3項）98

⑴ 「再委託をした場合」99

⑵ 「（前条第一項の規定により再委託である旨，元委託者の氏名又は名称，元委託業務の対価の支払期日（以下この項及び次項において「元委託支払期日」という。）その他の公正取引委員会規則で定める事項を特定受託事業者に対し明示した場合に限る。）」100

⑶ 「当該再委託に係る報酬の支払期日は，元委託支払期日から起算して三十日の期間内において，かつ，できる限り短い期間内において，定められなければならない」102

7 「前項の場合において，報酬の支払期日が定められなかったときは元委託支払期日が，同項の規定に違反して報酬の支払期日が定められたときは元委託支払期日から起算して三十日を経過する日が，それぞれ報酬の支払期日と定められたものとみなす」（法4条4項）104

8 「特定業務委託事業者は，第一項若しくは第三項の規定により定められた支払期日又は第二項若しくは前項の支払期日までに報酬を支払わなければならない。ただし，特定受託事業者の責めに帰すべき事由により支払うことができな

目　次　VII

かったときは，当該事由が消滅した日から起算して六十日
（第三項の場合にあっては，三十日）以内に報酬を支払わな
ければならない」（法4条5項）　105

(1)　「特定受託事業者の責めに帰すべき事由により支払うことが
できなかったとき」　106

(2)　「事由が消滅」　106

9　「第三項の場合において，特定業務委託事業者は，元委託
者から前払金の支払を受けたときは，元委託業務の全部又
は一部について再委託をした特定受託事業者に対して，資
材の調達その他の業務委託に係る業務の着手に必要な費用
を前払金として支払うよう適切な配慮をしなければならな
い」（法4条6項）　106

(1)　「元委託者から前払金の支払を受けたとき」　107

(2)　「資材の調達その他の業務委託に係る業務の着手に必要な費
用」　107

(3)　「適切な配慮」　107

第3　実務対応 ———————————————————109

1　支払期日の定め方・起算日の考え方　109

(1)　支払期日の定め方　109

(2)　金融機関が休業日の場合の支払期日の設定　110

(3)　締切制度の留意点　110

(4)　一定の成果を上げた場合にのみ報酬を支払う場合の支払期日
111

2　再委託の場合における支払期日の設定の例外　112

3　支払期日を定める義務・報酬の期日内の支払義務を遵守
する体制整備　113

第五条（特定業務委託事業者の遵守事項）　114

第1　本条の趣旨 ———————————————————115

VIII

第2　条文解説 ————————————————————115

1　全体像　115

　⑴　特定業務委託事業者の遵守事項　115

　⑵　本条に違反する合意の私法上の効力　116

2　「政令で定める期間以上の期間行うもの」（法5条1項柱書）　117

　⑴　「政令で定める期間」　117

　⑵　期間の始期と終期　117

　⑶　まとめ　124

3　受領拒否の禁止（法5条1項1号）　125

　⑴　「給付の受領」　125

　⑵　「受領を拒む」　126

　⑶　「特定受託事業者の責めに帰すべき事由」　126

4　報酬の減額の禁止（法5条1項2号）　127

　⑴　「報酬の額を減ずること」　128

　⑵　「特定受託事業者の責めに帰すべき事由」　131

5　返品の禁止（法5条1項3号）　131

　⑴　「特定受託事業者の責めに帰すべき事由」　132

　⑵　検査と返品することのできる期間　133

6　買いたたきの禁止（法5条1項4号）　134

　⑴　「通常支払われる対価に比し著しく低い報酬の額」　134

　⑵　買いたたきに該当するか否かの判断要素　135

　⑶　買いたたきに該当するおそれがある具体例　135

7　購入・利用強制の禁止（法5条1項5号）　137

　⑴　「自己の指定する物」「又は役務」　137

　⑵　「強制して」　138

　⑶　購入・利用強制に該当するおそれのある具体例　138

目 次 IX

8 不当な経済上の利益の提供要請の禁止（法5条2項1号）139

　⑴ 「金銭，役務その他の経済上の利益」139

　⑵ 「特定受託事業者の利益を不当に害」する 139

　⑶ 知的財産権の譲渡・許諾等が発生する場合 140

　⑷ 不当な経済上の利益の提供要請に該当するおそれのある具体例 141

9 不当な給付内容の変更及び不当なやり直しの禁止（法5条2項2号）142

　⑴ 「給付の内容を変更させ」る 142

　⑵ 「給付をやり直させる」142

　⑶ 「特定受託事業者の利益を不当に害」する 143

　⑷ 「特定受託事業者の責めに帰すべき事由」143

　⑸ 不当な給付内容の変更又は不当なやり直しに該当する場合 144

　⑹ 情報成果物の作成委託における例外 144

第3 実務対応 ——————————————————145

1 法5条が適用される業務委託 145

　⑴ 単一の業務委託・基本契約を締結する場合の考え方 146

　⑵ 契約の更新により継続して行う場合の考え方 147

2 法5条の実務上の留意点 147

　⑴ 返品することができる期間と検査方法との関係 148

　⑵ 報酬の減額の禁止と事前の合意との関係（違約金等の支払の合意）150

　⑶ 不当な給付内容の変更及び不当なやり直しの禁止 151

3 法5条を遵守するための体制の整備 152

第六条（申出等）154

x

第1　本条の趣旨 ———————————————————————154

第2　条文解説 ———————————————————————154

1　「業務委託事業者から業務委託を受ける特定受託事業者」
（法6条1項）　154

2　「この章の規定に違反する事実がある場合には，公正取引
委員会又は中小企業庁長官に対し，その旨を申し出て，適
当な措置をとるべきことを求めることができる」（法6条1
項）　155

3　「必要な調査を行い，その申出の内容が事実であると認め
るときは，この法律に基づく措置その他適当な措置をとら
なければならない」（法6条2項）　156

⑴　「必要な調査」　156

⑵　「適当な措置」　156

4　「業務委託事業者は，特定受託事業者が第一項の規定によ
る申出をしたことを理由として，当該特定受託事業者に対
し，取引の数量の削減，取引の停止その他の不利益な取扱
いをしてはならない」（法6条3項）　157

第3　実務対応 ———————————————————————157

第七条 （中小企業庁長官の請求）　159

第1　本条の趣旨 ———————————————————————159

第2　条文解説 ———————————————————————160

1　本条の構造　160

2　「適当な措置」　160

第八条 （勧告）　161

第1　本条の趣旨 ———————————————————————161

第2　条文解説 ———————————————————————162

1　本条の内容　162

目　次　XI

  2　独禁法及び下請法との関係　163

  3　違法行為を自発的に申し出た業務委託事業者の取扱い
  163

  4　公正取引委員会の具体的な対応　164

第3　実務対応 ————————————————————165

  1　勧告の取扱い　165

  2　勧告に対する対応　166

第九条 （命令）　167

第1　本条の趣旨 ————————————————————167

第2　条文解説 ————————————————————167

  1　「前条の規定による勧告を受けた者」（法9条1項）　167

  2　「正当な理由なく」（法9条1項）　167

  3　「勧告に係る措置をとらなかったとき」（法9条1項）　168

  4　「当該勧告に係る措置をとるべきことを命ずることができ
  る」（法9条1項）　168

  5　「前項の規定による命令をした場合には，その旨を公表す
  ることができる」（法9条2項）　169

  6　措置命令書等の送達等　170

第3　実務対応 ————————————————————171

第十条 （私的独占の禁止及び公正取引の確保に関する法律の準用）　172

第1　本条の趣旨 ————————————————————172

第2　条文解説 ————————————————————173

  1　命令書の記載事項及び命令の意思決定手続　173

  ⑴　命令書の記載事項（独禁法61条）　173

  ⑵　命令の意思決定手続（独禁法65条1項及び2項）　173

  ⑶　合議の非公開（法66条）　174

XII

2 命令の変更又は取消し　174

3 命令書の送達手続　176

⑴ 送達書類（独禁法70条の6）　176

⑵ 送達方法（独禁法70条の7）　176

⑶ 公示送達（独禁法70条の8）　178

⑷ 電子ファイルへの記録（独禁法78条の9）　179

4 行政不服審査法の適用除外　179

5 事件処理手続に係る公正取引委員会の規則制定権　180

6 抗告訴訟　181

⑴ 被告適格（独禁法77条）　181

⑵ 東京地方裁判所の専属管轄・合議体（独禁法85条1号，86条，87条）　181

⑶ 「国の利害に関係のある訴訟についての法務大臣の権限等に関する法律」の適用除外（独禁法88条）　182

第3 実務対応 ——————————————————————183

第十一条（報告及び検査）184

第1 本条の趣旨 ——————————————————————184

第2 条文解説 ——————————————————————185

1 「規定の施行に必要な限度において」（法11条1項・2項）185

2 「業務委託事業者，特定業務委託事業者，特定受託事業者その他の関係者」　185

⑴ 「業務委託事業者，特定業務委託事業者」　185

⑵ 「特定受託事業者」　185

⑶ 「その他の関係者」　186

3 「報告をさせ」（法11条1項・2項）　186

目 次 XIII

　4　「事務所その他の事業場に立ち入り，帳簿書類その他の物件を検査させる」（法11条 1 項・ 2 項）　187

　5　「職員が立ち入るときは，その身分を示す証明書を携帯し，関係人に提示しなければならない」（法11条 3 項）　187

　6　犯罪捜査との関係（法11条 4 項）　188

　7　罰則　188

第 3 　実務対応 ————————————————————189

　1　報告徴収にあたっての留意点　189

　⑴　本条に基づく報告徴収であるか否かの確認　189

　⑵　事実関係を確認した上で回答すること　190

　⑶　本法を正確に理解した上で回答すること　190

　⑷　情報の一元化　191

　2　立入検査にあたっての留意点　191

　⑴　事前の準備　191

　⑵　弁護士の立会い　192

第 3 章　特定受託業務従事者の就業環境の整備 ——— 194

第十二条（募集情報の的確な表示）　194

第 1 　本条の趣旨 ————————————————————194

第 2 　条文解説 ————————————————————195

　1　「新聞，雑誌その他の刊行物に掲載する広告，文書の掲出又は頒布その他厚生労働省令で定める方法」（法12条 1 項）　195

　2　「業務委託に係る特定受託事業者の募集」（法12条 1 項）　197

XIV

3 「業務の内容その他の就業に関する事項として政令で定める事項」（法12条1項） 198

4 「当該情報について虚偽の表示又は誤解を生じさせる表示をしてはならない」（法12条1項） 200

  ⑴ 募集情報に係る虚偽の表示の禁止 200

  ⑵ 募集情報に係る誤解を生じさせる表示の禁止 201

5 「広告等により前項の情報を提供するときは，正確かつ最新の内容に保たなければならない」（法12条2項） 203

第3 実務対応 ————————————————————204

1 的確表示義務の遵守体制の整備 204

2 事前の契約書の確定作業 206

3 チェックリストによる的確表示の確認作業 207

4 募集内容の粒度 208

5 募集情報管理表による管理 209

6 デジタルプラットフォームで募集を行う場合の留意点 209

第十三条 （妊娠，出産若しくは育児又は介護に対する配慮） 211

第1 本条の趣旨 ————————————————————211

第2 条文解説 ————————————————————212

1 「継続的業務委託」（法13条1項） 212

2 「継続的業務委託……の相手方である特定受託事業者」（法13条1項） 214

3 「特定受託事業者からの申出に応じて」（法13条1項・2項） 214

4 「育児」（法13条1項） 215

5 「介護」（法13条1項） 215

目 次 XV

6 「育児介護等の状況に応じた必要な配慮」（法13条1項・2項） 215

(1) 配慮の内容 215

(2) 配慮を実施する場合の具体例 220

(3) 特定業務委託事業者による望ましくない取扱い 221

7 「継続的業務委託以外の業務委託の相手方である特定受託事業者」（法13条2項） 224

第3 実務対応 ———————————————224

1 申出の受付 224

(1) 受付方法 224

(2) 受付対象 226

2 配慮内容の決定，伝達及び実施 226

(1) 対応フローの整理及び周知 226

(2) 研修の実施，マニュアルの策定 227

3 望ましくない取扱いの防止 227

第十四条 （業務委託に関して行われる言動に起因する問題に関して講ずべき措置等） 229

第1 本条の趣旨 ———————————————229

第2 条文解説 ———————————————230

1 「その行う業務委託に係る特定受託業務従事者」 230

2 「業務委託に関して行われる」 231

3 ハラスメントの概念 231

(1) 業務委託におけるセクシュアルハラスメント（法14条1項1号） 232

(2) 業務委託における妊娠，出産等に関するハラスメント（法14条1項2号） 234

(3) 業務委託におけるパワーハラスメント（法14条1項3号） 238

XVI

4 「その者からの相談に応じ，適切に対応するために必要な
体制の整備その他の必要な措置を講じなければならない」
（法14条1項柱書）244

　⑴　概要　244

　⑵　体制整備の内容（指針第4の5）246

　⑶　望ましい取組（指針第4の6・7）255

5 「特定受託業務従事者が前項の相談を行ったこと又は特定
業務委託事業者による当該相談への対応に協力した際に事
実を述べたことを理由として」（法14条2項）260

6 「業務委託に係る契約の解除その他の不利益な取扱いをし
てはならない」（法14条2項）261

7 本条の法的効果　262

第3 実務対応 ────────────────────── 263

1 社内規程や社内資料の改定　265

　⑴　就業規則の改定　265

　⑵　各種社内資料の改定　266

2 相談窓口の設置及び周知　267

　⑴　相談窓口の設置　267

　⑵　相談窓口の周知　268

3 業務委託におけるハラスメントに係る事後の迅速かつ適
切な対応　269

第十五条 （指針）271

第1 本条の趣旨 ───────────────────── 271

第2 条文解説 ───────────────────── 271

第十六条 （解除等の予告）273

第1 本条の趣旨 ───────────────────── 273

第2 条文解説 ───────────────────── 274

目 次 XVII

1 「継続的業務委託に係る契約」（法16条1項） 274

2 「契約の解除（契約期間の満了後に更新しない場合を含む…）をしようとする場合」（法16条1項） 275

⑴ 「契約の解除」 275

⑵ 「契約期間の満了後に更新しない」 276

3 「厚生労働省令で定めるところにより」（法16条1項） 277

⑴ 「電子メール等」（厚労省関係法施行規則3条1項3号） 278

⑵ 「電子メールなどの記録を出力することにより書面を作成することができる」（厚労省関係法施行規則3条1項3号） 279

⑶ 「前項第二号の方法により行われた予告は，特定受託事業者の使用に係るファクシミリ装置により受信した時に，同項第三号の方法により行われた予告は，特定受託事業者の使用に係る通信端末機器等により受信した時に，それぞれ当該特定受託事業者に到達したものとみなす」（厚労省関係法施行規則3条2項） 279

4 「少なくとも三十日前までに，その予告をしなければならない」（法16条1項） 280

⑴ 解除予告義務の内容 280

⑵ 解除予告義務違反の効果（私法的効力の有無） 280

5 「災害その他やむを得ない事由により予告することが困難な場合その他の厚生労働省令で定める場合」（法16条1項） 283

⑴ 災害その他やむを得ない事由により予告することが困難な場合（厚労省関係法施行規則4条1号） 284

⑵ 元委託業務の契約解除等により直ちに解除せざるを得ない場合（厚労省関係法施行規則4条2号） 285

⑶ 業務委託の期間が30日以下の場合（厚労省関係法施行規則4条3号） 285

XVIII

⑷ 特定受託事業者の責めに帰すべき事由がある場合（厚労省関係法施行規則 4 条 4 号）　286

⑸ 特定受託事業者の事情で相当な期間，基本契約に基づく個別契約が締結されていない場合（厚労省関係法施行規則 4 条 5 号）　289

6 「前項の予告がされた日から同項の契約が満了する日までの間において，契約の解除の理由の開示を特定業務委託事業者に請求した場合」（法16条 2 項）　289

7 「厚生労働省令で定めるところにより，遅滞なくこれを開示しなければならない」（法16条 2 項）　290

8 「ただし，第三者の利益を害するおそれがある場合その他の厚生労働省令で定める場合は，この限りでない」（法16条 2 項）　291

⑴ 「第三者の利益を害するおそれがある場合」（厚労省関係法施行規則 6 条 1 号）　292

⑵ 「他の法令に違反することとなる場合」（厚労省関係法施行規則 6 条 2 号）　292

第 3　実務対応 ———————————————————————292

1 契約書類の改定等　292

⑴ 業務委託に係る契約書ひな形の改定　292

⑵ 合意解除に係る書面　294

2 解除予告の要否に係る判断　294

3 「理由」の記載内容　296

第十七条 （申出等）　297

第 1　本条の趣旨 ———————————————————————297

第 2　条文解説 ———————————————————————298

1 「特定業務委託事業者から業務委託を受け，又は受けようとする特定受託事業者」（法17条 1 項）　298

目　次　XIX

　　　2　「この章の規定に違反する事実がある場合」（法17条1項）
　　　　298

　　　3　「厚生労働大臣に対し，その旨を申し出て，適当な措置を
　　　　とるべきことを求めることができる」（法17条1項）　299

　　　4　「必要な調査を行い，その申出の内容が事実であると認め
　　　　るときは，この法律に基づく措置その他適当な措置をとら
　　　　なければならない」（法17条2項）　299

　　　⑴　「必要な調査」　299

　　　⑵　「適当な措置」　299

　　　5　「第六条第三項の規定は，第一項の場合について準用する」
　　　　（法17条3項）　300

　第3　実務対応 ─────────────────────────300

第十八条（勧告）301

　第1　本条の趣旨 ────────────────────────301

　第2　条文解説 ─────────────────────────301

　第3　実務対応 ─────────────────────────302

　　　1　勧告の取扱い　302

　　　2　勧告に対する対応　303

第十九条（命令等）304

　第1　本条の趣旨 ────────────────────────304

　第2　条文解説 ─────────────────────────305

　　　1　「前条の規定による勧告（第十四条に係るものを除く。）
　　　　を受けた者」（法19条1項）　305

　　　2　「正当な理由がなく」（法19条1項）　305

　　　3　「勧告に係る措置をとらなかったとき」（法19条1項）　306

　　　4　「当該勧告に係る措置をとるべきことを命ずることができ
　　　　る」（法19条1項）　306

xx

　5　「前項の規定による命令をした場合には，その旨を公表することができる」（法19条 2 項）　307

　6　「勧告（第十四条に係るものに限る。）を受けた者が，正当な理由がなく，その勧告に係る措置をとらなかったときは，その旨を公表することができる」（法19条 3 項）　308

第 3　実務対応 ———————————————————308

第二十条（報告及び検査）　309

第 1　本条の趣旨 ———————————————————309

第 2　条文解説 —————————————————————310

　1　「規定の施行に必要な限度において」（法20条 1 項・ 2 項）　310

　2　「特定業務委託事業者，特定受託事業者その他の関係者」（法20条 1 項）　311

　⑴　「特定業務委託事業者，特定受託事業者」　311

　⑵　「その他の関係者」　311

　3　「報告」（法20条 1 項・ 2 項），「事務所その他の事業場に立ち入り，帳簿書類その他の物件を検査させる」（法20条 1 項）　311

　4　「第十一条第三項及び第四項の規定は，第一項の規定による立入検査について準用する」（法20条 3 項）　312

　5　罰則　312

第 3　実務対応 —————————————————————314

　1　報告徴収にあたっての留意点　314

　⑴　事実関係を確認した上で回答すること　314

　⑵　本法を正確に理解した上で回答すること　314

　⑶　情報の一元化　315

　2　立入検査にあたっての留意点　315

目 次 XXI

第4章 雑 則 ———————————————— 316

第二十一条（特定受託事業者からの相談対応に係る体制の整備） 316

第二十二条（指導及び助言） 317

第1 本条の趣旨 ————————————————————317

第2 条文解説 ————————————————————317

1 「この法律の施行に関し必要があると認めるときは」 317

2 「業務委託事業者に対し」 318

3 「指導及び助言」 318

第3 実務対応 ————————————————————319

1 指導・助言の取扱い 319

⑴ 公正取引委員会・中小企業庁 319

⑵ 都道府県労働局 320

2 指導・助言に対する対応 320

第二十三条（厚生労働大臣の権限の委任） 322

第1 本条の趣旨 ————————————————————322

第2 条文解説 ————————————————————322

第5章 罰 則 ———————————————— 325

第二十四条 325

第1 本条の趣旨 ————————————————————325

第2 条文解説 ————————————————————325

第二十五条 327

第1 本条の趣旨 ————————————————————327

XXII

第2　条文解説 ————————————————————327

第二十六条　328

第1　本条の趣旨 ——————————————————328

第2　条文解説 ————————————————————328

附　則　329

第1　本条の趣旨 ——————————————————329

第2　条文解説 ————————————————————329

　　　1　施行期日（附則1項）　329

　　　2　検討（附則2項）　330

法令等　略語例

【法令】

略　　称	正式名
安衛法	労働安全衛生法（昭和47年法律第57号）
育介法	育児休業，介護休業等育児又は家族介護を行う労働者の福祉に関する法律（平成 3 年法律第76号）
家内労働法	家内労働法（昭和45年法律第60号）
均等則	雇用の分野における男女の均等な機会及び待遇の確保等に関する法律施行規則（昭和61年労働省令第 2 号）
均等法	雇用の分野に（昭和47年法律第113号）
厚労省関係法施行規則	厚生労働省関係特定受託事業者に係る取引の適正化等に関する法律施行規則（令和 6 年厚生労働省令第94号）
公取委関係法施行規則	公正取引委員会関係特定受託事業者に係る取引の適正化等に関する法律施行規則（令和 6 年公正取引委員会規則第 3 号）
指針	特定業務委託事業者が募集情報の的確な表示，育児介護等に対する配して講ずべき措置等に関して適切に対処するための指針（令和 6 年厚生労働省告示第212号）
下請法	下請代金支払遅延等防止法（昭和31年法律第120号）
職安則	職業安定法施行規則（昭和22年労働省令第12号）
職安法	職業安定法（昭和22年法律第141号）
独禁法	私的独占の禁止及び公正取引の確保に関する法律（昭和22年法律第54号）
法	特定受託事業者に係る取引の適正化等に関する法律（令和 5 年法律第25号）
法施行令	特定受託事業者に係る取引の適正化等に関する法律施行令（令和 6 年政令第200号）

労基法	労働基準法（昭和22年法律第49号）
労契法	労働契約法（平成19年法律第128号）
労災保険法	労働者災害補償保険法（昭和22年法律第50号）
労推法	労働施策の総合的な推進並びに労働者の雇用の安定及び職業生活の充実等に関する法律（昭和41年法律第132号）
労組法	労働組合法（昭和24年法律第174号）

【通達等】

略　　称	正式名
解釈ガイドライン	公正取引委員会・厚生労働省「特定受託事業者に係る取引の適正化等に関する法律の考え方」（令和6年5月31日）
講習会テキスト	公正取引委員会・中小企業庁「令和6年11月版下請取引適正化推進講習会テキスト」
執行ガイドライン	公正取引委員会「特定受託事業者に係る取引の適正化等に関する法律と独占禁止法及び下請法との適用関係等の考え方」（令和6年5月31日）
政省令等パブコメ回答	内閣官房新しい資本主義実現本部事務局，公正取引委員会，中小企業庁，厚生労働省「特定受託事業者に係る取引の適正化等に関する法律施行令（案）」等に対する意見の概要及びそれに対する考え方（令和6年5月31日）
法パブコメ回答	内閣官房新しい資本主義実現本部事務局「フリーランスに係る取引適正化のための法制度の方向性」に関する意見募集に寄せられた御意見について（令和4年10月12日）
Q&A	「特定受託事業者に係る取引の適正化等に関する法律（フリーランス・事業者間取引適正化等法）Q&A」（令和6年9月19日更新）

第 1 編

本法の概要

第1 本法の立法経緯

1 フリーランスをめぐる背景

　一般に，フリーランスとは，「特定の組織に属さずに収入を得る者」又は「特定の組織に属さず（時間や場所にとらわれず）自由に仕事をする者」との意味で用いられている[1]。すなわち，特定の会社・組織に所属せず，個人の技能を生かして，契約ごとに各業務を行う者を指す。

　このフリーランスの推計値は，令和2年時点で462万人にも及ぶとされており[2][3]，この数は年々拡大しているとも言われている。また，令和3年時点でフリーランスに係る業種を大別すると，①事務関連（文書作成，データ入力等）（8.8％），②デザイン・映像制作関連（15.3％），③IT関連（システム設計，ウェブサイト開発等）（11.1％），④専門業務（コンサルティング，インストラクター，通訳，営業等）（36.3％），⑤生活サービス関連（接客，日用品販売等）（11.8％），⑥現場作業関連（運輸，建設等）（16.8％）となっている[4]。

　そもそもフリーランスは，労働者でなく，あくまで業務委託契約に基づき委託された業務に従事するものであることや，特定の組織に所属せずに働くことを自ら選択した者であることから，元来，その就業状況や取引状況が注目されることはなかった。もっとも，近年においては，デジタル社会の進展に伴い情

1　「フリーランス」の定義について，新村出編『広辞苑〔第7版〕』（岩波書店，2020年）によれば「特定の組織に属さず仕事をする人」とされており，また，一般社団法人プロフェッショナル＆パラレルキャリア・フリーランス協会（以下「フリーランス協会」という）においては，「特定の企業や団体，組織に専従しない独立した形態で，自身の専門知識やスキルを提供して対価を得る人」との意味で用いている。

2　内閣官房日本経済再生総合事務局「令和2年度フリーランス実態調査結果」（令和2年2月10日〜3月6日）

3　なお，本業がフリーランスという者の数も209万人に及ぶとされている（総務省統計局統計調査部労働力人口統計室「基幹統計として初めて把握したフリーランスの働き方〜令和4年就業構造基本調査の結果から〜」（令和5年7月21日公表）。

4　内閣官房新しい資本主義実現会議事務局・公正取引委員会・厚生労働省・中小企業庁「令和3年度フリーランス実態調査結果」（令和3年7月20日〜8月20日）

【わが国のフリーランスの実態】

> ○日本では462万人がフリーランスとして働いていると試算されている（2020年，内閣官房）。
> ○営業，講師・インストラクター，建設・現場作業，デザイン・コンテンツ制作，配送・配達など多様な業種でフリーランスとして働かれている実態がある（2021年）。

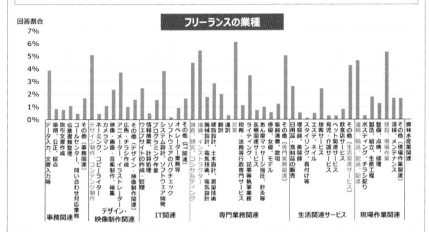

> （注）フリーランスは「実店舗はなく，雇人もいない自営業主や一人社長であって，自身の経験や知識，スキルを活用して収入を得る者（農林水産従事者は除く）」と定義。「あなたの具体的な仕事内容として最も近いものをお答えください。」（単一回答）という設問への回答を集計（回答数：7,188）。

〈出典〉厚生労働省「第1回 特定受託事業者の就業環境の整備に関する検討会」資料3

報の流通等が図られたことから，様々な就業形態の存在が明らかになり，一定の組織には所属しないものの，特定の取引先との間で雇用類似の働き方により生計を立てる者も現れてきた。また，企業側としても，人件費の削減や柔軟な仕事の依頼へのニーズが高まり，外部への業務委託（アウトソーシング）が広く行われることとなった。

2　フリーランスをめぐる課題・要因

　もっとも，令和2年以降に生じた新型コロナウイルス感染症の影響により，これまで継続的に行われてきた多くのフリーランスとの契約が突然解除されたりし，フリーランスが生計の手段を失うなどの事態が生じることになった[5]。

　これにより，フリーランスには，業種，職種共通の課題として以下の事項があり[6]，フリーランスとしての働き方を選択する上で最低限の取引・就業環境が整備されているとは言えない状況が浮き彫りになった。

取引内容の不明確性	契約内容が書面はおろか電子メールの形ですら示されておらず，口頭での発注が少なくない。また，発注の具体的内容が明らかでないこともあり，契約上のトラブルの原因ともなっている[7]。
報酬の不払い・減額	報酬の支払が期日どおりに支払われなかったり，報酬が一方的に減額されるというような，フリーランスの生計に直結するケースも一定程度ある[8]。フリーランスは個人であるという性格上，組織で事業を営む発注者（企業等）との関係で，交渉力や情報に格差があり，その構造上弱い立場にある。
成果物等の変更，受取拒否，返品	契約で条件を定めたにもかかわらず，作業（成果物）内容等が発注者側から一方的に変更されるケースがある[9]。特に変更後に（受取拒否や返品がなされることにより）やり直しや追加作業が発生したにもかかわらず，それに伴う追加費用を負担してもら

5　フリーランス協会「フリーランス白書2020」（令和2年6月12日）によれば，新型コロナウイルスの感染拡大により事業収益に影響があったフリーランスは87.3%，そのうち取引先の業務自粛による取引停止があったものは53.9%，取引先の財政困難による取引停止があったものは13%であった。

6　内閣官房日本経済再生総合事務局「令和2年度フリーランス実態調査結果」によれば，取引先とのトラブルを経験したことがある者（以下「トラブル経験者」という）は37.7%であった。

7　内閣官房日本経済再生総合事務局「令和2年度フリーランス実態調査結果」によれば，トラブル経験者の書面の交付状況のうち，「受け取っていない」と回答した者が29.8%，「受け取っているが，取引条件の明記が不十分である」と回答した者が33.3%であった。また，トラブル経験者のトラブル内容のうち，「発注の時点で，報酬や業務の内容などが明示されなかった」と回答した者が37%，「仕事の業務内容・範囲について揉めた」と回答した者が23.5%であった。

8　内閣官房日本経済再生総合事務局「令和2年度フリーランス実態調査結果」によれば，トラブル経験者のトラブル内容のうち，「報酬の支払が遅れた・期日に支払われなかった」と回答した者が28.8%，「報酬の未払いや一方的な減額があった」と回答した者が26.3%であった。

	えない場合には，フリーランスの経済的利益が損なわれるため，報酬の不払い・減額と同様，フリーランスの生計に直結するトラブルである。
取引の打ち切り	取引の途中で突然契約を打ち切られるケースや，継続的な取引が予告なく打ち切られるケースがある。フリーランスが特定の発注者に依存している場合には，実質的に労働者が一方的に解雇される場合に近く，フリーランスの生計に直結するトラブルである。
ハラスメント	取引に係るやりとりの中で，フリーランスに対するセクシュアルハラスメントやパワーハラスメントが散見される[10]。企業間の取引とは異なり，フリーランスにおいては，ハラスメントを受けても担当者を変更するといった手段がない。また，一般的に，発注者側（企業）も，雇用する労働者との関係でハラスメントに係る体制整備は行っているものの，フリーランスとの関係ではそのような体制整備を行っていないことが多い。フリーランスとしては，ハラスメントによる心身の不調から，事業活動を中断せざるを得ないことも想定される。

　上記の各課題の背景には，フリーランスが組織に所属していない個人であるという性質上，類型的に，

・組織で事業を営む発注者との関係において，交渉力や情報の格差があること
・必ずしも新規の取引先を自由に開拓できるわけではなく既存の取引先に依存せざるを得ないこと

といった要因が存在すると考えられる。これらの要因により，高度な専門的技能を有する（その個人の市場価値が高い）といった場合を除き，報酬金額や契

9　内閣官房日本経済再生総合事務局「令和2年度フリーランス実態調査結果」によれば，トラブル経験者のトラブル内容のうち，「仕様や作業期間・納品日を一方的に変更された」と回答した者が24.4%であった。

10　フリーランス協会「フリーランス白書2020」（令和2年6月12日）によれば，セクシュアルハラスメントを受けたことがあると回答した者は36.6%，パワーハラスメントを受けたことがあると回答した者は61.6%であった。

約条件の決定に際して発注事業者が優位な立場に立ち，事実上その意向が優先されやすくなることが多い。また，フリーランスは，発注事業者から仕様・作業内容等について指定を受けて成果物の作成や役務の提供を行うことが多いが，その指定に沿った成果物の作成等を提供する必要性から，往々にして発注事業者の指示を受けて業務を進めざるを得ない場合がある。一方で，報酬の支払時期については業務完遂後が通常であるため，速やかに収入を確保したいフリーランスとしては，仮に契約の範囲外の指示であっても，時間，労力，コスト等の観点から発注者側との係争までには踏み切らず，受け入れてしまうことも多々ある。

　これらの要素が相俟って，発注事業者が口頭で発注や業務に関する指示を行うことが多く，また，大部分のフリーランスにおいては，特定の取引先と継続的な関係を持ちつつ，経済的に依存する傾向に陥りやすい状況が生じていたと考えられる。

3　政府の動き

　政府では，「成長戦略実行計画」（令和2年7月17日閣議決定）において，多様な働き方の拡大，ギグエコノミーの拡大による高齢者雇用の拡大，健康寿命の延伸，社会保障の支え手・働き手の増加などの観点から，フリーランスとして安心して働ける環境を整備することが確認された。具体的には，①実効性のあるガイドラインの策定，②立法的対応の検討，③執行の強化，④労災保険等のさらなる活用といった項目が示された[11]。特に①については，事業者とフリーランスとの取引について，独禁法，下請法，労働関係法令の適用関係を明らかにするとともに，これらの法令に基づく問題行為を明確化するため，実効性・一覧性のあるガイドラインとして，令和3年3月26日に，内閣官房，公正取引委員会，中小企業庁，厚生労働省の連名で「フリーランスとして安心して働ける環境を整備するためのガイドライン」が策定された[12]。

11　なお，この内容は，成長戦略実行計画前の段階で，「全世代型社会保障検討会議第2次中間報告」（令和2年6月25日）において確認されていたものである。

また，「新しい資本主義のグランドデザイン及び実行計画」（令和4年6月7日閣議決定）においては，「フリーランスは，下請代金支払遅延等防止法といった旧来の中小企業法制では対象とならない方が多く，相談体制の充実を図るとともに，取引適正化のための法制度について検討し，早期に国会に提出する」とされており，これを受けて，本法が制定されたものである。

4　業界団体の活動

前記2で挙げたフリーランスをめぐる課題・要因を解決していくにあたっては，業界団体の動きも見逃せない内容の1つである。

特に，フリーランス関連の業界団体の筆頭であるフリーランス協会（一般社団法人プロフェッショナル＆パラレルキャリア・フリーランス協会）[13]においては，以下のとおり，フリーランスの取引適正化や就業環境等に向けた活動を行ってきた。

【フリーランス協会のこれまでの活動】

平成29年1月	フリーランス協会設立
平成29年8月	フリーランス協会主催の「フリーランスをめぐる法制度の議論 ～現状とこれから～」ラウンドテーブルを開催（経産省，厚労省，公取委，プレス関係者等）
令和元年10月	フリーランス協会主催の「フリーランスの契約トラブル是正に向けた 各省庁の取り組み」プレス勉強会を開催（法学者，公取委，中企庁，厚労省，プレス関係者等）
令和元年10月	フリーランス協会において，契約トラブル実態調査を実施し，調査結果を政府に提出

12　なお，本法の施行に際して，令和6年10月18日付で同ガイドラインが改定されるに至っている。

13　フリーランス協会は，個人事業主や一人社長，副業ワーカーを含むすべてのフリーランスが，安心して適正に取引できる環境整備を目指して活動する非営利団体である。フリーランス協会においては，フリーランス向けベネフィットプランの提供，フリーランス支援・啓発イベントの企画運営，フリーランスに関する各種調査の実施・政策提言，企業に対するフリーランス活用アドバイス・コーディネートなどを行っている。

令和2年2月	フリーランス協会が厚労省「雇用類似の働き方に関する検討会」で提言
令和2年3月	フリーランス協会が自民党政務調査会の経済成長戦略本部で提言
令和2年3月	フリーランス協会が自民党の競争政策調査会で提言
令和2年6月	フリーランス協会「フリーランス白書2020」を公表
令和3年3月	フリーランス協会「フリーランス白書2021」を公表
令和4年3月	フリーランス協会「フリーランス白書2022」を公表
令和5年3月	フリーランス協会「フリーランス白書2023」を公表
令和5年8月	公取委「特定受託事業者に係る取引の適正化に関する検討会」設置（取引適正化に係る政省令等の議論開始），フリーランス協会の代表理事の平田麻莉氏が構成員として参集
令和5年9月	厚労省「特定受託事業者の就業環境の整備に関する検討会」設置（就業環境整備に係る政省令等の議論開始），フリーランス協会の代表理事の平田麻莉氏が構成員として参集
令和6年2月	フリーランス協会より「偽装フリーランス防止のための手引き」を公開[14]
令和6年3月	フリーランス協会「フリーランス白書2024」を公表
令和6年5月	フリーランス協会より，「特定受託事業者に係る取引の適正化等に関する法律施行令（案）」等に関する意見募集に対し，意見（パブリックコメント）を提出

　上記のとおり，フリーランス協会は，フリーランスの取引適正化や就業環境等について，早くから業界を代表して問題提起等を行うことにより，フリーランスをめぐる課題・要因を浮き彫りにしてきたが，このような業界団体の活動も，本法制定による立法的解決の背景の1つであると考えられる。

5　本法の制定

　以上の流れを踏まえ，立法措置として，業種・職種にかかわらず，事業者間

14　「偽装フリーランス防止のための手引き」は，フリーランスの労働者性の判断基準や要注意事例を整理したものであり，本書編著者（弁護士 益原大亮）が総合監修している。

取引において弱い立場に立たされやすい個人で事業を行う者を対象として，発注事業者と個人で事業を行う者に係る取引全般に妥当する最低限の規律（フリーランスの取引基盤）[15]を設けるために，「特定受託事業者に係る取引の適正化等に関する法律」が制定されるに至った。

「特定受託事業者に係る取引の適正化等に関する法律」や政省令等の施行までの主な経緯は下表のとおりである。

【「特定受託事業者に係る取引の適正化等に関する法律」や政省令等の施行までの主な経緯】

令和2年7月	「成長戦略実行計画」閣議決定 →政府として一体的に，フリーランスの保護ルールの整備（「実効性のあるガイドラインの策定」「立法的対応の検討」等）を行う
令和2年11月	厚労省・中企庁・公取委「フリーランス・トラブル110番」を設置
令和3年3月	内閣官房・公取委・中企庁・厚労省「フリーランスとして安心して働ける環境を整備するためのガイドライン」を策定
令和3年6月	「成長戦略実行計画」閣議決定 →フリーランスとして安心して働ける環境を整備するため，事業者とフリーランスの取引について，書面での契約のルール化など，法制面の措置を検討
令和3年11月	「緊急提言～未来を切り拓く「新しい資本主義」とその起動に向けて～」 →フリーランス保護のための新法を早期に国会に提出する
令和4年6月	「新しい資本主義のグランドデザイン及び実行計画」閣議決定 →取引適正化のための法制度について検討し，早期に国会に提出する
令和4年9月	「フリーランスに係る取引適正化のための法制度の方向性」に関する意見募集（パブリックコメント）

15　なお，発注事業者が個人である場合には，発注事業者が組織である場合と異なり，委託を受けるフリーランスとの間で取引上の立場の優劣があるわけではないものの，契約条件の明確化は，業務委託に係る取引上生じ得るトラブルを予防し，フリーランスに係る取引を適正化する点において，発注事業者が個人であるか組織であるかで異なるところはないから，この契約条件の明確化に限り，発注事業者が個人である場合についても適用対象としている（法2条5項，3条）。

令和5年2月	「特定受託事業者に係る取引の適正化等に関する法律案」閣議決定，国会提出
令和5年4月	「特定受託事業者に係る取引の適正化等に関する法律案」国会審議可決・成立
令和5年5月	法の公布
令和5年8月	公取委「特定受託事業者に係る取引の適正化に関する検討会」の設置（取引適正化に係る政省令等の議論開始）
令和5年9月	厚労省「特定受託事業者の就業環境の整備に関する検討会」の設置（就業環境整備に係る政省令等の議論開始）
令和6年1月	公取委「特定受託事業者に係る取引の適正化に関する検討会」報告書の公表（取引適正化に係る政省令等の内容が示される）
令和6年5月	厚労省「特定受託事業者の就業環境の整備に関する検討会」報告書の公表（就業環境整備に係る政省令等の内容が示される）
令和6年4月	「特定受託事業者に係る取引の適正化等に関する法律施行令（案）」等に関する意見募集（パブリックコメント）
令和6年5月	法施行令，公取委関係法施行規則，厚労省関係法施行規則，指針，解釈ガイドライン，執行ガイドラインの公布
令和6年10月	内閣官房・公取委・中企庁・厚労省「フリーランスとして安心して働ける環境を整備するためのガイドライン」を改定
令和6年11月	法，法施行令，公取委関係法施行規則，厚労省関係法施行規則，指針の施行

〈出所〉内閣官房新しい資本主義実現本部事務局・公正取引委員会・中小企業庁・厚生労働省「特定受託事業者に係る取引の適正化等に関する法律（フリーランス・事業者間取引適正化等法）【令和6年11月1日施行】説明資料」1頁をもとに編著者作成

第2 本法の内容

　本法は，下表のとおり，本法の目的を掲げ（法1条），本法の適用対象（「特定）業務委託事業者」と「特定受託事業者」との間の「業務委託」に係る取引）を定めるとともに（法2条），「取引の適正化」の観点からの規制（法3条〜

11条）と「就業環境の整備」の観点からの規制（法12条〜20条）を定めた上で，これら規制の履行確保の観点からの内容（行政官庁の助言や指導等・罰則・相談対応等の取組等）（法21条〜26条）を規定している。本法の施行日は令和6年11月1日である。

本法の各条文の解説は**第2編**を参照されたい。

【本法の概要】

[目的]
この法律は，我が国における働き方の多様化の進展に鑑み，個人が事業者として受託した業務に安定的に従事することができる環境を整備するため，特定受託事業者に業務委託をする事業者について，特定受託事業者の給付の内容その他の事項の明示を義務付ける等の措置を講ずることにより，特定受託事業者に係る取引の適正化及び特定受託業務従事者の就業環境の整備を図り，もって国民経済の健全な発展に寄与することを目的とする（**法1条**）。

[適用対象の定義]
(1) 「特定受託事業者」とは，業務委託の相手方である事業者であって従業員を使用しないものをいう（**法2条1項**）。
(2) 「特定受託業務従事者」とは，特定受託事業者である個人及び特定受託事業者である法人の代表者をいう（**法2条2項**）。
(3) 「業務委託」とは，事業者がその事業のために他の事業者に物品の製造，情報成果物の作成又は役務の提供を委託することをいう（**法2条3項**）。
(4) 「情報成果物」とは，①プログラム，②映画，放送番組等，③文字，図形，記号等，④政令で定めるものをいう（**法2条4項1号〜4号**）。
(5) 「業務委託事業者」とは，特定受託事業者に業務委託をする事業者をいう（**法2条5項**）。
(6) 「特定業務委託事業者」とは，特定受託事業者に業務委託をする事業者であって，従業員を使用するもの又は法人であり2人以上の役員がいるか従業員を使用するものをいう（**法2条6項**）。
(7) 「報酬」とは，業務委託事業者が業務委託をした場合に特定受託事業者の給付（役務提供委託をした場合にあっては，当該役務の提供をすること）に対し支払うべき代金をいう（**法2条7項**）。
※「従業員」には，短時間・短期間等の一時的に雇用される者は含まれない。

[取引の適正化]

(1) 業務委託事業者は，特定受託事業者に対し業務委託をした場合は，特定受託事業者の給付の内容，報酬の額等を書面又は電磁的方法により明示しなければならない（**法3条**）。

(2) 特定業務委託事業者は，特定受託事業者の給付を受領した日から60日以内の報酬支払期日を設定し，支払わなければならない（再委託の場合には，発注元から支払いを受ける期日から30日以内）（**法4条**）。

(3) 特定業務委託事業者は，特定受託事業者との業務委託（1か月以上のもの）に関し，①〜⑤の行為をしてはならず，⑥⑦の行為によって特定受託事業者の利益を不当に害してはならない（**法5条**）。
　①特定受託事業者の責めに帰すべき事由なく受領を拒否すること
　②特定受託事業者の責めに帰すべき事由なく報酬を減額すること
　③特定受託事業者の責めに帰すべき事由なく返品を行うこと
　④通常相場に比べ著しく低い報酬の額を不当に定めること
　⑤正当な理由なく自己の指定する物の購入・役務の利用を強制すること
　⑥自己のために金銭，役務その他の経済上の利益を提供させること
　⑦特定受託事業者の責めに帰すべき事由なく内容を変更させ，又はやり直させること

[就業環境の整備]

(1) 特定業務委託事業者は，広告等により募集情報を提供するときは，虚偽の表示等をしてはならず，正確かつ最新の内容に保たなければならない（**法12条**）。

(2) 特定業務委託事業者は，特定受託事業者が育児介護等と両立して業務委託（6か月以上のもの）に係る業務を行えるよう，申出に応じて必要な配慮をしなければならない（**法13条**）。

(3) 特定業務委託事業者は，特定受託業務従事者に対するハラスメント行為に係る相談対応等必要な体制整備等の措置を講じなければならない（**法14条**）。

(4) 特定業務委託事業者は，業務委託（6か月以上のもの）を中途解除する場合等には，原則として，中途解除日等の30日前までに特定受託事業者に対し予告しなければならない（**法16条**）。

第2　本法の内容　13

[申出・助言や指導等・罰則・相談対応等の取組等]
⑴　特定受託事業者は，第2章，第3章の規定に違反する事実がある場合には，公正取引委員会，中小企業庁長官，厚生労働大臣に対し，その旨を申し出て，適当な措置をとるべきことを求めることができる（**法6条，17条**）。
⑵　公正取引委員会，中小企業庁長官又は厚生労働大臣は，特定業務委託事業者等に対し，違反行為について助言，指導，報告徴収・立入検査，勧告，公表，命令をすることができる（**法8条，9条，11条，18条〜20条，22条**）。
⑶　命令違反及び報告・検査拒否等の場合，50万円以下の罰金に処する（法人両罰規定あり）（**法24条，25条**）。一部の報告拒否等については，20万円以下の過料に処する（**法26条**）。
⑷　その他諸規定（中小企業庁長官の請求（**法7条**），独禁法の準用（**法10条**），指針（**法15条**），特定受託事業者からの相談対応に係る体制の整備（**法21条**），厚生労働大臣の権限の委任（**法23条**），附則）。

【本法の適用対象一覧表】

［規制内容と対象者］		［業務委託の期間］ 1か月未満	1か月以上	6か月以上
取引の適正化	取引条件の明示義務（法3条） 業務委託事業者 → 特定受託事業者	○	○	○
	期日における報酬支払義務（法4条） 特定業務委託事業者 → 特定受託事業者	○	○	○
	特定業務委託事業者の禁止行為（法5条） 特定業務委託事業者 → 特定受託事業者	―	○	○
就業環境の整備	募集情報の的確表示義務（法12条） 特定業務委託事業者 → 特定受託事業者	○	○	○
	育児介護等と業務の両立に対する配慮義務（法13条） 特定業務委託事業者 → 特定受託事業者	※	※	○
	ハラスメント対策に係る体制整備義務（法14条） 特定業務委託事業者 → 特定受託事業者（特定受託業務従事者）	○	○	○
	中途解除等の事前予告・理由開示義務（法16条） 特定業務委託事業者 → 特定受託事業者	―	―	○

※育児介護等と業務の両立に対する配慮については，6か月以上の業務委託の場合は配慮義

務（法13条1項），6か月未満の業務委託の場合は努力義務（法13条2項）。

第3 他法との関係性[16]

1 独禁法との関係

前記第1の2のフリーランスに係る取引上の課題（報酬の不払い・減額，取引の打ち切り等）について，独禁法上は，優越的地位の濫用（独禁法2条9項5号）に該当し得るものとして，個々の事案に対して排除措置命令及び課徴金納付命令の措置を取ることも理論上あり得るところである。

本法においては，独禁法と本法の適用関係に関する規定は設けられていないが，本法と独禁法のいずれにも違反する行為については，原則として本法を優先して適用し，法8条に基づく勧告の対象となった行為と同一の行為について，重ねて独禁法20条の規定（排除措置命令）及び同法20条の6の規定（課徴金納付命令）は適用されないと解されている（執行ガイドライン2）。この点は，独禁法上の優越的地位の濫用規制の目的が競争秩序の維持という公益にあり，必ずしもフリーランスに係る取引上の課題の解決にすべて資するものではないという点がその理由の1つとして考えられる。

なお，本法は，法9条1項の規定に基づき公正取引委員会が行う命令につい

---

16 取引の適正化という点では，すでに競争法たる独禁法や下請法が存在するが，これらの法律に加えて本法を制定する理由について，政府側の国会答弁においては「本法案においては，個人で業務委託を受けるフリーランスを対象として，取引の適正化を図るとともに，ハラスメントの防止などフリーランスの就業環境の整備を図ることとしています。一方，独占禁止法は，市場における公正かつ自由な競争を促進することを目的とするものであり，市場における競争の促進とは直接関係しない就業環境整備に関する規制は対象としていません。また，下請代金法は，親事業者と下請事業者との下請取引において，取引構造上，交渉力等の格差が生じることから，下請取引の適正化等を図るものです。具体的には，資本金一千万円超の親事業者と一千万円以下の下請事業者といった事業者間の下請取引を規制対象としています。このため，独占禁止法や下請代金法では，ハラスメント防止など，個人の就業環境整備に関する規制になじまないことや，資本金一千万円以下の事業者とフリーランスとの間の取引が規制対象とならないことから，新法として本法案を提出することといたしました」と説明されている（第211回国会参議院本会議第17号（令和5年4月21日）後藤茂之国務大臣（新しい資本主義担当））。

て，独禁法の規定を準用している（法10条）。

2　下請法との関係

　下請法は，親事業者が下請事業者に物品の製造，修理，情報成果物（ソフトウェアなど）の作成又は役務の提供を委託したとき（取引要件）に適用される。このうち，親事業者・下請事業者か否かは，互いの資本金額（資本金要件）によって決定するが（下請法2条），下請法の資本金要件及び取引要件に該当する取引が，本法の適用対象（「（特定）業務委託事業者」と「特定受託事業者」との間の「業務委託」に係る取引）にも該当するケースも少なくない[17]。

　本法においては，下請法と本法の適用関係に関する規定は設けられていないが，本法と下請法のいずれにも違反する行為については，原則として本法を優先して適用し，法8条に基づく勧告の対象となった行為について，重ねて下請法7条に基づき勧告することはないと解されている（執行ガイドライン3）[18]。

　ただし，本法と下請法のいずれにも違反する行為を行っている事業者が下請法のみに違反する行為も行っている場合において，当該事業者のこれらの行為の全体について下請法を適用することが適当であると公正取引委員会が考えるときには，本法と下請法のいずれにも違反する行為についても下請法7条に基づき勧告することがあるとされている（執行ガイドライン3）[19][20][21]。

17　他方で，下請法の資本金要件に該当しない取引であっても，本法に該当する取引もあり得るものであり，本法が下請法を補完している役割を有しているとも考えられる。

18　ただし，本法と下請法が重複する事案（発注事業者）について，下請法においては，書面交付義務違反に罰則が適用されること（下請法10条1号），支払遅延に関して遅延利息が課されること（下請法4条の2）を踏まえると，下請法を適用するほうが違反に対する措置が厳しく，また，保護対象であるフリーランスの利益にも資するため，重大・悪質な場合や繰り返し違反が発生しているのにもかかわらず是正されない場合は下請法による勧告も想定されると考えられる。

19　他方，発注事業者から不利益行為を受けた複数のフリーランスに係る取引について，本法に基づき勧告するほうが適切な場合もあり得る。例えば，不利益行為を受けるフリーランスが複数である場合において，個別にみると下請法の対象とならない部分（資本金要件や取引要件を満たさないもの）のほうが多い場合には，本法のみを適用することが適当なケースもあると考えられる。

20　また，本法では，（下請法にそのような仕組みがないが）勧告に従わない場合には行政処分である命令がなされることから，下請法と本法の優先関係は個々の事案の状況を加味して，個別に判断することになるものと考えられる。

16

3 労働関係法令との関係

前提として，フリーランスに労働関係法令[22]が適用されるためには，当該フリーランスが「労働者」に該当する必要がある。

この点，労働関係法令における「労働者」は，労基法9条1項の定義・解釈を法令上ないし解釈上引用しているところ，同条の「労働者」に当たるか否か（労働者性）は，「使用従属性」の有無により判断され，使用従属性を満たすか否かは，請負契約や委任契約といった形式的な契約形式にかかわらず，契約の内容，労務提供の形態，報酬その他の要素から，個別の事案ごとに総合的・実態的に判断される（詳細は**第2編の法2条の「第2 条文解説」**を参照されたい）。

そのため，一見，本法の適用対象（「（特定）業務委託事業者」と「特定受託事業者」との間の「業務委託」に係る取引）に該当する契約関係であったとしても，実態として「使用従属性」が認められ，特定受託事業者とされる者が労基法上の「労働者」であると判断されるケースもあり得ることとなる。本法に

---

21 このように，本法と下請法の適用関係を調整する規定を置かず，実務運用として個別の事案に応じて対応を判断するという形にした理由として，政府側の国会答弁においては「下請代金法の方ですが，下請取引の公正化と下請事業者の利益の保護を目的とするものでございます。一方，本法案でありますけれども，従業員を使用せず一人の個人として業務委託を受けるフリーランスの特性に着目して，フリーランスに係る取引の適正化や就業環境の整備を目的とするものでございます。このように，下請代金法と本法案の趣旨，目的は必ずしも一致するものではないということで，本法案では適用関係の整理規定を置かないということにしております。また，仮に適用関係の整理規定を置いて一方の法律のみを適用することとした場合には，いろいろ問題が出てくると考えております。例えば，フリーランスとの取引が含まれているものはもうこの法案を適用するというルールを決めてしまうといった場合ですけれども，そうしますと，取引相手に下請法上の下請事業者が含まれる場合，そういった行為も問題となっているというケースがあり得るわけですけれども，そういったケースの場合に，行政庁として一括して，例えばその下請代金法の方で一括して調査や勧告等の措置を行うことができなくなってしまうという懸念もございます。したがって，発注事業者の1つの行為について本法案と下請代金法の2つの法律を適用し得る場合には，運用において，個々の事案に応じて公正取引委員会等においてどちらの法律を適用するか個別に判断することを想定をしております。ただ，この2つの法律で重ねて指導等を行うことは予定をしていないところでございます」と説明されている（第211回国会参議院内閣委員会第12号（令和5年4月27日）政府参考人岩成博夫（内閣官房新しい資本主義実現本部事務局フリーランス取引適正化法制準備室長））。

22 労基法のほか，安衛法，労契法，労災保険法，労推法，育介法，均等法等。

おいては，労働関係法令と本法の適用関係に関する規定は設けられていないが，第2編の法2条の「第2 条文解説」のとおり，労基法上の労働者は「特定受託事業者」（法2条1項）に該当しないため，形式的には業務委託契約（書）という名目で取引をしていたとしても，実態として「労働者」に該当する場合には，本法が適用されない（労働関係法令が適用される）こととなると解され，本法と労働関係法令のいずれもが適用されることはない（Q&A問5回答）[23]。

　他方，フリーランスについては，労基法上の労働者性とは別に，労組法上の労働者に該当するか否かという問題もあるが（これに該当する場合，労働組合の組合員として，団体交渉を行うことができるなど，労組法上の保護対象となる），労組法上の「労働者」は「賃金，給料その他これに準ずる収入によって生活する者」と定められており（労組法3条），労基法上の労働者性とは異なり，経済的従属性，すなわち契約上弱い立場にあること（契約非対称性）[24]があれば足りる（それゆえ，労基法上の労働者性よりも広い概念であると解されている）。そのため，労基法上の労働者性とは異なり，労組法上の労働者性が認められたとしても，それによりただちに本法の適用対象に当たらないということにはならず（裏を返せば，本法の「特定受託事業者」（法2条1項）であっても，それと同時に労組法上の「労働者」に当たる場合があることとなり），その場合，本法と労組法のいずれの保護[25]も受けることとなると解される[26]。

23　なお，参考までに，発注事業者とフリーランス間の取引について，独禁法と下請法が適用される場合，その適用に加えて，そのフリーランスが実質的に発注事業者の指揮命令を受けて仕事に従事していると判断される場合など，現行法上「雇用」に該当する場合には，労働関係法令が適用されるが（すなわち，独禁法・下請法と労働関係法令のいずれも理論上は適用があることになる），独禁法や下請法上問題となり得る事業者の行為が，労働関係法令で禁止又は義務とされ，あるいは適法なものとして認められている行為類型に該当する場合には，当該労働関係法令が適用され，当該行為については，独禁法や下請法上問題としないとされている（内閣官房，公正取引委員会，中小企業庁及び厚生労働省「フリーランスとして安心して働ける環境を整備するためのガイドライン」（令和6年10月18日改定）第2の2）。

24　具体的には，①基本的判断要素（事業組織への組み入れ，契約内容の一方的・定型的決定，報酬の労務対価性），②補充的判断要素（業務の依頼に応ずべき関係，広い意味での指揮監督下の労務提供，一定の時間的場所的拘束），③消極的判断要素（顕著な事業者性）といった要素を用いて総合的に判断される（厚生労働省「労使関係法研究会報告書（労働組合法上の労働者性の判断基準について）」（平成23年7月），内閣官房，公正取引委員会，中小企業庁及び厚生労働省「フリーランスとして安心して働ける環境を整備するためのガイドライン」（令和6年10月18日改定））。

18

　なお，法２条１項の「特定受託事業者」には，「家内労働者」も含まれるため，家内労働者の取引については，引き続き家内労働法[27]が適用されるとともに，業務横断的に共通する最低限の規律としての性質を有する本法も適用されると解されている（政省令等パブコメ回答1-2-8）。具体的には，①家内労働手帳（家内労働法３条）及び工賃の支払（同法６条，７条）については，家内労働法の義務を履行すれば本法の義務（取引条件の明示（法３条）及び期日における報酬支払（法４条））も履行することとなり，②中途解除等の事前予告（法16条）については，本法の義務を履行すれば家内労働法の努力義務（委託の打切りの予告（家内労働法５条））も履行することとなるほか，③それ以外の規律については，各法の義務が課されることとなる（政省令等パブコメ回答4-8）。

　また，労災保険との関係では，特定受託事業者は（実態として「使用従属性」が認められない限り）労基法上の労働者ではないため，「労働者」として労災保険の加入資格はないこととなる。もっとも，令和６年11月１日より，労災保険の特別加入制度の対象[28]として，特定受託事業者が業務委託事業者から業務委託を受けて行う事業（特定受託事業）」又は「特定受託事業者が消費者（業務委託事業者以外の者）から委託を受けて行う特定受託事業と同種の事業」（いずれも他に特別加入可能な事業又は作業を除く）が追加されることになったため，特定受託事業者も労災保険への加入の途が拓かれることとなる。

25　例えば，発注事業者が，特定受託事業者が加入する労働組合による団体交渉に応じなかった場合に，特定受託事業者が労組法上の労働者であるとして，不当労働行為（団交拒否）に当たるか否かという場面で問題になる。

26　第211回国会参議院内閣委員会第11号（令和５年４月25日）の政府参考人青山桂子（厚生労働省大臣官房審議官）の答弁，Q&A問５回答。

27　家内労働法は，家内労働者の労働条件の向上を図り，家内労働者の生活の安定に資するため，家内労働手帳，工賃支払の確保，最低工賃，安全衛生の措置など家内労働者に関する基本的な事項について定めた法律である。「家内労働」とは，自宅などを作業場として，製造・加工業者や問屋などの業者から物品の提供を受けて，１人若しくは同居の親族とともに，その物品を部品又は原材料とする物品の製造や加工を行うことをいう。また，その労働に従事して工賃を支払われる者を「家内労働者」，家内労働者に直接物品を提供して製造や加工を委託する者を「委託者」という。

28　これまでは，フリーランスの中でも，芸能関係作業従事者，アニメーション制作作業従事者，ITフリーランス，個人タクシー業者，個人貨物運送業者，建設業の一人親方等の特定の事業等における者が特別加入の対象とされていた。

加えて，安衛法との関係では，特定受託事業者は（実態として「使用従属性」が認められない限り）労基法上の労働者ではないため，安衛法上も労働者に当たらないこととなる。もっとも，令和3年5月の石綿作業従事者等による国家賠償請求訴訟の最高裁判決[29]において，安衛法22条の規定について，労働者と同じ場所で働く非労働者も保護する趣旨であるとの判断がなされたことを受けて，厚生労働省においては，同条に係る11の省令について，請負人や同じ場所で作業を行う非労働者に対しても労働者と同等の保護措置を講じることを事業者に義務づける改正を行い，令和4年4月に公布した（施行は令和5年4月1日）。また，危険箇所での作業の一部を請け負わせる一人親方等や，同じ場所で作業を行う非労働者に対しても，労働者と同等の保護が図られるよう，安衛法20条等に関する作業場所に起因する危険性に対処するものに関する措置として，退避や危険箇所への立入禁止等の措置を実施することを事業者に義務づける改正を行い，令和6年4月に公布した（施行は令和7年4月1日）。加えて，個人事業者等が健康に就業するために，個人事業者等が自身で行うべき事項，個人事業者等に仕事を注文する注文者等が行うべき事項や配慮すべき事項等を周知し，それぞれの立場での自主的な取組みの実施を促す目的で，令和6年5月に「個人事業者等の健康管理に関するガイドライン」を策定・公表した。このように，個人事業主等については，安衛法上の労働者でないとしても，安衛法の一部の規制やガイドラインによる自主的な取組みの推奨がなされているため，特定受託事業者についても，ガイドラインによる自主的な取組みを推奨されるほか，特定受託事業者のうち危険箇所等で作業に従事する非労働者や危険箇所等で行う作業の一部を請け負わせる一人親方等については，安衛法の一部の規制を遵守することが求められることになる点に留意が必要である。

29　最判令和3年5月17日民集75巻5号1359頁

第 2 編

本法の解説

22　第1章　総　則

第1章

総　　則

> （目的）
> 第一条　この法律は，我が国における働き方の多様化の進展に鑑み，個人が事業
> 　者として受託した業務に安定的に従事することができる環境を整備するため，
> 　特定受託事業者に業務委託をする事業者について，特定受託事業者の給付の内
> 　容その他の事項の明示を義務付ける等の措置を講ずることにより，特定受託事
> 　業者に係る取引の適正化及び特定受託業務従事者の就業環境の整備を図り，
> 　もって国民経済の健全な発展に寄与することを目的とする。

　本条は，本法の目的を明らかにするものである。

　第1編の第1で述べたとおり，働き方の多様化が進展し，フリーランスとい
う働き方が普及（特にデジタル社会の進展に伴い，クラウドワーカー等の新し
い働き方が普及）してきている中，昨今，受託事業者（フリーランス）と委託
事業者との間で様々な問題・トラブルが発生してきている。その要因として，
従業員を雇用しない受託事業者（フリーランス）が特定の委託事業者に依存し
やすいという事情や，委託事業者の指定に沿った業務の完了まで報酬が支払わ
れないことが多いといった事情があり，委託事業者が取引条件を主導的立場で
決定しやすくなる等，1人の個人として業務委託を受ける受託事業者（フリー
ランス）と，組織たる委託事業者との間には，交渉力や情報収集力の格差が生
じやすいという点があった[1]。換言すれば，受託事業者（フリーランス）は，

1　内閣官房新しい資本主義実現本部事務局・公正取引委員会・中小企業庁・厚生労働省「特定受託
　事業者に係る取引の適正化等に関する法律（フリーランス・事業者間取引適正化等法）【令和6年
　11月1日施行】説明資料」3頁参照。

第1条（目的）　23

取引上，弱い立場に置かれやすい特性がある。

　そこで，本法は，業種・職種にかかわらず，事業者間取引において弱い立場に立たされやすい個人で事業を行う受託事業者（フリーランス）を保護対象として，委託事業者と個人で事業を行う受託事業者（フリーランス）に係る取引全般に妥当する最低限の規律を設け，それによって，受託事業者（フリーランス）に係る「取引の適正化」と「就業環境の整備」を図るべく制定された[2]。

　このように，本法の目的は「個人が事業者として受託した業務に安定的に従事することができる環境を整備する」ことにあり，それを具体化したものとして，「取引の適正化」と「就業環境の整備」がある。

　「取引の適正化」は，個人で事業を行う受託事業者（フリーランス）との取引における口約束に起因する契約トラブルを未然に防止するための契約内容の明示等，委託事業者と個人で事業を行う受託事業者（フリーランス）に係る取引全般に妥当する最低限の規律を設け，その取引の適正化を図ることを指す。そして，本法では，**第2章**において，法3条（特定受託事業者の給付の内容そ

2　政府側の国会答弁においても，「従業員を使用せず1人の個人としての業務委託を受けるフリーランスにつきましては，従業員を使用して組織として事業を行う発注事業者との間で，交渉力やその前提となる情報収集力の格差が生じやすいと考えられます。内閣官房が関係省庁と共同で実施したアンケート調査では，発注事業者から個人として業務委託を受けるフリーランスのうち約4割が報酬の不払いや支払い遅延を始めとしたトラブルに遭っていること，約4割が，記載が不十分な発注書しか受け取っていない，又はそもそも発注書自体を受領していないことなどの事情が確認できておりまして，不当な不利益を受けやすい立場にあると考えられます。また，フリーランス・トラブル一一〇番において，ハラスメントなど，交渉力等の格差に起因して個人の就業環境が害される相談も寄せられているなどの実態があります。このため，本法案においては，業務委託の相手方である事業者で従業員を使用しないものを特定受託事業者と定義し，この法律において保護対象となるフリーランスの範囲を明確化した上で，取引の適正化を図るとともに，ハラスメントの防止など，フリーランスの就業環境の整備を図ることといたしております」（第211回国会衆議院内閣委員会第10号（令和5年4月5日）後藤茂之国務大臣（新しい資本主義担当）），「本法案については，従業員を使用せず1人の個人として業務委託を受ける受託事業者と，従業員を使用して組織として事業を行う発注事業者との間の取引について，交渉力などに格差が生じるということを踏まえ，下請代金支払遅延等防止法と同様の規制を行い，最低限の取引環境を整備するものである」（第211回国会衆議院内閣委員会第10号（令和5年4月5日）政府参考人三浦章豪（内閣官房新しい資本主義実現本部事務局フリーランス取引適正化法制準備室長代理）），「本法案は，特定受託事業者に係る取引について，業界，業種横断的に最低限の義務を課すことによりましてその適正化等を図るもの」（第211回国会衆議院内閣委員会第10号（令和5年4月5日）後藤茂之国務大臣（新しい資本主義担当））といった説明がなされている。

の他の事項の明示等），法4条（報酬の支払期日等），法5条（特定業務委託事業者の遵守事項）といった取引の適正化に係る規制を設けている。

「就業環境の整備」は，個人で事業を行う受託事業者（フリーランス）の取引基盤が整備され，様々な背景を持つ者が事業者として安心して働くことのできる環境を整備することを指す。そして，本法では，**第3章**において，法12条（募集情報の的確な表示），法13条（妊娠，出産若しくは育児又は介護に対する配慮），法14条（業務委託に関して行われる言動に起因する問題に関して講ずべき措置等），法16条（解除等の予告）といった就業環境の整備に係る規制を設けている。

その上で，今後の日本経済の発展において，個人で事業を行う受託事業者（フリーランス）の働き方は，多様性の観点からも重要であり，よって「取引の適正化」と「就業環境の整備」の先にある究極的な目標として「国民経済の健全な発展に寄与すること」が掲げられている。

（定義）

第二条　この法律において「特定受託事業者」とは，業務委託の相手方である事業者であって，次の各号のいずれかに該当するものをいう。

一　個人であって，従業員を使用しないもの

二　法人であって，一の代表者以外に他の役員（理事，取締役，執行役，業務を執行する社員，監事若しくは監査役又はこれらに準ずる者をいう。第六項第二号において同じ。）がなく，かつ，従業員を使用しないもの

2　この法律において「特定受託業務従事者」とは，特定受託事業者である前項第一号に掲げる個人及び特定受託事業者である同項第二号に掲げる法人の代表者をいう。

3　この法律において「業務委託」とは，次に掲げる行為をいう。

一　事業者がその事業のために他の事業者に物品の製造（加工を含む。）又は情報成果物の作成を委託すること。

二　事業者がその事業のために他の事業者に役務の提供を委託すること（他の事業者をして自らに役務の提供をさせることを含む。）。

4　前項第一号の「情報成果物」とは，次に掲げるものをいう。

一　プログラム（電子計算機に対する指令であって，一の結果を得ることができるように組み合わされたものをいう。）

二　映画，放送番組その他影像又は音声その他の音響により構成されるもの

三　文字，図形若しくは記号若しくはこれらの結合又はこれらと色彩との結合により構成されるもの

四　前三号に掲げるもののほか，これらに類するもので政令で定めるもの

5　この法律において「業務委託事業者」とは，特定受託事業者に業務委託をする事業者をいう。

6　この法律において「特定業務委託事業者」とは，業務委託事業者であって，次の各号のいずれかに該当するものをいう。

一　個人であって，従業員を使用するもの

二　法人であって，二以上の役員があり，又は従業員を使用するもの

7　この法律において「報酬」とは，業務委託事業者が業務委託をした場合に特

26　第1章　総　則

> 定受託事業者の給付（第三項第二号に該当する業務委託をした場合にあっては，当該役務の提供をすること。第五条第一項第一号及び第三号並びに第八条第三項及び第四項を除き，以下同じ。）に対し支払うべき代金をいう。

第1 本条の趣旨

　本条は，本法をとおして共通で用いられる用語の定義を定める定義規定である。

第2 条文解説

1 「特定受託事業者」（法2条1項）

⑴ 定義

　「特定受託事業者」とは，下図のとおり，業務委託の相手方である事業者であり，

> ①個人であって，従業員を使用しないもの
> 　又は
> ②法人であって，一の代表者以外に他の役員（理事，取締役，執行役，業務を執行する社員，監事若しくは監査役又はこれらに準ずる者をいう。以下同じ。）がなく，かつ，従業員を使用しないもの

のいずれかに該当する者をいい，組織としての実態を有しないものをいう（解釈ガイドライン第1部1，Q&A問2回答）。

　このように，業務委託の相手方である事業者が対象となる以上，業務委託以外の取引（単純な売買契約等）の相手方となる事業者については，本法における特定受託事業者には該当しない。また，「特定受託事業者」に業種の限定は

なく，例えば士業等であったとしても，上記定義に該当すれば，「特定受託事業者」となる（政省令等パブコメ回答1-2-23〜25）[3]。

【特定受託事業者の定義】

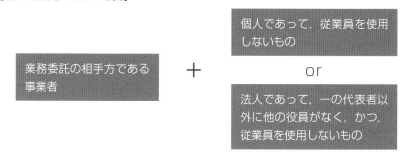

(2) 「事業者」

ア 「事業者」の内容

「事業者」とは，商業，工業，金融業その他の事業を行う者をいい（解釈ガイドライン第1部1），NPO法人や一般社団法人等の非営利団体であっても，事業を行っていれば「事業者」に該当する（政省令等パブコメ回答1-2-3）[4]。また，アフィリエイトビジネス[5]であっても，業務委託の相手方である事業者であり，個人であって，従業員を使用しない場合は「特定受託事業者」に該当する（政省令等パブコメ回答1-2-4）。加えて，ある事業者から労働契約に基づき雇用されている労働者であっても，副業で他の事業者から業務委託契約に基づき業務を受託している場合は，他の事業者から受託している業務を行う範囲においては「特定受託事業者」に該当し得る（Q&A問14回答）。

---

3 その他，例えば，建設会社から住宅建設の業務の一部を受託する一人親方，フードデリバリーサービスの提供事業者が消費者から受注した飲食物の配達を受託する，当該サービスに登録して配送を行うものも特定受託事業者に該当し得る（Q&A問4回答）。
4 ただし，純粋に無償の活動のみを行っているものは「事業者」に該当しない（Q&A問6回答）。
5 アフィリエイトとは，提携先の商品・サービスの広告を自己のウェブサイト，ブログ，SNSなどに掲載し，閲覧者がその広告を経由して提携先から商品購入等をした場合に，一定額の報酬を得られる仕組み（成果報酬型広告）である（アフィリエイトビジネスはその仕組みを用いたビジネスである）。

28　第1章　総　則

　なお,「事業」とは, 一定の目的をもってなされる同種の行為の反復継続的
遂行をいい, 営利の目的をもってなされるか否かを問わない[6]。そのため, 例
えば, 個人が単発的に講演の登壇依頼を受ける場合(ある企業のCHOが, 別
団体が主催する人事部門向けの講演の登壇依頼を受ける場合等), 当該個人と
の関係では, その講演の登壇は「一定の目的をもってなされる同種の行為の反
復継続的遂行」とはいえず, 当該個人は, その講演の登壇との関係では「事業
者」に当たらないと解される。

　イ　労働者性
　第1編の第3の3のとおり, 労基法9条は「労働者」に関する定義規定を置
き[7], 同条の「労働者」に当たるか否か(労働者性)は,「使用従属性」の有
無により判断されている。そのため, 業務を受託する者につき, 実態として
「使用従属性」が認められ, この者が労基法上の「労働者」であると判断され
た場合,「事業者」に該当せず, 本法は適用されない(労働関係法令が適用さ
れる)ことになると解される(Q&A問5回答)[8][9][10]。そのため, 労基法上の労働
者性は, 本法と労働関係法令の適用範囲を画するものとして機能するものとも

---

[6]　大森政輔ほか編『法令用語辞典 第11次改訂版』(学陽書房, 2023年)339頁
[7]　「労働者」とは,「職業の種類を問わず, 事業又は事務所……に使用される者で, 賃金を支払われ
　る者」をいう。
[8]　政府側の国会答弁でも「形式的な契約上は本法案の特定受託事業者であっても, 実質的に労働基
　準法上の労働者と判断される場合には, 労働基準関係法令が適用され, 本法案は適用されないとこ
　ろでございます。」と説明されている(第211回国会参議院内閣委員会第11号(令和5年4月25日)
　政府参考人宮本悦子(内閣官房新しい資本主義実現本部事務局フリーランス取引適正化法制準備室
　次長兼厚生労働省大臣官房審議官))。
[9]　労基法上の労働者性が認められるような事態に至るのは, 基本的には民事訴訟や労働基準監督署
　の監督指導の場面である。そのため, 当事者や行政官庁(公正取引委員会や労働局等)において,
　当初は本法の適用対象として認識し, その法の履行が行われてきたが, ある時点において労基法上
　の労働者性が認められ, 本法の適用対象ではなかったことが判明するというケースも理論上発生し
　得る。
[10]　一方, 第1編の第3の3のとおり, 発注事業者との関係で, 受注事業者が本法の「特定受託事業
　者」に該当する者であっても, 労組法上の「労働者」と認められる場合, 当該発注事業者との関係
　では, 本法が適用されるほか, 団体交渉等について同法による保護を受けることができる(Q&A
　問5回答)。

いえる[11]。

使用従属性は，①労働が他人の指揮監督下において行われているかどうか，すなわち，他人に従属して労務を提供しているかどうか（「指揮監督下の労働」であること），②報酬が「指揮監督下における労働」の対価として支払われているかどうか（「報酬の労務対償性」があること）により判断される。そして，使用従属性を満たすか否かについては，請負契約や委任契約といった形式的な契約形式にかかわらず，契約の内容，労務提供の形態，報酬その他の要素から，個別の事案ごとに総合的に判断される。具体的には，行政解釈及び裁判実務において，下表の要素に基づいて判断することとされている[12][13]。

【労基法上の労働者性の判断基準】

(1) 使用従属性
① 「指揮監督下の労働」であること
◆仕事の依頼，業務従事の指示等に対する諾否の自由の有無
・具体的な仕事の依頼や，業務に従事するよう指示があった場合などに，それを受けるか受けないかを自分で決めることができるか。

---

11 なお，国会において本法が成立した際の附帯決議においては，「偽装フリーランスや準従属労働者の保護については，労働基準監督署等が積極的に聴取し確認すること」，「労働基準法上の労働者に当たる者に対し，労働関係法令が適切に適用されるような方策を検討すること」（令和5年4月5日衆議院内閣委員会附帯決議），「労働基準法の労働者に当たる者に対し，労働関係法令が適切に適用されるような方策を検討するとともに，いわゆる偽装フリーランスや準従属労働者の保護のため，労働基準監督署等が迅速かつ適切に個別事案の状況を聴取，確認した上で，適切に対応できるよう十分な体制整備を図ること」（令和5年4月27日参議院内閣委員会附帯決議）といった事項が付されている。これを受けて，全国の労働基準監督署において，「労働者性に疑義がある方の労働基準法等違反相談窓口」が設置された（令和6年10月25日公表）。

12 内閣官房，公正取引委員会，中小企業庁及び厚生労働省「フリーランスとして安心して働ける環境を整備するためのガイドライン」（令和6年10月18日改定）。なお，具体的な判断方法等については，厚生労働省労働基準局「労働基準法における労働者性判断に係る参考資料集」（令和6年10月時点）も，参考になる。

13 なお，実際に裁判例において，どのような事例で労働者性が肯定又は否定されるかについては，橋本陽子『労働者の基本概念―労働者性の判断要素と判断方法』（弘文堂，2021年）が詳細にまとめており，参考になる。また，フリーランス協会より「偽装フリーランス防止のための手引き」（令和6年2月）が公開され（本書の編著者（弁護士 益原大亮）による総合監修），フリーランスの労働者性の判断基準や要注意事例を整理しており，参考になる。

30　第1章　総　則

　　　・このような指示等に対して，受けるか受けないかを自分で決められる場合
　　　　には，指揮監督関係にないことを示す重要な要素となる。
　◆業務遂行上の指揮監督の有無
　　　・業務の内容や遂行方法について，具体的な指揮命令を受けているかどうか。
　　　・具体的な指揮命令を受けていることは，指揮監督関係にあることを示す基
　　　　本的かつ重要な要素となる。
　◆拘束性の有無
　　　・勤務場所と勤務時間が指定され，管理されているか。
　　　・勤務場所や勤務時間が指定され，管理されていることは，一般的には，指
　　　　揮監督関係にあることを示す基本的な要素となる。
　　　・ただし，勤務場所や勤務時間が指定されていても，業務の性質上場所や時
　　　　間が特定されている場合や，施設管理や作業者等の安全確保の必要性から
　　　　勤務の場所や時間が一定の範囲に限定されている場合もあるため，勤務場
　　　　所や勤務時間の指定が業務の性質等によるものか，業務の遂行を指揮命令
　　　　する必要によるものかの見極めが必要である。
　◆代替性の有無（指揮監督関係を補強する要素）
　　　・自分に代わって他者が労務を提供することが認められているか（自分の判
　　　　断によって補助者を使うことが認められているか）。
　　　・労務提供に代替性が認められるかどうかは，指揮監督関係そのものに関す
　　　　る基本的な判断基準ではないが，受けた仕事を，代役を立て，その代役の
　　　　人にやってもらうことや，他の人に依頼して手伝ってもらうことが，委託
　　　　者等の了解を得ず自らの判断で行うことができるなど，代替性が認められ
　　　　る場合には，指揮監督関係にないことを示す要素となる。
②「報酬の労務対償性」があること
　　　・支払われる報酬の性格が，発注者等の指揮監督の下で一定時間労務を提供し
　　　　ていることに対する対価と認められるか。

(2)　「労働者性」の判断を補強する要素
①事業者性の有無
　◆機械，器具等の負担関係

・仕事に必要な機械，器具等を，発注者等と受注者のどちらが負担している
か。

・自らが所有する機械，器具等が安価な場合には問題にならないが，著しく
高価なものを自らが所有，用意している場合，自らの計算と危険負担に基
づいて事業経営を行う「事業者」の性格が強くなり，「労働者性」を弱め
る要素となる。

◆報酬の額

・仕事に対して発注者等から受け取る報酬の額が著しく高額ではないか。

・受け取る報酬の額が，委託者等に雇用されて同じような仕事をしている労
働者と比較して著しく高額である場合は，労務提供に対する「賃金」では
なく，事業者に対する代金の支払と認められ，「労働者性」を弱める要素
となる。ただし，それが長時間労働の結果であり，単位時間当たりの報酬
の額をみると同種の業務に従事する正規従業員に比して高額とはいえない
場合もあることに留意が必要である。

②専属性の程度

・特定の委託者等への専属性が高いと認められるか。

・特定の委託者等に対する専属性の有無は，直接に「使用従属性」の有無を左
右するものではなく，特に専属的な働き方をしていないことによって「労働
者性」を弱めることとはならない。他の委託者等の業務を行うことが制度上
制約されたり，時間的な余裕がなく事実上困難であるような場合や，報酬に
固定給部分があるなど報酬に生活保障的要素が強いと認められるような場合
には，専属性の程度が高く，「労働者性」を補強する要素となる。

③その他

・「採用，委託等の際の選考過程が正規従業員の採用の場合とほとんど同様で
あること」，「報酬について給与所得としての源泉徴収を行っていること」，
「社会保険の適用対象としていること」，「服務規律を適用していること」，
「退職金制度，福利厚生を適用していること」などが，発注者等が受注者を
自らの労働者と認識していると推認されるとして，「労働者性」の判断の補
強要素とされる場合がある。

【労基法上の労働者性の判断基準の関係性】

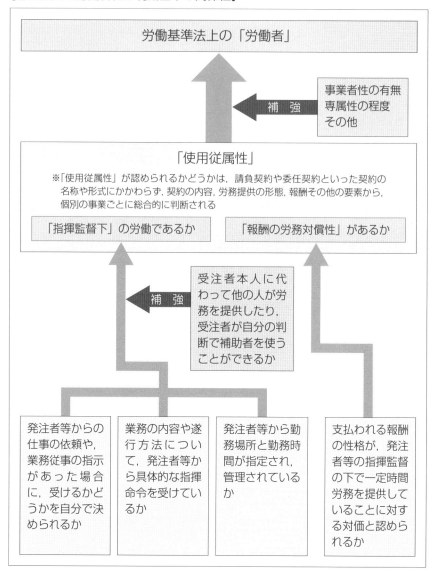

〈出典〉内閣官房，公正取引委員会，中小企業庁及び厚生労働省「フリーランスとして安心して働ける環境を整備するためのガイドライン」（令和6年10月18日改定）27頁をもとに編著者作成

第 2 条（定義） 33

　なお，労基法上の労働者性の判断基準の中では，「仕事の依頼，業務従事の指示等に対する諾否の自由の有無」，「業務遂行上の指揮監督の有無」，「拘束性の有無」が特に重みのある要素（労働者性が認められるか否かに強く影響する要素）である。

⑶　「個人であって，従業員を使用しないもの」

　「従業員を使用しない」とは，労働者を雇用しないと同義であると解される。従業員を使用する者は，組織としての実態を備えると評価でき，組織としての発注事業者と個人としての特定受託事業者との間の交渉力や情報収集力の格差に着目した本法の対象とすることが妥当ではないためである。

　以上を踏まえ，「従業員を使用」とは，現行の雇用保険の被保険者の要件に倣い[14]，①1週間の所定労働時間が20時間以上であり，かつ，②継続して31日以上雇用されることが見込まれる労働者（労基法9条に規定する労働者）を雇用することをいう（解釈ガイドライン第1部1⑴）[15]。そのため，短時間・短期間等の一時的に雇用される労働者を雇用することは，「従業員を使用」に含まれない（Q&A問3回答）。ただし，労働者派遣事業の適正な運営の確保及び派遣労働者の保護等に関する法律（昭和60年法律88号）2条4号に規定する派遣先とし

---

[14]　なお，令和6年5月10日に成立した「雇用保険法等の一部を改正する法律」（令和6年法律第26号）によれば，令和10年10月1日より，雇用保険の被保険者の要件のうち，週所定労働時間が「20時間以上」から「10時間以上」に変更（適用範囲を拡大）されるため，これに伴って，法2条1項1号の「従業員を使用」の解釈も変更される可能性がある。本来は立法時の法解釈を途中で変更することはできないと考えられるが，「従業員を使用」の解釈の実質が「そのときの雇用保険法における雇用保険の被保険者の要件と同一である」と捉えれば，現在の「①1週間の所定労働時間が20時間以上であり，かつ，②継続して31日以上雇用されることが見込まれる労働者」という内容も「そのときの雇用保険法における雇用保険の被保険者の要件と同一である」という解釈をより具体的に述べたものにすぎず，雇用保険法における雇用保険の被保険者の要件に変更があれば，「従業員を使用」の解釈の具体的内容もその変更された雇用保険の被保険者の要件を前提とすることになると解することも十分考えられる（つまり，本法の改正までは不要となると解される）。

[15]　そのため，（特定）業務委託事業者にとっては，業務委託の相手方について，雇用保険適用事業場に該当するか否かを確認すれば，当該相手方における被保険者の存在（従業員の使用）の有無を判断することができる。なお，特定業務委託事業者において，定期的に受注事業者が「特定受託事業者」に該当するかを確認する義務はないが，「従業員」の有無は形式的に判断される（政省令等パブコメ回答1-2-19〜22）。

34　第1章　総　則

て，①1週間の所定労働時間が20時間以上であり，かつ，②継続して31日以上労働者派遣の役務の提供を受けることが見込まれる派遣労働者を受け入れる場合には，当該派遣労働者を雇用していないものの，「従業員を使用」に該当するものと解されている（解釈ガイドライン第1部1(1)，Q&A問15回答）[16]。

　以上を整理すると，「従業員を使用」する場合（特定受託事業者に該当しない場合）とは，下表のいずれかのパターンに該当する場合となる。

【「従業員を使用」の内容】

直接雇用パターン	①1週間の所定労働時間が20時間以上であり，かつ，②継続して31日以上雇用されることが見込まれる労働者を雇用すること
派遣労働者パターン	①1週間の所定労働時間が20時間以上であり，かつ，②継続して31日以上労働者派遣の役務の提供を受けることが見込まれる派遣労働者を受け入れること

　なお，「従業員を使用」の単位については，組織としての実体があるか否かを判断する基準であるため，従業員を使用しているか否かについては個別の業務委託や事業に関して従業員を使用しているか否かではなく，受注事業者が個人又は法人として従業員を使用しているか否かで判断することと解されている（Q&A問10回答）。そのため，複数の事業を営んでいる受注事業者が，ある事業において従業員を使用している場合，受託する業務の属する事業における「従業員」の使用の有無にかかわらず，当該受注事業者は「従業員を使用」していると判断され，「特定受託事業者」には該当しないこととなる（Q&A問10回答）。

　また，事業に同居親族[17]のみを使用している場合には，「従業員を使用」に該当しない（解釈ガイドライン第1部1(1)，Q&A問16回答）[18]。

16　なお，従業員を雇用することなく，他のフリーランスに業務を再委託する場合は，「従業員を使用」しているとはいえないと解されている（第211回国会参議院内閣委員会第12号（令和5年4月27日）政府参考人岩成博夫（内閣官房新しい資本主義実現本部事務局フリーランス取引適正化法制準備室長））。

17　同居親族とは，居住と生計が同一の親族をいう（Q&A問16回答）。

【「従業員を使用しない」のイメージ図】

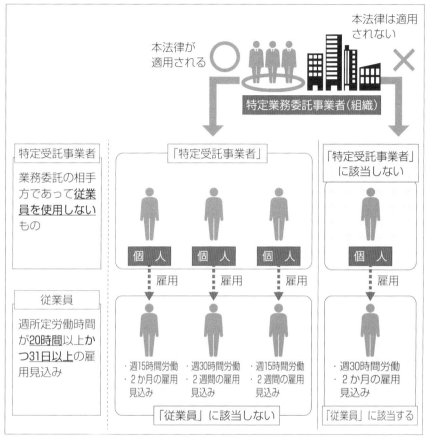

〈出典〉内閣官房新しい資本主義実現本部事務局・公正取引委員会・中小企業庁・厚生労働省「特定受託事業者に係る取引の適正化等に関する法律（フリーランス・事業者間取引適正化等法）【令和6年11月1日施行】説明資料」（令和6年7月3日更新）5頁をもとに編著者作成

　なお，個人事業主A及びBが共同で運営している事務所において，個人事業主Bが単独でアシスタントスタッフを雇用している場合，個人事業主Bが

18　青色事業専従者も含め，同居親族のみを使用している場合には，「従業員を使用」に該当しない（Q&A問17回答）。

36 第1章 総則

雇用しているアシスタントスタッフと個人事業主Aの間に直接の雇用関係がなく，事実上，当該アシスタントスタッフが個人事業主Aの仕事を手伝っているにすぎない場合は，個人事業主Aは「従業員を使用」しているとはいえず，個人事業主Aに対する業務委託は，本法の適用対象となり得る（Q&A 問11回答）。

⑷ 「法人であって，一の代表者以外に他の役員（理事，取締役，執行役，業務を執行する社員，監事若しくは監査役又はこれらに準ずる者をいう。）がなく，かつ，従業員を使用しないもの」

　特定受託事業者の中には，税務上の理由や取引先の要請により，法人化してその代表者として業務を行う者が存在する。ただ，そのような法人であっても，1人の個人が単独で業務を提供する場合には，組織と比べて情報収集力や交渉力が劣ることとなり，また，個人で事業を行う性質上，事業規模や取引先数も自ずと限定的になり，既存の取引先に依存しがちであるという特定受託事業者の特徴が当てはまる。一方で，1人の個人が単独で業務を実施しているとは認められない法人については，本法の保護対象から除外しても差し支えないと考えられる。それゆえ，代表者1人のみしかおらず，他の社員や役員その他の構成員がいない法人のみが本法の保護対象とされ，法文上は「法人であって，一の代表者以外に他の役員（理事，取締役，執行役，業務を執行する社員，監事若しくは監査役又はこれらに準ずる者[19]をいう。）[20]がなく，かつ，従業員を使用しないもの」と規定されている。

　なお，個人事業主A及びBが共同で運営している事務所において，当該事務所が雇用主となってアシスタントスタッフを雇用している場合，当該事務所が民法上の組合である場合には，各組合員が当該アシスタントスタッフを雇用しているものと考えられるため，組合員である個人事業主A及びBは「従業員を使用」しているといえるため，個人事業主A及びBに対する業務委託は，

19　「これらに準ずる者」としては，特定非営利法人の構成員や株式会社の株主等が該当すると解される。

20　同居親族が役員である場合には，「他の役員」に該当する（Q&A 問18回答）。

第2条（定義）　37

本法の適用対象とならない（Q&A問12回答）。一方，当該事務所が権利能力なき社団である場合には，当該社団そのものが当該アシスタントスタッフを雇用しているものと考えられるため，個人事業主A及びBは「従業員を使用」しているとはいえず，個人事業主A及びBに対する業務委託は，個人事業主A及びBが自ら「従業員を使用」していなければ，本法の適用対象となる（Q&A問12回答）。

(5) 特定受託事業者該当性の判断基準時

業務委託時点で，受注事業者が「特定受託事業者」に該当しない場合，その業務の委託には，本法の規定は適用されず，業務委託後に，受注事業者が「特定受託事業者」の要件を満たすことになった場合でも本法の規定は適用されない（政省令等パブコメ回答1-2-10～14，Q&A問8回答）[21]。

なお，業務の委託に係る契約が更新される場合には（自動更新の場合を含む），改めて業務委託があったものと考えるため，更新後の業務の委託が「業務委託」に該当する場合であって，（最初の発注時点の「特定受託事業者」該当性を問わず）当該更新時に，受注事業者が「特定受託事業者」に該当するときは，当該更新後の業務委託には本法が適用されることとなる（政省令等パブコメ回答1-2-15）。

2 「特定受託業務従事者」（法2条2項）

「特定受託業務従事者」とは，特定受託事業者である個人及び特定受託事業者である法人の代表者をいう（解釈ガイドライン第1部2）。

特定受託事業者は，取引主体となる事業者に着目した定義である一方，法14

21　他方で，発注時点では「特定受託事業者」（「従業員を使用しないもの」）に該当していたが，（特定）業務委託事業者による問題行為の時点で「特定受託事業者」（「従業員を使用しないもの」）に該当していなかった場合は，その時点については本法の規定は適用されないと解されている（第211回国会衆議院内閣委員会第10号（令和5年4月5日）政府参考人岩成博夫（内閣官房新しい資本主義実現本部事務局フリーランス取引適正化法制準備室長））。要するに，当該問題行為との関係で本法の規定が適用されるといえるためには，業務委託（発注）時と問題行為時のいずれの時点でも「特定受託事業者」（「従業員を使用しないもの」）に該当している必要があることとなる。

38　第1章　総　則

条のハラスメント対策（業務委託に関して行われる言動に起因する問題に関して講ずべき措置等）との関係で，自然人である個人を念頭におくべき規定が必要であるため設けられたものである。

3　「業務委託」（法2条3項）

(1)　概要

　「業務委託」とは，下表に掲げる行為をいう。端的に言えば，①物品の製造・加工委託（法2条3項1号），②情報成果物の作成委託（法2条3項1号），③役務の提供委託（法2条3項2号）に分類される。

> ①　事業者がその事業のために他の事業者に物品の製造（加工を含む）又は情報成果物の作成を委託すること（法2条3項1号）
> ②　事業者がその事業のために他の事業者に役務の提供を委託すること（他の事業者をして自らに役務の提供をさせることを含む）（法2条3項2号）

(2)　「その事業のために」（法2条3項各号）

　「その事業のため」に委託するとは，当該事業者が行う事業の用に供するために委託することをいう（解釈ガイドライン第1部1(2)）。

　そして，「事業」とは，一定の目的をもってなされる同種の行為の反復継続的遂行をいい，営利の目的をもってなされるか否かを問わない（Q&A問21回答）[22]。ただし，事業者以外の主体（消費者）から特定受託事業者に対して行われる業務の委託は，「業務委託」には該当しない。

　また，「事業」に関して，法人の場合には，必ずしも定款記載事項に限られるものではなく（Q&A問21回答），定款上の目的と無関係な行為であったとしても，それが反復継続的になされるのであれば「事業」に当たることから，当該事業の遂行に必要な委託であれば，「業務委託」に該当する。他方で，個人事

22　大森政輔ほか編『法令用語辞典 第11次改訂版』（学陽書房，2023年）339頁

【「業務委託」のイメージ図】

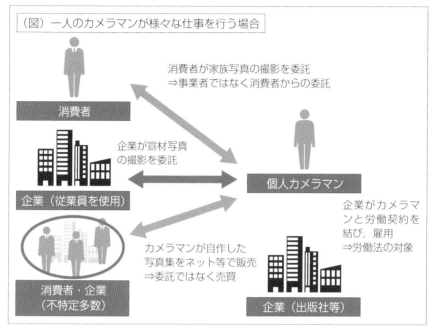

〈出典〉内閣官房新しい資本主義実現本部事務局・公正取引委員会・中小企業庁・厚生労働省「特定受託事業者に係る取引の適正化等に関する法律（フリーランス・事業者間取引適正化等法）【令和6年11月1日施行】説明資料」（令和6年7月3日更新）4頁をもとに編著者作成

業主の場合には，「事業者」として契約当事者となる場合も，「消費者」として契約当事者となる場合も想定されるため，個別具体的な業務委託の内容に応じて「事業のために」委託をしているかを判断することになる（Q&A問21回答）。この判断にあたっては，契約締結の段階で，業務の内容が事業の目的を達成するためになされるものであることが客観的，外形的に明らかであるか，事業の目的を達成するためになされるか否かが客観的，外形的に明らかでない場合には，消費者として当該業務委託に係る給付を受けることが想定し難いものか否かといった要素を考慮して判断することとなる（Q&A問21回答）。

40　第1章　総　則

　なお，発注事業者が純粋に無償の行為のために行う委託は「事業のため」に
委託する行為に該当しない（Q&A問21回答）。

⑶　「他の事業者に……委託すること」（法2条3項各号）

　「他の事業者」とは，自身とは法律上も実態上も明確に区分できる独立の主
体を意味する。そのため，例えば，株式会社の取締役，会計参与，監査役，会
計監査人や，委任型の執行役員との間の契約関係は，当該株式会社の内部関係
にすぎず，これらの者は当該株式会社にとっての「他の」事業者とはいえない
ため，本法の「業務委託」には該当しない（Q&A問19回答）。他方で，企業にお
いては，「顧問契約」という名目で個人と契約を締結することも少なくないが[23]，
「顧問契約」という名称であっても，当該株式会社の内部関係とはいえない場
合には，「他の」事業者に当たると解される。

　「委託」に該当するかどうかは，取引の実態に基づき判断するものであり，
契約の形態は問わない（解釈ガイドライン第1部1⑵ア㈓）[24]。なお，業務委託の種
類ごとの「委託」の意義については，後記⑷から⑹で解説する[25][26]。

23　例えば，士業やコンサルタント等の専門家との顧問契約のほか，労働者が定年退職後に顧問契約
　という名目で引き続き当該会社の業務を行う場合がある。

24　例えば，集落その他の特定の地域において，近隣の住民がいずれも事業者である農業者であった
　としても，住民間相互に収穫作業等を協力し合うことが慣習となっている場合，このような相互扶
　助は事業活動とはいえず，事業者間の行為とはいえず，当該農業者間の収穫作業等の相互扶助は，
　本法上の「業務委託」には該当しない（Q&A問20回答）。これに対し，農業者がいわゆる農業ヘ
　ルパー等に収穫作業等を委託する場合等は，事業者間の行為といえるため，当該収穫作業等の委託
　は，本法上の「業務委託」に該当する（Q&A問20回答）。

25　なお，企業が個人事業主などから車や空きスペースを借りるような取引（例：カーシェアリング
　やスペースシェアリング）は，単に既にある物品等の貸出しを依頼するにすぎず，給付に係る仕様，
　内容等を指定して物品の製造，情報成果物の作成又は役務の提供を依頼していないため，本法上の
　「業務委託」に該当しない（Q&A問22回答）。

26　なお，総務省「放送コンテンツの製作取引適正化に関するガイドライン改訂版（第8版）」（令和
　6年10月18日）11頁～12頁において，放送コンテンツの製作に関する発注者と受注者との契約形態
　が解説されており，参考になる。

第2条（定義） 41

⑷ 物品の製造・加工委託（法2条3項1号）

ア 「物品」

「物品」とは，動産をいい，不動産は含まれない（解釈ガイドライン第1部1⑵ア⑺）。例えば，目的物たる物品の製造過程における中間状態にある製造物や目的物たる物品にそのままの状態で取り付けられ，物品の一部を構成することとなる製造物も動産である限り，「物品」に該当すると考えられる。

イ 「製造」

「製造」とは，原材料たる物品に一定の工作を加えて新たな物品を作り出すことをいう（解釈ガイドライン第1部1⑵ア⑷，Q&A問23回答）。

ウ 「加工」

「加工」とは，原材料たる物品に一定の工作を加えることによって，一定の価値を付加することをいう（解釈ガイドライン第1部1⑵ア⑼，Q&A問23回答）。

エ 物品の製造における「委託」

物品の製造（加工を含む。以下同じ）における「委託」とは，事業者が他の事業者に，給付に係る仕様，内容等を指定して物品の製造を依頼することをいう（解釈ガイドライン第1部1⑵ア㈢，Q&A問23回答）。

具体的には，事業者が他の事業者に対し，物品等の規格・品質・性能・形状・デザイン・ブランドなどを指定して製造・加工を依頼することが該当し，事業者が既製品を購入することは，原則として「委託」に該当せず，既製品であっても，その一部でも加工等をさせる場合は「委託」に該当する（Q&A問23回答）。

本法上の物品の製造・加工委託は，製造・加工を委託する目的物が，発注事業者が業として行う販売の目的物又は業として請け負う製造の目的物に限定されないため，下請法上の製造・加工委託より広い範囲の製造委託が対象となる（Q&A問24回答）。したがって，下請法においては，例えば，発注事業者が製造

42　第1章　総　則

過程で用いる製造機械や工具の製造（自家製造している場合を除く）・加工を，他の事業者に委託することは製造・加工委託に含まれないが，本法においては，発注事業者が事業のために他の事業者に物品の製造・加工を委託することは，すべて物品の製造・加工委託に該当するので，このような場合も物品の製造・加工委託に該当することとなる（Q&A 問24回答）。

(5)　情報成果物の作成委託（法2条3項1号）

　ア　情報成果物（法2条4項）

　「情報成果物」とは，法2条4項各号に規定されるものをいい，具体的には，下表のとおりである（解釈ガイドライン第1部1(2)イ(ア)）。

法2条4項の情報成果物	具体例
プログラム（電子計算機に対する指令であって，一の結果を得ることができるように組み合わされたものをいう）（法2条4項1号）	ゲームソフト，会計ソフト，家電製品の制御プログラム，顧客管理システム
映画，放送番組その他影像又は音声その他の音響により構成されるもの（法2条4項2号）	テレビ番組，テレビCM，ラジオ番組，映画，アニメーション
文字，図形若しくは記号若しくはこれらの結合又はこれらと色彩との結合により構成されるもの（法2条4項3号）	設計図，ポスターのデザイン，商品・容器のデザイン，コンサルティングレポート，雑誌広告，漫画，イラスト
前3号に掲げるもののほか，これらに類するもので政令で定めるもの（法2条4項4号）	（政令未制定）[27]

27　本書刊行時点で法2条4項4号が委任する政令は制定されておらず，当該政令を制定予定か否かについての情報も公表されていない。推し量るに，情報成果物については，情報通信技術の発展に伴い，新たな類型のものが予期せずに誕生する可能性もあることから，その際に迅速に本法の対象にできるよう，委任規定を定めておいたものと考えられる。

イ　情報成果物の作成における「委託」

情報成果物の作成における「委託」とは，事業者が他の事業者に，給付に係る仕様，内容等を指定して情報成果物の作成を依頼することをいう（解釈ガイドライン第1部1⑵イ(イ)，Q&A問27回答）。

具体的には，事業者が他の事業者に対し，ソフトウェア，映像コンテンツ，各種デザイン，楽曲，文章等の仕様，テーマ，コンセプト等を指定して作成を依頼することが該当する（Q&A問27回答）。そのため，例えば，事業者が，ソフトウェアメーカーが既に販売しているパッケージソフトを購入する場合は，原則として「委託」に該当しないが，その一部でも自社向けに仕様変更等をさせる場合は「委託」に該当する（Q&A問27回答）。

⑹　役務の提供委託（法2条3項2号）

下請法では，物品の修理の委託を「修理委託」，役務の提供の委託を「役務提供委託」と，それぞれ定義されているが，本法では，下請法のように修理委託と役務提供委託を分けて定義せず，修理委託における修理は「役務の提供」の委託の1つと整理され，本法の業務委託に含まれる（Q&A問25回答）。

ア　「役務の提供」

「役務の提供」とは，いわゆるサービス全般について労務又は便益を提供することをいう（解釈ガイドライン第1部1⑵ウ(ア)）。例えば，演技，演奏，接客，配送等は役務の提供に該当するが，これらに限られず，サービス全般についての労務又は便益の提供は広く「役務の提供」に該当する（政省令等パブコメ回答1-2-39）。より具体的には，例えば，建設工事[28]，貨物運送や旅客運送，自動車整備，警備，保守点検，ビルメンテナンス，清掃，倉庫管理，ホテルのベッドメイキング，ソフトウェアの顧客サポートサービス，冠婚葬祭式の司会進行や

---

[28]　なお，下請法においては，建設業を営む者が業として請け負う建設工事の全部又は一部を他の建設業を営む者に請け負わせることについては，役務提供の定義から除外し，その適用から外している（下請法2条4号括弧書）。

44 第1章 総則

美容着付け，教養講座の講義，コンサルタント，アニメーション制作等が「役務の提供」に該当すると考えられる。

なお，下請法2条4項の「提供の目的たる役務」とは，委託事業者が他者に提供する役務のことをいい，委託事業者が自ら用いる役務（自家利用役務）は含まれないが[29]，法2条3項2号における「役務」は，「他の事業者をして自らに役務の提供をさせることを含む」と定めているとおり，委託事業者が他者に提供する役務に限らず，委託事業者が自ら用いる役務（自家利用役務）を含むものである（解釈ガイドライン第1部1⑵ウ㋐，Q&A問26回答）[30]。

イ　役務の提供における「委託」

役務の提供における「委託」とは，事業者が他の事業者に役務の内容等を指定して役務の提供を依頼することをいう（解釈ガイドライン第1部1⑵ウ㋑）。

⑺　業務委託の越境取引への本法の適用関係

国又は地域をまたがる業務委託については，その業務委託の全部又は一部が日本国内で行われていると判断される場合には，本法が適用されると解される（政省令等パブコメ回答1-1-12）。

具体的には，日本に居住する特定受託事業者が海外に所在する（特定）業務委託事業者から業務委託を受ける場合や，海外に居住する特定受託事業者が日本に居住する（特定）業務委託事業者から業務委託を受ける場合について，①委託契約が日本国内で行われたと判断される場合や，②業務委託に基づき特定受託事業者が商品の製造やサービスの提供等の事業活動を日本国内で行っていると判断される場合には，本法が適用されると解される[31][32][33]。

---

[29]　公正取引委員会「下請代金支払遅延等防止法に関する運用基準」（最終改正：令和6年5月27日公正取引委員会事務総長通達第4号）第2の4⑵

[30]　例えば，弁護士への自社の法律業務の委託（委任），税理士への税務申告書類の作成委託，ホテル業者からリネンサプライ業者へのベッドメイキングの委託，工作機械メーカーから清掃業者への自社工場の清掃作業の一部の委託，カルチャーセンターから講師への自社開催の講座の講義の委託，プロダクションから歌手への自社主催のコンサートの歌唱の委託等は自家利用役務であるが，法2条3項2号における「役務」に該当することとなる。

4 「情報成果物」（法2条4項）

前記3(5)アのとおりである。

5 「業務委託事業者」（法2条5項）

「業務委託事業者」とは，「特定受託事業者に業務委託をする事業者」をいう（解釈ガイドライン第1部3）。法3条の通知義務は，「業務委託事業者」に適用され，後記6の「特定業務委託事業者」に限定されない。

「業務委託事業者」については，下請法のように資本金その他の規模の要件は設けられておらず，法人・個人の別もないほか，後記6の「特定業務委託事業者」のように従業員の有無も要件とはされておらず，従業員を使用しない者も含まれることとなる。そのため，一般に特定受託事業者として考えられているフリーランスが発注事業者側になる場合は，そのフリーランスは「業務委託事業者」に該当し，法3条の通知義務を負うこととなる。なお，国や地方公共団体の活動が，事業に該当し，その活動に関して特定受託事業者に業務委託を行う場合は，「業務委託事業者」に該当する（Q&A問28回答）[34][35]。

「業務委託をする事業者」とは，業務委託において特定受託事業者の相手方となる事業者をいう（解釈ガイドライン第1部3）。ただし，実質的に特定受託事業者に業務委託をしているといえる別の事業者が存在する場合には，当該事業者が「業務委託をする事業者」に該当する（解釈ガイドライン第1部3）。実質的

31　第211回国会参議院本会議第17号（令和5年4月21日）の後藤茂之国務大臣（新しい資本主義担当）の答弁

32　なお，下請法においては，中小企業庁「中小企業向けQ&A集（下請110番）」の旧版のQ13に「下請代金法の趣旨が日本の下請事業者の不利益を擁護しようとするものである以上，外国企業に対しても下請代金法を適用すべきという考え方もありますが，現時点においては，国は運用上，海外法人の取締まりを行ってません。」との記載があったが，現在の中小企業庁「中小企業向けQ&A集（下請110番）」からは削除されている。

33　なお，（特定）業務委託事業者たる外国法人に対して，本法違反に係る監督権限を行使することは事実上難しく，実際には法違反を問うことは難しいと考えられる。

34　例えば，水道事業，自動車運送事業，鉄道事業，電気事業，ガス事業，病院事業等は，事業に該当すると考えられる（Q&A問28回答）。

46　第1章　総　則

に特定受託事業者に業務委託をしているといえるかは，委託の内容（物品，情報成果物又は役務の内容，相手方事業者の選定，報酬の額の決定等）への関与の状況のほか，必要に応じて反対給付たる金銭債権の内容及び性格，債務不履行時の責任主体等を，契約及び取引実態から総合的に考慮した上で判断される（解釈ガイドライン第1部3，Q&A問29回答）。そのため，例えば仲介事業者（マッチングサービスを提供する事業者）が，受注事業者との間で委託業務に係る業務委託契約を締結しておらず，実態としても発注事業者と受注事業者との間の事務手続の代行（注文書の取次ぎ，報酬の請求，支払等）を行っているにすぎないような場合は，当該受注事業者に対して業務を委託しておらず単に仲介をしているだけであるため，当該受注事業者との関係では，仲介事業者（マッチングサービスを提供する事業者）は「業務委託事業者」に該当しない（Q&A問29回答）。一方，仲介事業者が，受注事業者との間で委託業務に係る業務委託契約を締結していない場合であっても，上記の総合考慮の下，実質的に特定受託事業者に業務委託をしているといえる場合には，仲介事業者であっても当該受注事業者との関係では，発注事業者は「業務委託をする事業者」とはならず，仲介事業者が「業務委託をする事業者」に該当し，後記6の「特定業務委託事業者」に該当し得ることとなる（Q&A問29回答）[36]。

35　独禁法に関する判例ではあるものの，都立芝浦屠場事件（最判平成元年12月14日民集43巻12号2078頁）においては「独占禁止法二条一項は，事業者とは，商業，工業，金融業その他の事業を行う者をいうと規定しており，この事業はなんらかの経済的利益の供給に対応し反対給付を反覆継続して受ける経済活動を指し，その主体の法的性格は問うところではないから，地方公共団体も，同法の適用除外規定がない以上，かかる経済活動の主体たる関係において事業者に当たると解すべきである。」と判示されており，Q&A問28回答はこれを参考にしたものと思われる。なお，雇用保険の被保険者の有無という点では，国・地方公共団体はこれらに相当するものを使用していないと考えられるが，本法において従業員の使用の有無を要件としているのは組織としての発注事業者と個人としての特定受託事業者との間の交渉力や情報収集力の格差の観点であり，国・地方公共団体に使用されるかどうかは格差の有無と直接関係しないこと等も踏まえると，本法の「従業員」は国・地方公共団体の職員を含む概念として整理し得ると解される。

6 「特定業務委託事業者」(法2条6項)

(1) 特定業務委託事業者の内容

「特定業務委託事業者」とは，業務委託事業者であり，

> ① 個人であって，従業員を使用するもの，
> 又は
> ② 法人であって，二以上の役員があり，又は従業員を使用するもの

のいずれかに該当するものをいう（解釈ガイドライン第1部4）[37]。この場合の「従業員の使用」に係る考え方は，**前記1(3)**と同様である（解釈ガイドライン第1部4）。

---

36 政府側の国会答弁でも，「仲介事業者についてでございますが，単に発注事業者とフリーランスとの間の業務委託契約をあっせんしている場合には契約形態上は契約を，失礼いたしました，契約形態上は業務委託契約に該当しないが，契約形態だけでなく，委託内容の関与の状況，金銭債権の内容，性格，債務不履行時の責任主体等を総合的に判断した結果，実質的にその仲介事業者が業務委託を行っていると評価できる場合には，本法案におけます規制対象である特定業務委託事業者に該当することとなります。他方，取引実態に照らしても，あっせんを行っているにすぎない場合には本法案の規制対象である特定業務委託事業者には該当しませんが，仲介事業者を利用して業務委託を行う発注事業者とフリーランスとの間の取引は本法案の規制の対象となり，当該取引に問題がある場合には，発注事業者とともに，仲介事業者に対する調査の実施も含め適切に対応していくこととしてございます」（第211回国会参議院内閣委員会第11号（令和5年4月25日）政府参考人宮本悦子（内閣官房新しい資本主義実現本部事務局フリーランス取引適正化法制準備室次長兼厚生労働省大臣官房審議官）），「本法案においては，仲介事業者が単に発注事業者とフリーランスとの間の業務委託契約をあっせんしている場合には契約形態上は業務委託契約に該当しませんが，契約形態だけでなく，委託内容への関与の状況，金銭債権の内容，性格，債務不履行時の責任主体等の取引実態を総合的に判断した結果，実質的にその事業者が業務委託を行っていると評価できる場合には，本法案における規制対象である特定業務委託事業者に該当することとなります」（第211回国会参議院本会議第17号（令和5年4月21日）後藤茂之国務大臣（新しい資本主義担当））と説明されており，仲介事業者であっても，実質的にその仲介事業者が業務委託を行っていると評価できる場合には「特定業務委託事業者」に該当し，本条の規制対象になることが示唆されている。これは，下請法におけるトンネル会社規制（下請法2条9項）に相当する考え方を法解釈で対応しようとするものであると考えられる。

37 なお，発注事業者が「特定業務委託事業者」に該当するかを確認しようとする場合には，発注事業者にとって過度な負担とならず，かつ，記録が残る方法で確認することが望ましい（政省令等パブコメ回答1-2-16〜18）。

48 第1章 総 則

⑵ 特定業務委託事業者該当性の判断基準時

業務委託の時点で，発注事業者が「従業員を使用」しておらず，「特定業務委託事業者」に該当しない場合や業務委託の後で発注事業者が「従業員を使用」することとなり，「特定業務委託事業者」としての要件を満たすようになった場合には，当該発注事業者は「特定業務委託事業者」としての義務を負わない（Q&A 問9回答）[38]。

他方，発注時点で，発注事業者が「特定業務委託事業者」に該当していたものの，問題となり得る行為があった時点では「特定業務委託事業者」に該当していなかった場合，次のとおりに考えられる。すなわち，当該発注事業者は，「業務委託事業者」の義務違反については法8条の勧告（行政指導）や法9条の命令（行政処分）の対象となるが[39]，「特定業務委託事業者」のみの義務違反については，「特定業務委託事業者」に該当しなくなった以上，法8条の勧告（行政指導）や法9条の命令（行政処分）の対象とはならない（政省令等パブコメ回答1-2-10〜14）。

また，更新時点で，発注事業者が「業務委託事業者」又は「特定業務委託事業者」のいずれに該当するかによって，更新後の業務委託において当該発注事業者に適用される本法の規定が決定されることとなる（政省令等パブコメ回答1-2-15）。

---

38 なお，「従業員を使用」していない発注事業者であっても「業務委託事業者」として本条3条に基づく3条通知による明示を行う必要がある（Q&A 問9回答）。

39 これは，発注事業者が「特定業務委託事業者」に該当していた（すなわち業務委託の相手方は特定受託事業者である）場合においては，その後に「特定業務委託事業者」に該当しなくなったとしても，「業務委託事業者」への該当性が否定されることはなく（「特定業務委託事業者」に該当し続けるかは，発注事業者の従業員の使用状況等によって変わり得るが，「業務委託事業者」については，特定受託事業者該当性の判断基準時が発注時点であることとの関係で，いったん「特定業務委託事業者」に該当した以上は，「特定受託事業者に業務委託をする事業者」という「業務委託事業者」の該当性に変動は生じないと解される。），それゆえ「業務委託事業者」が義務主体である法3条については，発注事業者が事後的に「特定業務委託事業者」の該当性を失ったとしても，引き続き「業務委託事業者」としてその義務を負うことになり，それに違反があれば法8条の勧告（行政指導）や法9条の命令（行政処分）の対象となるからである。

7 「報酬」(法2条7項)

「報酬」とは，業務委託事業者が業務委託をした場合に特定受託事業者の給付（役務の提供委託をした場合にあっては，当該役務の提供をすること。法5条1項1号及び3号に係る記載を除き，以下同じ）に対し支払うべき代金をいい，消費税・地方消費税も含まれる（解釈ガイドライン第1部5）。

「代金」とは，金銭による反対給付をいうものと解される（解釈ガイドライン第1部5）。そのため，代金の支払方法としては，できる限り現金（金融機関口座へ振り込む方法[40]を含む）によるものとされている（解釈ガイドライン第1部5，Q&A問30回答）。現金以外の方法で支払う場合には，当該支払方法が，特定受託事業者が報酬を容易に現金化することが可能である等，特定受託事業者の利益が害されない方法でなければならない（解釈ガイドライン第1部5，Q&A問30回答）[41]。

第3 実務対応

1 法の適用の有無の確認事項・確認時期

(1) 特定受託事業者該当性を判断するための確認事項

本法は，（特定）業務委託事業者が，特定受託事業者に対して業務委託をした場合に適用されるところ，（特定）業務委託事業者にとって，自らの取引の相手方が本法の適用対象者たる特定受託事業者に該当するか否かが，本条にお

40　なお，金融機関口座へ振り込む方法を採る場合，振込手数料を特定受託事業者に負担させることについて合意がないにもかかわらず，振込手数料の額を報酬の額から差し引くことや，振込手数料を特定受託事業者に負担させることについて合意があったとしても金融機関に支払う実費を超えた振込手数料の額を報酬の額から差し引くことは，報酬の減額として本法上問題となるおそれがある（Q&A問30回答）。法5条の「第2条文解説」参照。

41　具体的な支払手段として，現金以外にも銀行振込，手形払い，電子マネー支払等の多様な支払手段が存在するところ，「現金以外の方法で報酬を支払う場合」に該当する支払手段として，手形の交付，一括決済方式，電子記録債権，資金移動業者の資金移動業に係る口座への資金移動がある（Q&A問31回答）。各支払手段を用いる場合についての留意事項は下請法と同様である（Q&A問31回答）。

50 第1章 総 則

ける最も大きな関心事項となる。そして，この特定受託事業者該当性については，相手方の属性（自然人か法人か）のみによって，直ちに判断できるものではない[42]。

そこで，（特定）業務委託事業者としては，第三者に対する業務委託に本法が適用されるか否かを確認するためには，業務委託の相手方が「特定受託事業者」に該当するか否かに関し一定の事情を確認する必要がある。具体的には，相手方が個人である場合には，従業員を使用しているか，法人である場合には，2名以上の役員がいるか及び従業員を使用しているかが確認の対象（以下「**確認対象事項**」という）となる。より端的に言えば，前記第2の1(3)の「従業員を使用」の意義を前提とすると，（特定）業務委託事業者としては，業務委託の相手方について，雇用保険適用事業場に該当するか否か（雇用保険適用事業場設置届の提出の有無・内容）を確認すれば，従業員を使用しているか否かを確認していることと同義になる（ただし，業務委託の相手方が法人の場合は，雇用保険適用事業場に該当しないときであっても，さらに2名以上の役員がいないかどうかを確認する必要がある）。

(2) 確認対象事項の確認の時点

前記第2の1(5)のとおり，発注時点で，受注事業者が「特定受託事業者」に該当しない場合，その業務の委託には，本法が適用されず，また，（発注時点で，受注事業者が「特定受託事業者」に該当しないことを前提に）発注後に，受注事業者が「特定受託事業者」の要件を満たすようになった場合も同様に本法は適用されない（政省令等パブコメ回答1-2-10〜14，Q&A問8回答）。もっとも，契約が更新される場合（自動更新を含む）は改めて業務委託があったものとされるため，更新時点でも確認対象事項を確認する必要がある（政省令等パブコメ回答1-2-15参照）。

このように，（特定）業務委託事業者としては，発注時点及び契約更新時点

---

[42] この点は，資本金又は出資の額が要件となっており，要件該当性が明快かつ調査が比較的容易な下請法とは異なっている。

において，確認対象事項を確認することが必要となり，かつ，それで十分と考えられる。そのため，（特定）業務委託事業者において定期的に受注事業者が「特定受託事業者」に該当するかを確認する必要はないものの，この確認自体は業務委託をする時点及び契約更新時点のほか，給付の受領，報酬の支払等のタイミングなど，発注事業者に本法上の義務が課される時点でも適宜行うことが望ましいとされている（政省令等パブコメ回答1-2-19～22）。

2　確認対象事項に関する確認の実務的な対応

(1)　具体的な確認方法

　業務委託の相手方が特定受託事業者に該当するか否かを確認する具体的な方法・手段としては，口頭によることも可能であるが，当事者間で過度な負担とならず，かつ，トラブル防止の観点から，記録が残る方法が望ましく，例えば，契約締結前に業務委託の相手方に対し，確認対象事項を電子メール（クラウドメールサービス含む）やSNSのメッセージ機能等を用いて確認することが考えられる（Q&A問7回答）。

　また，前記1(1)のとおり，業務委託の相手方が従業員を使用しているか否かについては，雇用保険適用事業場に該当するか否か（雇用保険適用事業場設置届の提出の有無・内容）を確認することが考えられる。取引の相手方が法人の場合には，より慎重を期す観点から，当該法人の役員の人数を確認するために，当該法人の商業登記（当該法人の登記事項証明書）を確認する方法も考えられる。

　さらに，発注時点で特定受託事業者に該当することが確認できた事業者や，個人名で取引を行っており特定受託事業者に該当する可能性がある事業者との業務委託契約において，特定受託事業者該当性に影響のある事実（確認対象事項の変更）が生じた場合には，都度，通知させる旨の規定を定め，その規定に基づき相手方に通知させるなどの対応も考えられる。

52　第1章　総　則

⑵　現実的な対応

　以上のように，特定受託事業者該当性に関して必要な確認を行い，法適用の有無を検証することも考えられるが，継続的に業務委託をする場合においては，時期によって確認対象事項の内容が変動する可能性もある。また，（特定）業務委託事業者が，特定受託事業者から「役員」や「従業員」の有無について事実と異なる回答を得たため，当該（特定）業務委託事業者が法に違反することになってしまった場合であっても，当該（特定）業務委託事業者は行政指導の対象となり得る[43][44]。さらに，そもそも，業務委託の都度，時間，労力，コストをかけて，その相手方が特定受託事業者であるか否か（相手方における従業員の使用や役員の存在）を確認することは実務上煩雑であると思われる。

　これらを踏まえると，（特定）業務委託事業者としては，業務委託の相手方が常に従業員を使用していることが明らかである場合を除き，本法が適用されることを前提として，本法を遵守するための対応を行うことが現実的な対応であると考えられる。

---

[43]　発注事業者が，受注事業者から特定受託事業者該当性に係る「役員」や「従業員」の有無について事実と異なる回答を得たため，当該回答を信じた当該発注事業者の行為が本法に違反することとなった場合であっても，当該発注事業者の行為については是正する必要があるため，必要に応じて，監督官庁により指導や助言（行政指導）が行われることはあり得る（政省令等パブコメ回答1-2-19〜22，Q&A問13回答）。ただし，事業の内容に鑑み，勧告（行政指導）や命令（行政処分）はただちに行うことはしないとされている（Q&A問13回答）。

[44]　受注事業者からの事実と異なる回答により発注事業者に本法違反が生じ得るのは，発注事業者が，受注事業者からの「従業員を使用している」との回答を踏まえ，本法に係る対応を特段行わなかったところ，実際には受注事業者が従業員を使用していなかった場合である。そのため，発注事業者が注意を払うべきは，「従業員を使用している」実態が全くないにもかかわらず，「従業員を使用している」と回答する受注事業者である。

第**2**章

特定受託事業者に係る
取引の適正化

（特定受託事業者の給付の内容その他の事項の明示等）

第三条 業務委託事業者は，特定受託事業者に対し業務委託をした場合は，直ち
に，公正取引委員会規則で定めるところにより，特定受託事業者の給付の内容，
報酬の額，支払期日その他の事項を，書面又は電磁的方法（電子情報処理組織
を使用する方法その他の情報通信の技術を利用する方法であって公正取引委
員会規則で定めるものをいう。以下この条において同じ。）により特定受託事
業者に対し明示しなければならない。ただし，これらの事項のうちその内容が
定められないことにつき正当な理由があるものについては，その明示を要しな
いものとし，この場合には，業務委託事業者は，当該事項の内容が定められた
後直ちに，当該事項を書面又は電磁的方法により特定受託事業者に対し明示し
なければならない。

2 業務委託事業者は，前項の規定により同項に規定する事項を電磁的方法によ
り明示した場合において，特定受託事業者から当該事項を記載した書面の交付
を求められたときは，遅滞なく，公正取引委員会規則で定めるところにより，
これを交付しなければならない。ただし，特定受託事業者の保護に支障を生ず
ることがない場合として公正取引委員会規則で定める場合は，この限りでない。

第1 本条の趣旨

本条1項の趣旨は，業務委託事業者が特定受託事業者に対して業務委託をし
た場合に，業務委託事業者に，ただちに取引条件を明示させることで両者間の

54 第2章 特定受託事業者に係る取引の適正化

トラブルを未然に防止することにある。

　また，本条2項の趣旨は，本条1項で業務委託事業者が特定受託事業者に対し本条に定める方法による明示（以下「**3条通知**」という）を行う方法として，特定受託事業者の事前の承諾なく電磁的方法によることを認める一方，特定受託事業者の中には，電子メールやインターネットを使えない又は使い慣れていないなど，電磁的方法によって3条通知の内容を確認するのに支障がある者も存在することに鑑み，そのような者を保護する点にある。

　なお，下請法においては，親事業者に対して，下請事業者の給付，給付の受領（役務提供委託の場合は，下請事業者がした役務を提供する行為の実施），下請代金の支払その他の事項について記載し又は記録した書類又は電磁的記録を作成・保存しなければならないとされているが（下請法5条），本法においては，そのような書類等の作成・保存義務は定められていない[1]。

第2　条文解説

1　「業務委託事業者」（法3条1項・2項）

　本条は，「業務委託事業者」が義務の主体となっており，特定業務委託事業者よりも適用対象が広い。取引条件の明示は，当事者の認識の相違を減らしてトラブルの未然防止に資することになり，発注事業者と受注事業者双方に利益

1　その理由について，政府側の国会答弁では「本法案では，下請代金法の規制対象ではない資本金1千万円以下の小規模な発注事業者に対しても取引上の義務が課されます。このため，フリーランス保護の観点だけではなくて，事業者間の取引が契約自由の原則で成り立っていること，また小規模な発注事業者に対して過剰な義務を課した場合には特定受託事業者への発注控えが生じかねないことも踏まえて，発注事業者の負担とフリーランス保護のバランスを考えることが必要だというふうに考えております。今お尋ねの取引記録の書類の作成，保存義務につきましては，これは委託事業者に新たな作業を求めるものでありまして，管理部門が未成熟である小規模な発注事業者には負担が大きくなりかねないこと，また，第3条において取引条件の明示を義務付けたことにより，業務委託契約の内容を明確化し，トラブルの未然防止も図られたことなどから，本法案については義務付けないことといたしました」と説明されている（第211回国会参議院内閣委員会第12号（令和5年4月27日）後藤茂之国務大臣（新しい資本主義担当））。

第3条（特定受託事業者の給付の内容その他の事項の明示等）　55

があることから，個人に業務委託をする者には，従業員の有無を問わず，業務委託事業者に対して取引条件の明示義務を課したものである[2]。

業務委託事業者の定義については，法2条の「第2　条文解説」を参照されたい。

2　「業務委託をした場合」（法3条1項）

⑴　「業務委託をした場合」の意味

「業務委託をした場合」とは，業務委託事業者と特定受託事業者との間で，業務委託をすることについて合意した場合をいう（解釈ガイドライン第2部第1の1⑴）。

⑵　本法施行前の業務委託の取扱い

本法は，令和6年11月1日から施行され，本法の規定は本法の施行後に行われた業務委託が対象となるため，本法の施行前に行われた業務委託については，3条通知による明示を行う必要はない（政省令等パブコメ回答2-1-4，Q&A問33回答）。

一方で，本法の施行前に行われた業務委託について，本法施行後に契約の更新（自動更新の場合を含む）が行われた場合には，新たな業務委託が行われたものと考えられるため，3条通知による明示を行う必要がある（政省令等パブコメ回答2-1-4，Q&A問33回答）。もっとも，施行前に行われた業務の委託に係る契約書等に3条通知により明示すべき事項がすべて記載されており，当該契約書等が書面又は電磁的方法によって交付され，かつ，契約の更新にあたって明示すべき事項に該当する定めに変更がないときには，新たに3条通知により明

2　内閣官房新しい資本主義実現本部事務局・公正取引委員会・中小企業庁・厚生労働省「特定受託事業者に係る取引の適正化等に関する法律（フリーランス・事業者間取引適正化等法）【令和6年11月1日施行】説明資料」（令和6年7月3日更新），（第211回国会参議院内閣委員会第12号（令和5年4月27日）政府参考人岩成博夫（内閣官房新しい資本主義実現本部事務局フリーランス取引適正化法制準備室長））。そのため，個人である発注事業者が取引条件の明示義務に違反した場合には，勧告等の対象ともなり得る（第211回国会参議院内閣委員会第12号（令和5年4月27日）政府参考人岩成博夫（内閣官房新しい資本主義実現本部事務局フリーランス取引適正化法制準備室長））。

示する必要はない（政省令等パブコメ回答2-1-4，Q&A問33回答）。ただし，業務委託事業者は，トラブル防止の観点から，特定受託事業者に対し，従前の契約書等の条項と明示事項との対応関係を明確にすることが求められる（政省令等パブコメ回答2-1-4，Q&A問33回答）。

(3) 共通して適用される事項の取決め

業務委託事業者と特定受託事業者との間で，一定期間にわたって同種の業務委託を複数行う場合において，個々の業務委託ごとに同様の内容を取り決める手間を省く観点から，あらかじめ個々の業務委託に一定期間共通して適用される事項（以下「**共通事項**」という）を取り決めることがある。

この場合において「業務委託をした場合」とは，当該共通事項を取り決めた場合ではなく，後に個々の業務委託をすることについて合意した場合をいう（解釈ガイドライン第2部第1の1(1)）。

なお，本法において，基本契約とは，特定業務委託事業者が特定受託事業者との間で締結する「業務委託に係る給付に関する基本的な事項についての契約」と解されている（政省令等パブコメ回答2-3-9，解釈ガイドライン第2部第2の2(1)ア参照）。この基本契約と共通事項は個々の業務委託に一定期間共通して適用される事項を取り決めたものであるという点は同様であるが，上記のとおり，基本契約には業務委託の給付の内容について少なくともその概要が定められている必要がある（政省令等パブコメ回答2-3-12，解釈ガイドライン第2部第2の2(1)ア参照）。

3 「直ちに」（法3条1項）

「直ちに」とは，すぐにという意味で，一切の遅れを許さないことをいう（解釈ガイドライン第2部第1の1(2)）。「速やかに」より時間的即時性が強い概念である（政省令等パブコメ回答2-1-6）。

4 「公正取引委員会規則で定めるところにより，特定受託事業者の給付の内容，報酬の額，支払期日その他の事項」（法3条1項）

　業務委託事業者は，特定受託事業者に業務委託をした場合には，ただちに，公取委関係法施行規則1条に定められた各事項（以下「**明示事項**」という）を，本条に定める方法で特定受託事業者に明示しなければならない。

　なお，明示事項のうちその内容が定められないことにつき正当な理由がある場合に明示を要しないことについては，**後記6**を参照されたい。

⑴　「公正取引委員会規則で定める」内容

　「特定受託事業者の給付の内容，報酬の額，支払期日その他の事項」とは，公取委関係法施行規則において，以下のとおり定められている。

◆公取委関係法施行規則

（法第三条第一項の明示）

第一条　業務委託事業者は，特定受託事業者に係る取引の適正化等に関する法律（以下「法」という。）第三条第一項に規定する明示（以下単に「明示」という。）をするときは，次に掲げる事項を記載した書面の交付又は当該事項の電磁的方法による提供により，示さなければならない。

　一　業務委託事業者及び特定受託事業者の商号，氏名若しくは名称又は事業者別に付された番号，記号その他の符号であって業務委託事業者及び特定受託事業者を識別できるもの

　二　業務委託（法第二条第三項に規定する業務委託をいう。以下同じ。）をした日

　三　特定受託事業者の給付（法第二条第三項第二号の業務委託の場合は，提供される役務。第六号において同じ。）の内容

　四　特定受託事業者の給付を受領し，又は役務の提供を受ける期日（期間を定めるものにあっては，当該期間）

　五　特定受託事業者の給付を受領し，又は役務の提供を受ける場所

58　第2章　特定受託事業者に係る取引の適正化

六　特定受託事業者の給付の内容について検査をする場合は，その検査を完了する期日

七　報酬の額及び支払期日

八　報酬の全部又は一部の支払につき手形を交付する場合は，その手形の金額及び満期

九　報酬の全部又は一部の支払につき，業務委託事業者，特定受託事業者及び金融機関の間の約定に基づき，特定受託事業者が債権譲渡担保方式（特定受託事業者が，報酬の額に相当する報酬債権を担保として，金融機関から当該報酬の額に相当する金銭の貸付けを受ける方式）又はファクタリング方式（特定受託事業者が，報酬の額に相当する報酬債権を金融機関に譲渡することにより，当該金融機関から当該報酬の額に相当する金銭の支払を受ける方式）若しくは併存的債務引受方式（特定受託事業者が，報酬の額に相当する報酬債務を業務委託事業者と共に負った金融機関から，当該報酬の額に相当する金銭の支払を受ける方式）により金融機関から当該報酬の額に相当する金銭の貸付け又は支払を受けることができることとする場合は，次に掲げる事項

イ　当該金融機関の名称

ロ　当該金融機関から貸付け又は支払を受けることができることとする額

ハ　当該報酬債権又は当該報酬債務の額に相当する金銭を当該金融機関に支払う期日

十　報酬の全部又は一部の支払につき，業務委託事業者及び特定受託事業者が電子記録債権（電子記録債権法（平成十九年法律第百二号）第二条第一項に規定する電子記録債権をいう。以下同じ。）の発生記録（電子記録債権法第十五条に規定する発生記録をいう。）をし又は譲渡記録（電子記録債権法第十七条に規定する譲渡記録をいう。）をする場合は，次に掲げる事項

イ　当該電子記録債権の額

ロ　電子記録債権法第十六条第一項第二号に規定する当該電子記録債権の支払期日

十一　報酬の全部又は一部の支払につき，業務委託事業者が，資金決済に関する法律（平成二十一年法律第五十九号）第三十六条の二第一項に規定する第

一種資金移動業を営む同法第二条第三項に規定する資金移動業者（以下単に「資金移動業者」という。）の第一種資金移動業に係る口座，同法第三十六条の二第二項に規定する第二種資金移動業を営む資金移動業者の第二種資金移動業に係る口座又は同条第三項に規定する第三種資金移動業を営む資金移動業者の第三種資金移動業に係る口座への資金移動を行う場合は，次に掲げる事項

　イ　当該資金移動業者の名称

　ロ　当該資金移動に係る額

2　特定業務委託事業者は，法第四条第三項の再委託をする場合には，前項各号に掲げる事項のほか，第六条各号に掲げる事項の明示をすることができる。

3　第一項第七号の報酬の額について，具体的な金額の明示をすることが困難なやむを得ない事情がある場合には，報酬の具体的な金額を定めることとなる算定方法の明示をすることをもって足りる。

4　法第三条第一項ただし書の規定に基づき，業務委託をしたときに明示をしない事項（以下「未定事項」という。）がある場合には，未定事項以外の事項のほか，未定事項の内容が定められない理由及び未定事項の内容を定めることとなる予定期日の明示をしなければならない。

5　次条第一項第一号に掲げる方法による明示は，特定受託事業者の使用に係る通信端末機器等により受信した時に，当該特定受託事業者に到達したものとみなす。

　ア　「業務委託事業者及び特定受託事業者の商号，氏名若しくは名称又は事業者別に付された番号，記号その他の符号であって業務委託事業者及び特定受託事業者を識別できるもの」（公取委関係法施行規則1条1項1号）

　業務委託事業者及び特定受託事業者を識別できる情報（氏名又は登記されている名称に限らない）をいう（解釈ガイドライン第2部第1の1(3)ア）[3]。「業務委託事業者及び特定受託事業者を識別できる」情報は，当事者間でトラブルにならない程度に双方を特定できるものであれば足り，登記されている名称や戸籍上の氏名である必要はなく，当事者間で双方を特定できるものであれば，ハンド

60　第2章　特定受託事業者に係る取引の適正化

ルネームやペンネームでも記載可能である（Q&A問37回答）。もっとも，トラブル防止の観点から，業務委託事業者及び特定受託事業者は，あらかじめ互いに業務委託の相手方の正式な氏名や登記されている名称を把握しておくことが考えられる（解釈ガイドライン第2部第1の1(3)ア，Q&A問37回答）。「事業者別に付された番号，記号その他の符号」としては，例えば，業務委託事業者及び特定受託事業者を識別するために両当事者間で付された番号等を指す（政省令等パブコメ回答2-1-21）。

　イ　「業務委託（法第二条第三項に規定する業務委託をいう。以下同じ。）をした
　　　日」（公取委関係法施行規則1条1項2号）

　「業務委託…をした日」とは，業務委託事業者と特定事業者との間で，業務委託をすることについて合意した日をいう（解釈ガイドライン第2部第1の1(3)イ）[4]。例えば，業務委託に係る契約を締結した日が，業務委託事業者と特定受託事業者との間で業務委託をすることについて合意した日である場合には，その日が「業務委託…をした日」となる（Q&A問36回答，政省令等パブコメ回答2-1-23）。また，個別の受発注（個別の業務委託）の場面については，契約当事者間で見積りを経て条件等の詳細を口頭やメールで詰めており，契約条件が概ね固まった場合は，その時点（より具体的には発注日）で業務委託することについて合意

3　この点については，仮に当事者間で紛争になった場合，実際の氏名と住所が明らかでなければ司法手続を利用することができない点などから，業務委託事業者及び特定受託事業者の氏名及び住所を明示事項とすべきという意見もあるが，公正取引委員会の「特定受託事業者に係る取引の適正化に関する検討会」において，①実際の氏名は紛争が生じた際に必要となるため明示事項とすべきとの意見があった一方，②フリーランスに係る取引は実際の氏名を開示しない形での取引が非常に多く，実際の氏名を明示事項とすべきでない，トラブル防止に必要な事項と紛争解決に必要な事項は分けて考えるべきであるとの意見や，③ハンドルネーム等を使って取引をしているフリーランスが自身の氏名を明らかにすることは個人情報の観点から非常に強い抵抗があるとの意見もあったことから，フリーランスに係る取引の機会に影響が及ぶことも考えられるため，発注者及びフリーランスを識別できる何らかのものを明示事項とすることは必要ではあるものの，実際の氏名までも明示事項とすることが必要とまでは考えられないとされたことを踏まえた形をとっている（政省令等パブコメ回答2-1-19）。また，この考え方は住所についても同様である（政省令等パブコメ回答2-1-19）。
4　合意は，契約書による必要はなく，口頭でも構わないが，トラブル防止の観点から，記録に残る方法によることが望ましいとされている（Q&A問36回答）。

したと評価でき，その時点をもって「業務委託…をした日」と捉え，その後に
発注書・請書のやり取りが完了した時点を「業務委託…をした日」とは捉えな
いと解することになるだろう[5]。

　なお，「業務委託をした日」とは別に，業務委託事業者と特定受託事業者と
の間で，特定受託事業者が業務に着手する日を定めることがあるが，この場合
であっても，「業務委託をした日」として，あくまでも業務委託をすることに
ついて合意した日を指すこととなる（Q&A問36回答）。

　また，契約における停止条件[6]の存在は，「業務委託…をした日」の判断に
影響しない（政省令等パブコメ回答2-1-22）。したがって，業務委託契約の効力発
生について停止条件が付されていたとしても，当該停止条件の成就のいかんに
かかわらず，業務委託事業者と特定受託事業者との間で，業務委託をすること
について合意した日が「業務委託…をした日」となる。

5　行政解釈（解釈ガイドライン第2部第1の1(1)・(3)イ）のとおり，「業務委託をした場合」を
「業務委託事業者と特定受託事業者との間で，業務委託をすることについて合意した場合」と解し，
「業務委託…をした日」を業務委託することについて合意した日と解した場合，厳密には，業務委
託契約の申込みの意思表示と承諾の意思表示が合致した時点（民法522条1項，97条1項）が「業
務委託…をした日」となり，その時点をもって「業務委託をした場合」となるため，個別の受発注
の場面では，原則として，業務委託事業者の発注書に対し，特定受託事業者が受注書（請書）を交
付し，それを業務委託事業者が受領した時点が「業務委託…をした日」となり，その時点をもって
「業務委託をした場合」となると考えられる。そのため，行政解釈を厳密に当てはめると，特定受
託事業者が受注書（請書）を交付し，それを業務委託事業者が受領した後に，3条通知をしなけれ
ばならない場合が生じ得ることになる。もっとも，業務委託事業者が受注書（請書）を受領した後
に，改めて発注書とは別に所定の事項を通知しなければならないとするのは極めて煩雑であり，現
実的ではない。また，実務上も，下請法の3条書面においてはそのような理解はなされていない。
そして，理論構成は不明であるが，公正取引委員会や厚生労働省としても，結論においては，発注
日を「業務委託…をした日」と捉えている（内閣官房・公正取引委員会・中小企業庁・厚生労働省
パンフレット「ここからはじめるフリーランス・事業者間取引適正化等法」8頁）。これらを踏ま
えると，個別の受発注（個別の業務委託）の場面では，必要事項を記載した発注書の交付をもって
3条通知を履行したと整理し，また，3条通知の「業務委託…をした日」は発注日と捉えることで
差し支えないだろう（その理論的な整理を試みようとすると，本文で記載したとおりになると考え
られる）。
6　停止条件とは，法律行為の効果の発生を将来の不確実な事実にかからしめる条件（条件が成就し
た場合に法律効果を発生させる条件）をいう（民法127条1項）。

62　第2章　特定受託事業者に係る取引の適正化

ウ　「特定受託事業者の給付（法第二条第三項第二号の業務委託の場合は，提供される役務。第六号において同じ。）の内容」（公取委関係法施行規則1条1項3号）

　業務委託事業者が特定受託事業者に委託した業務が遂行された結果，特定受託事業者から提供されるべき物品及び情報成果物（役務の提供を委託した場合にあっては，特定受託事業者から提供されるべき役務）をいい，3条通知においては，その品目，品種，数量，規格，仕様等を明確に記載する必要がある（解釈ガイドライン第2部第1の1(3)ウ）。なお，「提供される役務」（公取委関係法施行規則1条1項3号）とは，特定受託事業者によって提供される役務をいう（政省令等パブコメ回答2-1-27）。

　「給付の内容」の記載は，特定受託事業者が当該記載を見て，その内容を理解でき，業務委託事業者の指示に即した給付の内容を作成又は提供できる程度の情報を記載することが必要である（政省令等パブコメ回答2-1-24・25）。なお，業務委託事業者が特定受託事業者に対し，3条通知による明示を行ったといえる程度に委託内容を明らかにしていた場合には，取引の過程でより詳細な委託内容が確定したとしても，必ずしも特定受託事業者に，改めて3条通知により詳細な委託内容を明示する必要はない（Q&A問41回答）[7]。

　委託に係る業務の遂行過程を通じて，給付に関し，特定受託事業者の知的財産権が発生する場合において，業務委託事業者が，目的物を給付させる（役務の提供委託については，役務を提供させる）とともに，業務委託の目的たる使用の範囲を超えて知的財産権を自らに譲渡・許諾させることを「給付の内容」とする場合には，業務委託事業者は，3条通知の「給付の内容」の一部として，当該知的財産権の譲渡・許諾の範囲を明確に記載する必要がある（解釈ガイドライン第2部第1の1(3)ウ）[8]。

7　ただし，このような場合においても，3条通知による明示事項の明示が求められる趣旨が，業務委託事業者と特定受託事業者の間で委託内容の明確化を図り，当事者間のトラブルを未然に防止することであることを踏まえ，業務委託事業者は，後に定めたより詳細な委託内容についても特定受託事業者に伝え，当事者間での委託内容の明確化に努めることが望ましいとされている（Q&A問41回答）。

第3条（特定受託事業者の給付の内容その他の事項の明示等）　63

　エ　「特定受託事業者の給付を受領し，又は役務の提供を受ける期日（期間を定め
　　　るものにあっては，当該期間）」（公取委関係法施行規則1条1項4号）

　特定受託事業者の給付を受領し，又は役務の提供を受ける期日（期間を定め
るものにあっては，当該期間）を明示する必要がある（解釈ガイドライン第2部第
1の1(3)エ）。

　オ　「特定受託事業者の給付を受領し，又は役務の提供を受ける場所」（公取委関
　　　係法施行規則1条1項5号）

　「特定受託事業者の給付を受領し，又は役務の提供を受ける場所」（以下「**給
付を受領する場所等**」という）の明示について，原則としてこれらの事項を明
示する必要があるものの，主に役務提供委託において，委託内容に給付を受領
する場所等が明示されている場合や，給付を受領する場所等の特定が不可能な
委託内容の場合には，場所の明示は要しない（解釈ガイドライン第2部第1の1(3)
オ）。

　また，主に情報成果物の作成委託において，電子メール等を用いて給付を受
領する場合には，情報成果物の提出先として電子メールアドレス等を明示すれ
ば足りる（解釈ガイドライン第2部第1の1(3)オ）。

　カ　「特定受託事業者の給付の内容について検査をする場合は，その検査を完了す
　　　る期日」（公取委関係法施行規則1条1項6号）

　業務委託事業者は，特定受託事業者の給付の内容について検査をする場合は，

8　著作者人格権（公表権，氏名表示権，同一性保持権）は，著作者の一身に専属し，譲渡すること
　ができない権利であるものの（著作権法（昭和45年法律第48号）59条），著作者人格権に関する取
　決めが知的財産権の許諾といえるものであれば，当該取決めの内容を給付の内容の一部として明示
　する必要がある（政省令等パブコメ回答2-1-28）。実務上は，著作権を譲渡させる場合は，それに
　加えて，著作者人格権を一切行使しない旨を合意することが一般的であるため（著作権の譲渡を受
　けたにもかかわらず，著作者から著作者人格権（公表権，氏名表示権，同一性保持権）を行使され
　たのでは，著作権の譲渡を受けた者としては，著作権の利用に支障が生じ，著作権の譲渡を受けた
　意味がなくなるからである），著作権の譲渡を伴う業務委託の場合は，著作者人格権に関する取決
　めも明示する必要があると考えられる。

64　第2章　特定受託事業者に係る取引の適正化

その検査を完了する期日を明示する必要がある（解釈ガイドライン第2部第1の1⑶カ）。

　特定受託事業者が明確に理解できる限りにおいては，検査完了年月日の代わりに「納品物を納入した日の翌日から●日以内」と記載することも可能である（政省令等パブコメ回答2-1-35）。また，「営業日」について業務委託事業者と特定受託事業者との間で認識に齟齬がない場合には，「●営業日以内」とすることも可能である（政省令等パブコメ回答2-1-35）。

　キ　「報酬の額及び支払期日」（公取委関係法施行規則1条1項7号，同条3項）
　「報酬の額」とは，業務委託事業者が特定受託事業者に委託した業務が遂行された結果，特定受託事業者の給付に対し支払うべき代金の額をいう（解釈ガイドライン第2部第1の1⑶キ）。「支払期日」とは，特定受託事業者の給付に係る報酬の支払日をいい，業務委託事業者が定めるべき「支払期日」は，具体的な日が特定できるものでなければならない（解釈ガイドライン第2部第1の1⑶キ）。支払期日の詳細については法4条の「第3　実務対応」を参照されたい。
　「報酬の額」の明示にあたっては，以下の点に留意が必要である。

　⑺　具体的な金額の明示をすることが困難なやむを得ない事情がある場合
　　（公取委関係法施行規則1条3項）
　3条通知により明示する「報酬の額」は，特定受託事業者の給付に対し支払うべき代金の額をいい，3条通知には具体的な金額を明確に記載することが原則であるが，具体的な金額を明示することが困難なやむを得ない事情がある場合には，報酬の具体的な金額を定めることとなる算定方法を明示することも認められる（解釈ガイドライン第2部第1の1⑶キ⑺）。

　この算定方法は，報酬の額の算定根拠となる事項が確定すれば，具体的な金額が自動的に確定するものでなければならず，算定方法の明示と3条通知が別のものである場合には，これらの相互の関連性を明らかにしておく必要があるほか，報酬の具体的な金額を確定した後，速やかに特定受託事業者に当該金額

を明示する必要がある（解釈ガイドライン第2部第1の1(3)キ(ア)）[9]。

　具体的な金額を明示することが困難なやむを得ない事情がある場合に該当するかについては，個別の事例ごとに判断されるが（政省令等パブコメ回答2-1-37），例えば次のような場合がこれに該当するとされている（解釈ガイドライン第2部第1の1(3)キ(ア)）。

---

① 　原材料費等が外的な要因により変動し，これらに連動して報酬の額が変動する場合
② 　プログラム作成委託において，プログラム作成に従事した技術者の技術水準によってあらかじめ定められている時間単価及び実際の作業時間に応じて報酬が支払われる場合
③ 　一定期間を定めた役務提供であって，当該期間における提供する役務の種類及び量に応じて報酬の額が支払われる場合（ただし，提供する役務の種類及び量当たりの単価があらかじめ定められている場合に限る。）

(イ)　知的財産権の譲渡・許諾がある場合

　業務委託の目的物たる給付に関し，特定受託事業者の知的財産権が発生する場合において，業務委託事業者が目的物を給付させる（役務の提供委託については，役務を提供させる）とともに，当該知的財産権を自らに譲渡・許諾させることを含めて業務委託を行う場合には，当該知的財産権の譲渡・許諾に係る対価を報酬に加える必要がある（解釈ガイドライン第2部第1の1(3)キ(イ)）[10]。

(ウ)　費用等の記載

　業務委託事業者は，業務委託に係る業務の遂行に特定受託事業者が要する費

9　なお，算定根拠となる事項が確定すれば，具体的な金額が自動的に確定する算定方法を明示しているにもかかわらず，それに従った算定がなされず，報酬額が減額された場合は，法5条1項2号で禁止される報酬額の減額に該当する（政省令等パブコメ回答2-1-38）。

10　なお，業務委託の目的物たる給付に関し，特定受託事業者の知的財産権が発生する場合に，特定業務委託事業者が特定受託事業者に発生した知的財産権を，業務委託の目的たる使用の範囲を超えて無償で譲渡・許諾させることは，不当な経済上の利益の提供要請（法5条2項1号）として本法上問題となる（解釈ガイドライン第2部第2の2(2)カ(ウ)）ことには留意が必要である（政省令等パブコメ回答2-1-52）。

66　第2章　特定受託事業者に係る取引の適正化

用等（例えば材料費，交通費，通信費等であるが，名目を問わない）を業務委
託事業者自身が負担する場合には，当該費用等の金額を含めた総額が把握でき
るように「報酬の額」を明示する必要がある（解釈ガイドライン第2部第1の1⑶
キ(ウ)）。ただし，業務委託事業者が明示する時点では費用等の発生の有無又は
その金額が確定しておらず，「報酬の額」として具体的な金額を明示すること
ができない場合がある。この場合，業務委託事業者は，算定方法を明示するか
（前記(ア)），又は，未定事項として明示する方法（後記6）により「報酬の額」
を明示することができる（解釈ガイドライン第2部第1の1⑶キ(ウ)）。

　なお，費用等の精算の有無等について特段の明示がない場合には，業務委託
事業者は3条通知に記載した「報酬の額」のみを支払う旨を明示したものであ
ることに留意が必要である（解釈ガイドライン第2部第1の1⑶キ(ウ)）。また，業務
委託事業者及び特定受託事業者は，業務委託に先立ち，費用等の精算の有無や
範囲等について十分に協議し決定することが望ましい（解釈ガイドライン第2部第
1の1⑶キ(ウ)）。

　㈢　消費税・地方消費税

　「報酬の額」の明示にあたっては，本体価格だけでなく，消費税・地方消費
税の額も明示することが望ましい（解釈ガイドライン第2部第1の1⑶キ(エ)）。また，
いわゆる内税方式として消費税・地方消費税込みの「報酬の額」を明示する場
合には，その旨を明確に記載する必要がある（解釈ガイドライン第2部第1の1⑶
キ(エ)）。

　ク　現金以外の方法で報酬を支払う場合の明示事項（公取委関係法施行規則1条
　　　1項8号から11号）

　手形等の現金以外の方法で報酬を支払う場合[11]について，公取委関係法施行
規則1条1項8号から11号において，支払方法（手形交付，債権譲渡担保方

11　なお，報酬の支払は，できる限り現金によるものとし，報酬を現金以外の方法で支払う場合には，
　当該支払方法が，特定受託事業者が報酬を容易に現金化することが可能である等特定受託事業者の
　利益が害されない方法でなければならないとされていることには留意が必要である（解釈ガイドラ
　イン第1部5）。

式・ファクタリング方式・併存的債務引受方式の各一括の決済方式，電子記録債権の発生記録・譲渡記録，資金移動業者を用いた資金移動）ごとに明示すべき事項がそれぞれ規定されている。具体的には下表のとおりである（Q&A問31回答）。

支払方法	明示すべき事項
手形交付	手形の金額及び満期
一括決済方式	金融機関の名称，金融機関から貸付け又は支払を受けることができることとする額，及び金融機関に支払う期日
電子記録債権の発生記録・譲渡記録	電子記録債権の額及び電子記録債権の支払期日
資金移動業者を用いた資金移動	資金移動業者の名称及び資金移動に係る額

　なお，報酬の支払方法の一部に現金以外のいずれかの支払方法を用いる場合には，当該支払方法により支払う額の明示にあたって，その額を記載する方法のほか，報酬の総額のうち当該支払方法により支払う額の占める比率を明示することができる（解釈ガイドライン第2部第1の1(3)ク）。

ケ　共通事項がある場合の給付内容等の明示

　基本契約を締結している場合のように，一定期間における業務委託について共通事項がある場合において，あらかじめ書面の交付又は電磁的方法による提供により共通事項を示したときは，共通事項を業務委託の都度明示することは不要となる（公取委関係法施行規則3条）。ただし，この場合，3条通知には，あらかじめ明示した共通事項との関連性を記載しなければならない（公取委関係法施行規則3条）。

　また，共通事項の明示にあたっては，「一定期間」（当該共通事項が有効である期間）も併せて明示する必要がある（公取委関係法施行規則3条，政省令等パブコメ回答2-1-64）。例えば，ある共通事項について，新たな共通事項の明示が

68　第2章　特定受託事業者に係る取引の適正化

行われるまでの間は有効とする場合には、その旨を明示する必要がある（解釈ガイドライン第2部第1の1(3)コ）。

◆公取委関係法施行規則

> （共通事項）
> 第三条　第一条に規定する事項が一定期間における業務委託について共通であるものとして、あらかじめ、書面の交付又は前条に規定する電磁的方法による提供により示されたときは、当該事項については、その期間内における業務委託に係る明示は、あらかじめ示されたところによる旨を明らかにすることをもって足りる。

　なお、業務委託事業者においては、年に1回、明示済みの共通事項の内容について、自ら確認し、又は社内の購買・外注担当者に周知徹底を図ることが望ましいとされている（解釈ガイドライン第2部第1の1(3)コ）。

(2)　再委託の場合の明示事項（公取委関係法施行規則1条2項）

　再委託を行う場合、公取委関係法施行規則6条各号に掲げる事項の明示をすることができる（公取委関係法施行規則1条2項）。

　再委託の場合における明示事項については、基本的に法4条の再委託の場合における支払期日に関係するものであるため、詳細については、法4条の「第2 条文解説」を参照されたい。

5　「書面又は電磁的方法（電子情報処理組織を使用する方法その他の情報通信の技術を利用する方法であって公正取引委員会規則で定めるものをいう。）」（法3条1項）

　明示の方法は、発注事業者とフリーランス双方の利便性向上の観点から、①取引条件を記載した書面を交付する方法、②取引条件をメール等の電磁的方法により提供する方法のいずれかを発注事業者が選択できるようにしている。

　「書面の交付」又は「電磁的方法による提供」に該当し、業務委託をした場

第3条（特定受託事業者の給付の内容その他の事項の明示等）　69

合にただちに行われるものであれば，業務委託に係る契約書において明示事項を記載することも可能である（政省令等パブコメ回答2-1-2）。

また，本法及び下請法の両法が適用される業務委託を行うこともあるが，その場合，業務委託事業者は，特定受託事業者に対して，同一の書面や電子メール等において，両法が定める記載事項を併せて一括で示すことが可能である（政省令等パブコメ回答2-1-1）。なお，この場合には，①本法と下請法のいずれかのみに基づく記載事項があるときはその事項も記載する必要があること，及び，②電磁的方法による場合には下請法の規制（事前に下請事業者の承諾を得ること及び下請事業者が電磁的記録を出力して書面作成できる方法によること）を遵守する必要があることに留意が必要である（政省令等パブコメ回答2-1-1）。

なお，業務委託事業者は，3条通知を電磁的方法により提供することについて，事前に特定受託事業者の承諾を得る必要はない（解釈ガイドライン第2部第1の1(5)イ）[12]。

(1)　「書面」

書面の交付には，受信と同時に書面により出力されるファクシミリへ送信する方法を含む（解釈ガイドライン第2部第1の1(5)ア）。

(2)　「電磁的方法（電子情報処理組織を使用する方法その他の情報通信の技術を利用する方法であって公正取引委員会規則で定めるものをいう）」

「電子情報処理組織を使用する方法その他の情報通信の技術を利用する方法」について，公取委関係法施行規則において，以下のとおり定められている。

12　下請法では，契約内容の明示を電磁的用法による場合は事前に下請事業者の承諾を要する（下請法3条2項）という点で，本条と異なる。本法において，電磁的方法による提供について事前承諾としなかったのは，通知対象者が特定受託事業者であり，範囲が広範に及ぶこと（これらをすべて原則書面としなければならないとすると，業務委託事業者の事務が極めて煩雑となること）や，昨今では保存・検索のしやすさを理由とし，書面よりも電磁的方法を好む特定受託事業者も多数いることを踏まえたものであると考えられる。

70　第2章　特定受託事業者に係る取引の適正化

◆公取委関係法施行規則

> （法第三条第一項の電磁的方法）
> 第二条　法第三条第一項の公正取引委員会規則で定める電磁的方法は，次に掲げる方法のいずれかとする。
> 　一　電子メールその他のその受信をする者を特定して情報を伝達するために用いられる電気通信（電気通信事業法（昭和五十九年法律第八十六号）第二条第一号に規定する電気通信をいう。）により送信する方法
> 　二　電磁的記録媒体（電磁的記録に係る記録媒体をいう。）をもって調製するファイルに前条に規定する事項を記録したものを交付する方法
> 2　前項各号に掲げる方法は，前条に規定する事項が文字，番号，記号その他の符号で表示される方法でなければならない。

　電磁的方法による提供については，明示事項が文字，番号，記号その他の符号で表示される方法でなければならない（公取委関係法施行規則2条2項）。

　　ア　「電子メールその他のその受信をする者を特定して情報を伝達するために用いられる電気通信（電気通信事業法（昭和五十九年法律第八十六号）第二条第一号に規定する電気通信をいう。）」

　「電子メールその他のその受信をする者を特定して情報を伝達するために用いられる電気通信（電気通信事業法（昭和五十九年法律第八十六号）第二条第一号に規定する電気通信をいう。）」とは，電子メールのほか，ショートメッセージサービス（SMS）やソーシャルネットワーキングサービス（SNS）のメッセージ機能等のうち，送信者が受信者を特定して送信することのできるものをいう（解釈ガイドライン第2部第1の1(5)イ(ア)）。特定受託事業者がインターネット上に開設しているブログやウェブページ等への書き込み等のように，特定の個人がその入力する情報を電気通信を利用して第三者に閲覧させることに付随して，第三者が特定の個人に情報を伝達することができる機能が提供されるものについては，「その受信する者を特定して情報を伝達するために用いられる電気通信」には含まれない（解釈ガイドライン第2部第1の1(5)イ(ア)）。

第3条（特定受託事業者の給付の内容その他の事項の明示等）　71

　例えば，次のような方法は，電子メール等により送信する方法に該当する（解釈ガイドライン第2部第1の1(5)イ(ア)）[13]。

---

① 　業務委託事業者が明示事項を記載した電子ファイルを添付して，特定受託事業者の指定する電子メールアドレス宛てに電子メールを送信する方法

② 　ソーシャルネットワーキングサービスにおいて第三者が閲覧することができないメッセージ機能がある場合に，業務委託事業者が当該メッセージ機能を利用して，明示事項を記載したメッセージを特定受託事業者宛てに送信する方法

③ 　業務委託事業者が明示事項の一部を掲載しているウェブページをあらかじめインターネット上に設けている場合に，業務委託事業者が他の明示事項とともに，当該ウェブページの URL を記載して特定受託事業者宛てに電子メールにより送信する方法

④ 　業務委託事業者が明示事項を記載した書面等を，電磁的記録をファイルに記録する機能を有する特定受託事業者のファクシミリへ送信する方法

　電子メール等により送信する方法により明示する場合は，特定受託事業者の使用する通信端末機器等により当該電子メール等を受信したときに，特定受託事業者に到達したものとみなすとされている（公取委関係法施行規則1条5項）。例えば，ウェブメールサービス，クラウドサービス等のように特定受託事業者の通信端末機器等に必ずしも到達しない方法による場合は，通常であれば，特定受託事業者が3条通知の内容を確認し得る状態となれば「通信端末機器等に

13　なお，電子メール等により送信する方法により明示する場合には，明示された内容を特定受託事業者が一括で確認できるようにする等，特定受託事業者が明示された内容をわかりやすく認識できる方法によることが望ましいとされている（解釈ガイドライン第2部第1の1(5)イ(ア)）。また，特定受託事業者は，電子メール等により送信する方法で3条通知による明示を受けた場合には，必ずしも3条通知によって明示された内容が特定受託事業者の電子計算機に備えられたファイル等に記録されるものではないため，トラブル防止の観点から，その内容を自らの電子計算機に備えられたファイル等に記録し，保存することが望ましいとされている（解釈ガイドライン第2部第1の1(5)イ(ア)）。特にクラウドサービス等を利用する場合は，メッセージが削除されてしまったり，環境が変わって閲覧が不可能になってしまったりする可能性もあるため，業務委託事業者側・特定受託事業者側双方でスクリーンショット機能等を用いた発注内容の保存を行うことが望ましい（Q&A 問40回答）。

72　第2章　特定受託事業者に係る取引の適正化

より受信」したといえ，3条通知が特定受託事業者に到達したものとみなされる（解釈ガイドライン第2部第1の1(5)イ(ア)）。

◆公取委関係法施行規則

> （法第三条第一項の明示）
> 第一条　（略）
> 5　次条第一項第一号に掲げる方法による明示は，特定受託事業者の使用に係る通信端末機器等により受信した時に，当該特定受託事業者に到達したものとみなす。

　イ　「電磁的記録媒体（電磁的記録に係る記録媒体をいう。）をもって調製するファイルに前条に規定する事項を記録したものを交付する方法」

　「電磁的記録媒体（電磁的記録に係る記録媒体をいう。）をもって調製するファイルに前条に規定する事項を記録したものを交付する方法」として，例えば，業務委託事業者が明示事項を記載した電子ファイルのデータを保存したUSBメモリやCD-R等を特定受託事業者に交付することが挙げられる（解釈ガイドライン第2部第1の1(5)イ(イ)）。

6　「ただし，これらの事項のうちその内容が定められないことにつき正当な理由があるものについては，その明示を要しないものとし，この場合には，業務委託事業者は，当該事項の内容が定められた後直ちに，当該事項を書面又は電磁的方法により特定受託事業者に対し明示しなければならない」（法3条1項）

　業務委託事業者は，業務委託をしたときは，原則としてただちに，すべての明示事項を特定受託事業者に明示しなければならないが，明示事項のうちその内容が定められないことにつき正当な理由があるもの（以下「未定事項」という）は，明示を要しない。ただし，業務委託事業者は，未定事項の内容が定められた後，ただちに，当該事項を書面又は電磁的方法により特定受託事業者に

第3条（特定受託事業者の給付の内容その他の事項の明示等）　73

明示しなければならない（解釈ガイドライン第2部第1の1⑶ケ）。

⑴　「その内容が定められないことにつき正当な理由がある」

　「その内容が定められないことにつき正当な理由がある」とは，業務委託の性質上，業務委託をした時点では当該事項の内容について決定することができないと客観的に認められる理由がある場合をいう（解釈ガイドライン第2部第1の1⑶ケ㋐）。業務委託事業者は，業務委託をした時点で，明示事項の内容について決定できるにもかかわらず，これを決定せず，これらの事項の内容を3条通知により明示しないことは認められない（解釈ガイドライン第2部第1の1⑶ケ㋐）。

　「その内容が定められないことにつき正当な理由がある」場合の例としては，ソフトウェア作成委託において，業務委託した時点では最終ユーザーが求める仕様が確定しておらず，特定受託事業者に対する正確な委託内容を決定することができないため，「特定受託事業者の給付の内容」を定められない場合や，放送番組の作成委託において，タイトル，放送時間，コンセプトについては決まっているが，業務委託した時点では，放送番組の具体的な内容については決定できず，「報酬の額」が定まっていない場合[14]が挙げられる（Q&A問39回答）。

　なお，報酬の額として具体的な金額を定めることとなる算定方法を3条通知により明示することが可能である場合には，報酬の額についてその内容が定められないことにつき正当な理由があるとはいえず，3条通知により算定方法を明示する必要がある（解釈ガイドライン第2部第1の1⑶ケ㋐）。

　業務委託事業者は，未定事項以外の事項のほか，未定事項の内容が定められない理由及び未定事項の内容を定めることとなる予定期日を当初の明示として明示しなければならない（公取委関係法施行規則1条4項）。

---

[14]　また，業務委託時には，3条通知に「報酬の額」として諸経費の取扱いを記載することが困難であることについて正当な理由が認められ，かつ，別途協議の上定めることとしても特定受託事業者に不利益がない場合には，「ただし，諸費用の取扱いは，発注者・受注者間で別途協議の上，定める。」と記載することも可能である（Q&A問38回答）。ただし，具体的な金額の明示をすることについて困難なやむを得ない事情がなくなった場合には，業務委託事業者は，諸経費の取扱いについて特定受託事業者と速やかに協議をした上で決定し，特定受託事業者に対してその内容を直ちに明示することが必要である（Q&A問38回答）。

74　第2章　特定受託事業者に係る取引の適正化

◆公取委関係法施行規則

（法第三条第一項の明示）

第一条　（略）

4　法第三条第一項ただし書の規定に基づき，業務委託をしたときに明示をしない事項（以下「未定事項」という。）がある場合には，未定事項以外の事項のほか，未定事項の内容が定められない理由及び未定事項の内容を定めることとなる予定期日の明示をしなければならない。

（未定事項）

第四条　法第三条第一項ただし書の規定に基づき，特定受託事業者に対し未定事項の明示をするときは，当初の明示との関連性を確認することができるようにしなければならない。

　なお，報酬の額について，報酬の総額はそのままにしておいて発注数量を増加させることは，報酬の減額（法5条1項2号）として問題となる（解釈ガイドライン第2部第2の2⑵イ(イ)⑨）。また，通常支払われる対価に比し著しく低い報酬の額を不当に定めた場合には，買いたたき（法5条1項4号）として問題となるところ，買いたたきに該当するかは，報酬の額の決定にあたり，特定受託事業者と十分な協議が行われたかどうかなど対価の決定方法も勘案して総合的に判断される（解釈ガイドライン第2部第2の2⑵エ(イ)）。

⑵　「当該事項の内容が定められた後直ちに，……特定受託事業者に対し明示しなければならない」

　業務委託事業者は，当該未定事項について，特定受託事業者と十分な協議をした上で，速やかに定めなくてはならず（解釈ガイドライン第2部第1の1⑶ケ(イ)），この未定事項を定めた後は，ただちに，当該未定事項を特定受託事業者に明示する補充の明示を行わなければならない（法3条1項ただし書）。また，これらの当初の明示と補充の明示については，相互の関連性が明らかになるようにする

必要がある（公取委関係法施行規則4条）。

7 「特定受託事業者から当該事項を記載した書面の交付を求められたとき」（法3条2項）

特定受託事業者は，業務委託事業者が明示事項を電磁的方法により明示した場合であっても，当該事項を記載した書面の交付を求めること（以下「書面交付請求」という）ができる[15]。業務委託事業者は，特定受託事業者から書面交付請求があったときは，遅滞なく，書面を交付しなければならない。ただし，業務委託事業者は，特定受託事業者の保護に支障を生ずることがない場合には，必ずしも当該書面を交付する必要はない（法3条2項ただし書）。

特定受託事業者は，書面交付請求を行う際には，共通事項に係る明示であるのか又はいずれの業務委託に係る明示であるのか等，業務委託事業者において特定受託事業者が書面の交付を求めている対象となっているものを特定し得る程度の情報を示す必要がある（解釈ガイドライン第2部第1の1(6)ア）。

8 「遅滞なく」（法3条2項）

「遅滞なく」は，「直ちに」，「速やかに」よりも時間的即時性が弱いものであり，正当な理由又は合理的な理由による遅れは許容されると解される。書面の交付請求に応ずるには，その作成のために一定の時間を要するものと考えられるため，「遅滞なく」交付すれば足りるとしたものである。

9 「公正取引委員会規則で定めるところにより」（法3条2項）

公取委関係法施行規則5条1項は，公取委関係法施行規則1条1項から4項，3条，4条及び6条を準用しており，書面交付請求をされた場合の書面の交付についても，3条通知の交付と同様の規定が適用される。

---

15 特定受託事業者の中には，電子メールやインターネットを使えない又は使い慣れていないなど，電磁的方法によって3条通知の内容を確認するのに支障がある者も存在することに鑑み，そのような者の保護のため，電磁的方法で明示された場合に，書面の交付を求めることができるようにしたものである（政省令等パブコメ回答2-1-71）。

76　第2章　特定受託事業者に係る取引の適正化

◆公取委関係法施行規則

> （法第三条第二項の書面の交付）
> 第五条　法第三条第二項に規定する書面の交付をするときは，第一条第一項から
> 　第四項まで，第三条，前条及び次条の規定を準用する。
> 2　（略）

10 「ただし，特定受託事業者の保護に支障を生ずることがない場合として公正取引委員会規則で定める場合は，この限りでない」（法3条2項）

　「特定受託事業者の保護に支障を生ずることがない場合として公正取引委員会規則で定める場合」については，公取委関係法施行規則5条2項に定められている。

◆公取委関係法施行規則

> （法第三条第二項の書面の交付）
> 第五条　（略）
> 2　法第三条第二項ただし書の公正取引委員会規則で定める場合は，次のいずれ
> 　かに該当する場合（第一号又は第二号に該当する場合において，第二条第一項
> 　第一号に掲げる方法による明示がされた後に，特定受託事業者がその責めに帰
> 　すべき事由がないのに，第一条に規定する事項を閲覧することができなくなっ
> 　たときを除く。）とする。
> 　一　特定受託事業者からの電磁的方法による提供の求めに応じて，明示をした
> 　　場合
> 　二　業務委託事業者により作成された定型約款（民法（明治二十九年法律第八
> 　　十九号）第五百四十八条の二第一項に規定する定型約款をいう。）を内容と
> 　　する業務委託が次のいずれにも該当する場合
> 　　イ　インターネットのみを利用する方法により締結された契約に係るもの
> 　　　であること。

第3条（特定受託事業者の給付の内容その他の事項の明示等）　77

　　　ロ　当該定型約款がインターネットを利用して特定受託事業者が閲覧する
　　　　ことができる状態に置かれていること。
　　三　既に法第三条第一項又は第二項の規定に基づく書面の交付をしている場
　　　合

⑴　「公正取引委員会規則で定める場合」の具体的内容

　ア　「特定受託事業者からの電磁的方法による提供の求めに応じて，明示をした場
　　合」（公取委関係法施行規則5条2項1号）

　業務委託事業者は，特定受託事業者から明示事項を電磁的方法により明示す
ることを求められ，これに応じて電磁的方法による明示を行った場合（公取委
関係法施行規則5条2項1号）には，後に特定受託事業者から書面交付請求を受け
たとしても，必ずしもこれに応じる必要はない（解釈ガイドライン第2部第1の1
⑹イ㋐）。

　イ　「業務委託事業者により作成された定型約款（民法（明治二十九年法律第八十
　　九号）第五百四十八条の二第一項に規定する定型約款をいう。）を内容とする業
　　務委託が次のいずれにも該当する場合」（公取委関係法施行規則5条2項2号）

　業務委託事業者により作成された定型約款を内容とする業務委託が，①イン
ターネットのみを利用する方法により締結された契約に係るものであるととも
に，②当該定型約款がインターネットを利用して特定受託事業者が閲覧するこ
とができる状態に置かれている場合（公取委関係法施行規則5条2項2号イ・ロ）に
は，業務委託事業者は，後に特定受託事業者から書面交付請求を受けたとして
も，必ずしもこれに応じる必要はない（解釈ガイドライン第2部第1の1⑹イ㋑）。

　これは，業務委託事業者及び特定受託事業者において，3条通知による明示
を含む当該業務委託に係る契約の締結に係る事務がインターネットを介した方
法のみによって行われることが予定されていると考えられるためである（解釈
ガイドライン第2部第1の1⑹イ㋑）。

78　第2章　特定受託事業者に係る取引の適正化

ウ　「既に法第三条第一項又は第二項の規定に基づく書面の交付をしている場合」
（公取委関係法施行規則5条2項3号）

　業務委託事業者は，特定受託事業者に一度明示事項を記載した書面を交付した場合（公取委関係法施行規則5条2項3号），後に特定受託事業者から書面交付請求を受けたとしても，必ずしもこれに応じる必要はない（解釈ガイドライン第2部第1の1(6)イ(ウ)）。

(2)　特定受託事業者からの書面交付請求に応じる期間

　明示事項を電磁的方法により明示した業務委託事業者は，当該業務委託に係る報酬を支払うまでは，特定受託事業者からの書面交付請求に応じる必要がある（解釈ガイドライン第2部第1の1(6)ウ）。ただし，業務委託から報酬の支払完了までが短期間である等の事情により，報酬の支払完了後にも特定受託事業者が書面交付請求を行うことを希望する場合がある（解釈ガイドライン第2部第1の1(6)ウ）。そこで，明示事項を電磁的方法により明示した業務委託事業者は，当該業務委託に係る報酬を支払った後であっても，一定の期間において特定受託事業者からの書面交付請求に応じることが望ましい（解釈ガイドライン第2部第1の1(6)ウ）。

　なお，業務委託事業者があらかじめ共通事項を電磁的方法により明示している場合において，特定受託事業者から当該共通事項に係る書面交付請求を受けたときは，当該共通事項が有効な期間は，これに応じる必要がある（解釈ガイドライン第2部第1の1(6)ウ）。

(3)　書面交付請求への拒否の例外

　明示事項が，公取委関係法施行規則5条2項1号及び2号に該当する場合であっても，電子メール等により送信する方法により明示された後に，特定受託事業者がその責めに帰すべき事由がないのに閲覧することができなくなったときには，業務委託事業者は，特定受託事業者からの書面交付請求に応じる必要がある（公取委関係法施行規則5条2項柱書括弧書）。例えば，業務委託事業

者がソーシャルネットワーキングサービスにおける第三者が閲覧することができないメッセージ機能を用いて特定受託事業者に対し3条通知により明示した場合において，当該ソーシャルネットワーキングサービスのサービス終了に伴い3条通知を含むメッセージの内容が確認できなくなったことを理由に，特定受託事業者が書面交付請求をしたときは，業務委託事業者は，これに応じる必要がある（解釈ガイドライン第2部第1の1(6)イ）。

　また，特定受託事業者が業務委託に関して契約違反行為を行ったことを理由としてアカウントが停止され，その結果，明示された事項が閲覧できなくなったとしても，特定受託事業者が契約違反行為を行ったこと自体は，明示事項を閲覧できなくなったことの直接的な理由とはいえない（Q&A問42回答）。そのため，アカウントが停止されたことにより明示された事項が閲覧できなくなったことは，実際に特定受託事業者に契約違反行為があったか否かにかかわらず，特定受託事業者の責めに帰すべき事由がないのに明示された事項を閲覧できなくなった場合に該当し，業務委託事業者は，特定受託事業者から書面交付請求を受けた場合には，これに応じる必要がある（Q&A問42回答）。

　一方で，特定受託事業者が自ら当該サービスのアカウントを削除し，その結果当該明示事項が閲覧できなくなったことを理由に書面交付請求をした場合は，業務委託事業者は，必ずしもこれに応じる必要はない（解釈ガイドライン第2部第1の1(6)イ）。

第3 実務対応

1 法遵守に向けた社内体制の整備

　業務委託事業者が特定受託事業者に対して業務委託をした場合には，ただちに，所定の事項を書面又は電磁的方法により明示しなければならない。しかしながら，明示すべき事項は多岐にわたり，また，未定事項がある場合には，その内容が定められない理由と未定事項が決まる予定日を明示し，補充の明示に

80　第2章　特定受託事業者に係る取引の適正化

おいては当初の明示との相互の関連性が明らかになるようにするなどの追加の対応が必要となる場合もあり，本条（3条通知）に関するルールは非常に複雑であることに加えて，日々，多くの取引が行われる。

　このような状況の中で，本条（3条通知）を遵守するためには，まずは，3条通知のひな形を作成しておくことが必須である[16]。また，3条通知の作成にあたり，何をどの程度記載すべきか，未定事項のある場合の対応とその手順などについては，組織内の誰が見ても対応できるよう，共通のマニュアルを作成しておくことが望ましい。

　なお，すでに下請法の3条書面の交付義務に対応する体制が整っている事業者においては，かかる体制を流用することも可能である。もっとも，本法においては，下請法と異なる規律も若干あることから，そのような点にも対応できるように必要に応じてマニュアルの改定や従業員教育などを行う必要があるといえる[17]。

　参考までに，以下，本法と下請法の明示事項と明示方法を表形式で比較する（なお，下表においては，下請法の「則」は下請代金支払遅延等防止法第三条の書面の記載事項等に関する規則（平成15年公正取引委員会規則第7号），本法の「則」は公取委関係法施行規則を指す）。

---

[16]　なお，内閣官房，公正取引委員会，中小企業庁及び厚生労働省「フリーランスとして安心して働ける環境を整備するためのガイドライン」（令和6年10月18日改定）の別添1「本ガイドラインに基づく契約書のひな型及び使用例について」も参考になる。また，文化芸術分野については，文化庁（文化芸術分野の適正な契約関係構築に向けた検討会議）「文化芸術分野の適正な契約関係構築に向けたガイドライン（検討のまとめ）」（令和6年10月29日改訂）のスタッフの制作や技術等に関する契約書や実演家の出演に関する契約書のひな型例及び解説が参考になる。

[17]　なお，総務省「放送コンテンツの製作取引適正化に関するガイドライン改訂版（第8版）」（令和6年10月18日）16頁～21頁においては，放送コンテンツ製作の現場に沿って，下請法3条や法3条に関し，問題となり得る取引事例や望ましいと考えられる事例が示されており，参考になる。

第 3 条（特定受託事業者の給付の内容その他の事項の明示等）　81

【明示事項の比較表】

下請法		本法	
親事業者及び下請事業者の商号，名称又は事業者別に付された番号，記号その他の符号であって親事業者及び下請事業者を識別できるもの	則1条1項1号	業務委託事業者及び特定受託事業者の商号，氏名若しくは名称又は事業者別に付された番号，記号その他の符号であって業務委託事業者及び特定受託事業者を識別できるもの	則1条1項1号
製造委託，修理委託，情報成果物作成委託又は役務提供委託をした日	則1条1項2号	業務委託をした日	則1条1項2号
下請事業者の給付（役務提供委託の場合は，提供される役務。以下同じ。）の内容	則1条1項2号	特定受託事業者の給付（法第二条第三項第二号の業務委託の場合は，提供される役務。第六号において同じ。）の内容	則1条1項3号
下請事業者の給付の給付を受領する期日（役務提供委託の場合は，下請事業者が委託を受けた役務を提供する期日（期間を定めて提供を委託するものにあっては，当該期間））	則1条1項2号	特定受託事業者の給付を受領し，又は役務の提供を受ける期日（期間を定めるものにあっては，当該期間）	則1条1項4号
下請事業者の給付の内容並びにその給付を受領する場所	則1条1項2号	特定受託事業者の給付を受領し，又は役務の提供を受ける場所	則1条1項5号
下請事業者の給付の内容について検査をする場合は，その検査を完了する期日	則1条1項3号	特定受託事業者の給付の内容について検査をする場合は，その検査を完了する期日	則1条1項6号
下請代金の額及び支払期日	則1条1項4号	報酬の額及び支払期日	則1条1項7号

82　第2章　特定受託事業者に係る取引の適正化

下請法		本法	
下請代金の全部又は一部の支払につき手形を交付する場合は，その手形の金額及び満期	則1条1項5号	報酬の全部又は一部の支払につき手形を交付する場合は，その手形の金額及び満期	則1条1項8号
債権譲渡担保方式，ファクタリング方式，併存的債務引受方式により金融機関から当該下請代金の額に相当する金銭の貸付け又は支払を受けることができることとする場合 イ　当該金融機関の名称 ロ　当該金融機関から貸付け又は支払を受けることができることとする額 ハ　当該下請代金債権又は当該下請代金債務の額に相当する金銭を当該金融機関に支払う期日	則1条1項6号	債権譲渡担保方式，ファクタリング方式，併存的債務引受方式により金融機関から当該報酬の額に相当する金銭の貸付け又は支払を受けることができることとする場合 イ　当該金融機関の名称 ロ　当該金融機関から貸付け又は支払を受けることができることとする額 ハ　当該報酬債権又は当該報酬債務の額に相当する金銭を当該金融機関に支払う期日	則1条1項9号
電子記録債権の発生記録をし又は譲渡記録をする場合イ　当該電子記録債権の額 ロ　電子記録債権法第16条第1項第2号に規定する当該電子記録債権の支払期日 ハ　製造委託等に関し原材料等を親事業者から購入させる場合は，その品名，数量，対価及び引渡しの期日並びに決済の期日及び方法	則1条1項7号	電子記録債権の発生記録をし又は譲渡記録をする場合 イ　当該電子記録債権の額 ロ　電子記録債権法第十六条第一項第二号に規定する当該電子記録債権の支払期日	則1条1項10号

第3条（特定受託事業者の給付の内容その他の事項の明示等）　83

下請法		本法	
—	—	資金決済に関する法律第三十六条の二第一項に規定する第一種資金移動業を営む同法第二条第三項に規定する資金移動業者（以下単に「資金移動業者」という。）の第一種資金移動業に係る口座，同法第三十六条の二第二項に規定する第二種資金移動業を営む資金移動業者の第二種資金移動業に係る口座又は同条第三項に規定する第三種資金移動業を営む資金移動業者の第三種資金移動業に係る口座への資金移動を行う場合 イ　当該資金移動業者の名称 ロ　当該資金移動に係る額	則1条1項11号
製造委託等に関し原材料等を親事業者から購入させる場合は，その品名，数量，対価及び引渡しの期日並びに決済の期日及び方法	則1条1項8号	—	—
—	—	法第四条第三項の再委託をする場合 一　再委託である旨 二　元委託者の商号，氏名若しくは名称又は事業者別に付された番号，記号その他の符号であって元委託者を識別できるもの 三　元委託業務の対価の支払期日	則1条1項2項，6条各号

84　第2章　特定受託事業者に係る取引の適正化

【明示方法の比較表】

		下請法（則2条1項）	本法（則2条1項）
書面		○	○
電磁的方法	認められる方法	電子メール，CD-R，USBメモリ	電子メール，CD-R，USBメモリ，SNSのメッセージ等
	承諾の要否	必要	不要
	出力による書面作成の可否	必要	不要

　なお，発注事業者は，本法及び下請法の両法が適用される発注を行う場合，受注事業者に対して，同一の書面や電子メール等において，両法が定める記載事項を併せて一括で示すことが可能である（Q&A問32回答）。この場合には，①本法と下請法のいずれかのみに基づく記載事項があるときは，その事項も記載する必要があること，②電磁的方法による提供の場合には，下請法の規制（事前に下請事業者の承諾を得ること，下請事業者が電磁的記録を出力して書面を作成できる方法によること）を遵守する必要がある（Q&A問32回答）。

2　実務上の留意点

　個別の取引ごとに，取引の条件や内容は様々であることから，3条通知の記載方法や実施の頻度などにもいろいろな論点が生じ得る。以下では，実務上問題となり得る論点をいくつか取り上げる。

(1)　報酬の額が定まらない場合の対応方法

ア　算定式により報酬額を明示する方法

　業務委託事業者は，原則として，「報酬の額」を明示しなければならないが，具体的な金額を明示することが困難なやむを得ない事情がある場合には，報酬の具体的な金額を定めることとなる算定方法（算定式）を明示することも認められる（公取委関係法施行規則1条3項）。

ただし，その算定式は，報酬の額の算定根拠となる事項が確定すれば具体的な金額が自動的に確定するものでなければならないことに留意が必要である（解釈ガイドライン第2部第1の1(3)キ(ア)）。算定式の具体例は，下請法の3条書面における算定式の記載例が参考になり，例えば，下表のような記載が考えられる（解釈ガイドライン第2部第1の1(3)キ(ア)）。

算定式の明示が認められる場合の例	記載例
原材料費等が外的な要因により変動し，これらに連動して報酬の額が変動する場合	工賃○○円＋実際に海外から調達した原材料費×ドル×為替レート（特定受託事業者が調達した時点○月○日の☆☆市場の終値）
プログラム作成委託において，プログラム作成に従事した技術者の技術水準によってあらかじめ定められている時間単価及び実際の作業時間に応じて報酬が支払われる場合	時間当たりの単価○○円×所要時間数
一定期間を定めた役務提供であって，当該期間における提供する役務の種類及び量に応じて報酬の額が支払われる場合（ただし，提供する役務の種類及び量当たりの単価があらかじめ定められている場合に限る）	A区間における運送の単価○○円×当該区間の運送回数 ＋B区間における運送の単価○○円×当該区間の運送回数 ＋C区間における運送の単価○○円×当該区間の運送回数

なお，報酬の具体的な金額が確定した場合には，速やかに特定受託事業者に当該金額を明示する必要がある（解釈ガイドライン第2部第1の1(3)キ(ア)）。

イ　未定事項として対応する方法

明示事項の内容が定められないケースは，報酬のみの問題にとどまらないものの，実務上，報酬の額が定まらないケースで問題となることが多いため，本項において解説する。

まず，業務委託事業者は，3条通知において明示すべき事項のうち，その内容が定められないことにつき正当な理由があるものについては，その明示を要

86　第2章　特定受託事業者に係る取引の適正化

しない（法3条1項ただし書）。この場合には，業務委託事業者は，3条通知において，未定事項の内容が定められない理由及び未定事項の内容を定めることとなる予定期日を当初の明示として明示するとともに（公取委関係法施行規則1条4項），当該事項の内容が定められた後，ただちに，当該事項を書面又は電磁的方法により特定受託事業者に対し明示しなければならない（法3条1項ただし書）。ここにいう「正当な理由」とは，ある事項の内容について決定することができないと客観的に認められる理由がある場合をいい，業務委託をした時点で，明示事項の内容について決定できるにもかかわらず，これを決定せず，これらの事項の内容を3条通知により明示しないことは認められない（解釈ガイドライン第2部第1の1(3)ケ(ア)）。

　また，報酬の額の明示について，算定方法を3条通知により明示することが可能である場合には，かかる算定方法を明示しなければならない（解釈ガイドライン第2部第1の1(3)ケ(ア)）。そのため，報酬の額を未定事項とすることができるのは，報酬の具体的な金額に加えて，算定方法も明示できない場合に限られることとなる。

　報酬の具体的な金額に加えて，算定方法も明示できない場合（すなわち，「正当な理由」があり未定事項とできる場合）としては，制作物の具体的な内容や仕様が確定しておらず，特定受託事業者に対して正確な委託内容を決定することができない場合などが考えられる[18]。

　未定事項が決定した際には，業務委託事業者は特定受託事業者に対し，ただちに決定した事項を通知する必要があるが，この場合には，当初の3条通知と補充の通知との相互の関連性が明らかになるようにする必要がある（公取委関係法施行規則4条）。具体的には，補充の通知書面において，以下の対応をする

---

[18]　なお，このような場合においては，「特定受託事業者の給付の内容」が確定していないこととなる。発注時においては，成果物の仕様や具体的なデザインなどが確定しておらず，協議を経て確定する場合もあるが，このような場合においては，「特定受託事業者の給付の内容」も未定事項とし，未定事項の内容が定められない理由及び未定事項の内容を定めることとなる予定期日を当初の明示として明示するとともに（公取委関係法施行規則1条4項），当該事項の内容が定められた後，ただちに，当該事項を書面又は電磁的方法により特定受託事業者に対し明示しなければならない。

ことが考えられる。

> ・注文書（当初の３条通知）記載の注文番号を明記する。
> ・「この書面（注：補充の通知）は，○年○月○日付け発注書（注：当初の３条
> 　通知）の記載事項を補充するものです」といった記載をする。

⑵　継続的に役務が提供される場合における３条通知の取扱い

　個々の業務委託ごとに同様の内容を取り決める手間を省く観点から，あらか
じめ共通事項を取り決めた場合，「業務委託をした場合」とは，当該共通事項
を取り決めた場合ではなく，後に個々に業務委託をすることについて合意した
場合をいうとされている（解釈ガイドライン第２部第１の１⑴）。

　これに関連して，継続的に業務委託をしている場合，どのような頻度で３条
通知を行う必要があるかが問題となり得るが，本条の趣旨を踏まえると，基本
的には下請法の３条書面の交付の頻度と同様に考えることになると解される。

　例えば，運送のような定型的な業務を継続的に委託するような場合には，特
定受託事業者との間の契約書において３条通知の必要的記載事項が具体的に網
羅されている場合（報酬の額については算定方法を記載している場合）には，
個別の役務提供のたびに３条通知を行う必要はないと考えられる（講習会テキス
ト Q31，Q42参照）。

　他方で，業務の内容が定型的ではなく，委託する業務が都度異なるなど，事
前に契約書や発注書において３条通知の必要的記載事項を網羅することが困難
な場合には，個々の業務委託において３条通知を行う必要があるということに
なろう。

⑶　契約の更新時に留意すべき点

　業務委託事業者が特定受託事業者との間で継続的に業務を委託する場合には，
契約の更新がなされる場合がある。**前記第２の２⑵**のとおり，本法施行後に契
約の更新（自動更新の場合を含む）が行われた場合には，新たな業務委託が行

88　第2章　特定受託事業者に係る取引の適正化

われたものと考えられるため，3条通知による明示を行う必要があるが，施行日前に行われた業務の委託に係る契約書等に3条通知により明示すべき事項が全て記載されており，当該契約書等が書面の交付又は電磁的方法による提供によって示されている場合には，契約の更新に当たって明示事項に該当する定めに変更がないときには，新たに3条通知により明示する必要はない（Q&A問33回答）。

　そのため，本法施行後も，3条通知により明示すべき事項が全て明示されており，明示事項に変更がないときは，契約の更新時に新たに3条通知をする必要はないと考えられる。他方で，3条通知の明示事項に変更がある場合には，改めて3条通知を行うか，又は，少なくとも当初の3条通知との関連性を示した上で，変更がある事項について，書面又は電磁的方法により明示する必要があるだろう。

（報酬の支払期日等）

第四条　特定業務委託事業者が特定受託事業者に対し業務委託をした場合における報酬の支払期日は，当該特定業務委託事業者が特定受託事業者の給付の内容について検査をするかどうかを問わず，当該特定業務委託事業者が特定受託事業者の給付を受領した日（第二条第三項第二号に該当する業務委託をした場合にあっては，特定受託事業者から当該役務の提供を受けた日。次項において同じ。）から起算して六十日の期間内において，かつ，できる限り短い期間内において，定められなければならない。

2　前項の場合において，報酬の支払期日が定められなかったときは特定業務委託事業者が特定受託事業者の給付を受領した日が，同項の規定に違反して報酬の支払期日が定められたときは特定業務委託事業者が特定受託事業者の給付を受領した日から起算して六十日を経過する日が，それぞれ報酬の支払期日と定められたものとみなす。

3　前二項の規定にかかわらず，他の事業者（以下この項及び第六項において「元委託者」という。）から業務委託を受けた特定業務委託事業者が，当該業務委託に係る業務（以下この項及び第六項において「元委託業務」という。）の全部又は一部について特定受託事業者に再委託をした場合（前条第一項の規定により再委託である旨，元委託者の氏名又は名称，元委託業務の対価の支払期日（以下この項及び次項において「元委託支払期日」という。）その他の公正取引委員会規則で定める事項を特定受託事業者に対し明示した場合に限る。）には，当該再委託に係る報酬の支払期日は，元委託支払期日から起算して三十日の期間内において，かつ，できる限り短い期間内において，定められなければならない。

4　前項の場合において，報酬の支払期日が定められなかったときは元委託支払期日が，同項の規定に違反して報酬の支払期日が定められたときは元委託支払期日から起算して三十日を経過する日が，それぞれ報酬の支払期日と定められたものとみなす。

5　特定業務委託事業者は，第一項若しくは第三項の規定により定められた支払期日又は第二項若しくは前項の支払期日までに報酬を支払わなければならな

90　第2章　特定受託事業者に係る取引の適正化

い。ただし，特定受託事業者の責めに帰すべき事由により支払うことができな
かったときは，当該事由が消滅した日から起算して六十日（第三項の場合に
あっては，三十日）以内に報酬を支払わなければならない。
6　第三項の場合において，特定業務委託事業者は，元委託者から前払金の支払
を受けたときは，元委託業務の全部又は一部について再委託をした特定受託事
業者に対して，資材の調達その他の業務委託に係る業務の着手に必要な費用を
前払金として支払うよう適切な配慮をしなければならない。

第1 | 本条の趣旨

　本条の趣旨は，特定業務委託事業者と特定受託事業者との間の交渉力等の格
差により，特定受託事業者への報酬の支払期日が不当に遅く設定されることを
避ける点にある。

　発注者が特定受託事業者に対し業務委託をした場合の報酬は，「支払いが遅
れた」，「期日に支払われなかった」といった問題事例がある一方で，特定受託
事業者は発注者との取引関係を維持するために，これを受け入れざるを得ない
ケースがある。このように，報酬が適切に支払われない場合，生計維持への影
響など特定受託事業者が被る不利益は非常に大きい。

　そこで，本条は，このような実態を踏まえ，特定業務委託事業者が特定受託
事業者に対し業務委託をした場合の報酬支払に関する規律を設けることにより，
特定受託事業者が報酬を現実に手元に得られる時期を明らかにし，これにより，
特定受託事業者の業務の安定性を担保することを狙いとしている。

　さらに，本条3項は，特定業務委託事業者から特定受託事業者に対する業務
委託が元委託者からの業務委託の再委託に該当する場合に，一律に本条1項を
適用することで特定業務委託事業者の資金繰りの悪化や（そういった悪化を懸
念したことによる）特定受託事業者への発注控えが生ずることを防止する目的
で，本条1項に比して支払期日の延期を認めている。これにより，特定業務委

託事業者は，元委託者から受領した元委託業務に係る報酬を原資として，特定受託事業者に対して，再委託業務に係る報酬を支払うことができる。

第2　条文解説

1　「特定業務委託事業者が特定受託事業者に対し業務委託をした場合」（法4条1項）

　法3条に規定される3条通知は，業務委託事業者と特定受託事業者との間の取引上のトラブルを回避するために広く業務委託事業者に向けられた規制であるが，本条は，特定業務委託事業者と特定受託事業者との間の交渉力の格差に着目した規制であることから，その規制対象は，特定業務委託事業者とされている。

　なお，実質的に特定受託事業者に業務委託をしているといえる別の事業者が存在する場合は，当該事業者が「特定業務委託事業者」に該当する（法2条の「第2　条文解説」参照）。

2　「報酬の支払期日」（法4条1項）

　「支払期日」とは，特定受託事業者の給付に係る報酬の支払日をいう（解釈ガイドライン第2部第2の1(2)ア）[19]。

　特定業務委託事業者が特定受託事業者に業務委託をした場合には，支払期日は原則として次のとおりとなる（法4条1項及び2項，解釈ガイドライン第2部第2の1(2)ア）。

---

[19]　この「支払期日」は，具体的な日付が特定できるものでなければならないと考えられる。詳細は，後記第3の1(1)で解説する。

92　第2章　特定受託事業者に係る取引の適正化

> ①　給付を受領した日から起算して60日以内に支払期日を定めたときは，その定
> められた支払期日
> ②　支払期日を定めなかったときは，給付を受領した日
> ③　給付を受領した日から起算して60日を超えて支払期日を定めたときは，給付
> を受領した日から起算して60日を経過した日の前日

　なお，再委託をした場合における支払期日の例外については，後記第2の6
で解説する。

3　「当該特定業務委託事業者が特定受託事業者の給付の内容について検査をするかどうかを問わず，当該特定業務委託事業者が特定受託事業者の給付を受領した日（第二条第三項第二号に該当する業務委託をした場合にあっては，特定受託事業者から当該役務の提供を受けた日。次項において同じ。）」（法4条1項）

⑴　物品の製造を委託した場合における「給付を受領した日」

　物品の製造を委託した場合における「給付を受領した日」とは，特定受託事
業者の給付の目的物たる物品の内容について検査をするかを問わず，特定業務
委託事業者が特定受託事業者の給付の目的物たる物品を受け取り，自己の占有
下に置いた日をいう（解釈ガイドライン第2部第2の1⑴ア）。「自己の占有下に置」
くとは，例えば，特定業務委託事業者が特定受託事業者から給付の目的物を受
け取る，特定業務委託事業者の指定する場所に目的物が納付されるなどにより，
特定業務委託事業者が給付の目的物を占有することとなることをいう（政省令
等パブコメ回答2-2-1）。

　なお，特定業務委託事業者の検査員が特定受託事業者の事務所等に出張し検
査を行うような場合には，当該検査員が検査を開始すれば「受領した」ことに
なる（解釈ガイドライン第2部第2の1⑴ア）。

第4条（報酬の支払期日等） 93

⑵ 情報成果物の作成を委託した場合における「給付を受領した日」

　情報成果物の作成を委託した場合における「給付を受領した日」とは，USB
メモリやCD-R等，情報成果物を記録した電磁的記録媒体がある場合には，給
付の目的物として作成された情報成果物を記録した電磁的記録媒体を受け取り，
自己の占有下に置いた日をいう（解釈ガイドライン第2部第2の1⑴イ）。

　また，電磁的記録媒体を用いないときであっても，例えば，電気通信回線を
通じて特定業務委託事業者の用いる電子計算機内に記録されたとき[20]も，「受
領した日」となる（解釈ガイドライン第2部第2の1⑴イ）。

　情報成果物の作成委託では，特定業務委託事業者が作成の過程で，特定受託
事業者の作成内容の確認や今後の作業の指示等を行うために情報成果物を一時
的に特定業務委託事業者の支配下に置く場合がある（解釈ガイドライン第2部第2
の1⑴イ）。この時点では当該情報成果物が給付としての水準に達し得るかどう
か明らかではない場合において，あらかじめ特定業務委託事業者と特定受託事
業者との間で，特定業務委託事業者が自己の支配下に置いた当該情報成果物が
一定の水準を満たしていることを確認した時点で給付を受領したこととするこ
とを合意している場合には，特定業務委託事業者が当該情報成果物を自己の支
配下に置いたとしてもただちに受領したものとは取り扱わず，自己の支配下に
置いた日を支払期日の起算日とはしないと解されている（解釈ガイドライン第2
部第2の1⑴イ）。なお，ここでいう「給付としての水準」とは，業務委託の当
事者間において定める給付の受領といえるために満たすべき給付の内容の質を
いう（政省令等パブコメ回答2-2-2）。ただし，3条通知に明記された納期におい
て，当該情報成果物が特定業務委託事業者の支配下にあれば，内容の確認が終
わっているかどうかを問わず，当該納期に受領したものとして，支払期日の起
算日とする（解釈ガイドライン第2部第2の1⑴イ）。

　なお，情報成果物の場合には，外形的には全く内容がわからないことから，
このような取扱いとすることを特に認めているのであり，情報成果物以外の場

20　電子メール等で情報成果物を受領した場合は，特定業務委託事業者の用いる電子計算機内（パソ
　コン等）に記録された時点を指す（Q&A問44回答）。

94　第2章　特定受託事業者に係る取引の適正化

合には認められないので留意が必要である（解釈ガイドライン第2部第2の1(1)イ）。

(3)　「役務の提供を受けた日」

　役務提供委託では，原則として受領という概念はない（解釈ガイドライン第2部第2の1(1)ウ）。

　特定業務委託事業者は，役務提供委託においては，特定受託事業者が提供する個々の役務ごとに役務の提供を受けることから，役務の提供を委託した場合における「役務の提供を受けた日」とは，特定業務委託事業者が特定受託事業者から個々の役務の提供を受けた日をいう（解釈ガイドライン第2部第2の1(1)ウ）[21]。役務の提供に日数を要する場合には，一連の役務の提供が終了した日が役務の提供を受けた日となる（解釈ガイドライン第2部第2の1(1)ウ）。ただし，個々の役務が連続して提供される役務であって，次の①から③までのすべての要件を満たす場合には，月単位で設定された締切対象期間の末日（個々の役務が連続して提供される期間が1か月未満の役務提供委託の場合には，当該期間の末日）に当該役務が提供されたものとして取り扱い，当該日から起算して60日（2か月）以内に報酬を支払うことが認められる（解釈ガイドライン第2部第2の1(1)ウ）。

> ①　報酬の支払は，特定受託事業者と協議の上，月単位で設定される締切対象期間の末日までに提供した役務に対して行われることがあらかじめ合意され，その旨が3条通知に明確に記載されていること
> ②　3条通知に，当該期間の報酬の額又は報酬の具体的な金額を定めることとなる算定方式（役務の種類・量当たりの単価があらかじめ定められている場合に限る）が明確に記載されていること

21　特定業務委託事業者が，特定受託事業者に，4月1日に東京で，4月15日に大阪で，5月1日に名古屋で，5月30日に福岡で開催される各公演での実演をまとめて委託した場合，特定業務委託事業者は，4月1日の東京での公演への出演に係る報酬は，4月1日から60日以内のできる限り短い期間内の特定の日を支払期日として定める必要があり，4月15日の大阪での公演，5月1日の名古屋での公演に係る報酬も同様に定める必要がある（Q&A問46回答）。そのため，全公演分の報酬の支払期日を公演の最後の日である5月30日から60日以内の特定の日に定めることにより，各公演日から60日を超える日を各公演に係る報酬の支払期日とする場合には，本法上問題となる（Q&A問46回答）。

③　特定受託事業者が連続して提供する役務が同種のものであること

　また，特定業務委託事業者は，特定受託事業者に対し，営業等の役務に関し，一定の成果を上げることのほかに，当該成果を上げるために必要となる業務を実施することも含めて包括的に委託した上で，特定受託事業者が一定の成果を上げた場合にのみ報酬を支払うこととする場合がある。このような報酬体系をとっている役務提供委託については，包括的な役務の対価として報酬が支払われることとなる一方，特定受託事業者に支払うべき報酬が発生するのは当該成果が上がった日であるため，当該成果が上がった日が「役務の提供を受けた日」に該当すると考えられ，当該成果が上がった日を報酬の支払期日の起算日とすることが可能である（政省令等パブコメ回答2 - 2 - 8〜10)[22]。

(4)　月単位の締切制度
　報酬の支払について，月単位の締切制度を用いている場合，月によっては31 日の月があるため，前月の納品締切日の翌日に給付を受領した場合には報酬の支払が給付を受領した日から 61 日目又は 62 日目の支払となる場合があるが，このような場合，本法の運用にあたっては，給付を受領した日から 60 日以内との規定を，給付を受領した日から 2 か月以内として運用することは許容される（Q&A 問47回答)[23]。

(5)　特定受託事業者の納期遅れにより給付受領日が遅延した場合
　特定業務委託事業者は，特定受託事業者の納期遅れにより，あらかじめ3 条

---

[22]　なお，支払期日自体に関する留意点ではないが，成果を上げるために必要となる業務のコスト等も考慮して，包括的に委託している役務に対する報酬の額を定める必要があるとされている（政省令等パブコメ回答2 - 2 - 8〜10)。

[23]　一方，法16条1項の解除予告の「30日前まで」については，法16条1項の趣旨が継続的業務委託において，特定業務委託事業者からの契約の中途解除や不更新を特定受託事業者にあらかじめ知らせ，特定受託事業者が次の取引に円滑に移行できるようにすることを目的としているため，月単位の締切制度を採用している場合であっても，「30日前」の予告が必要となる（政省令等パブコメ回答2 - 2 -15)。

【月単位の締切制度における支払期日】

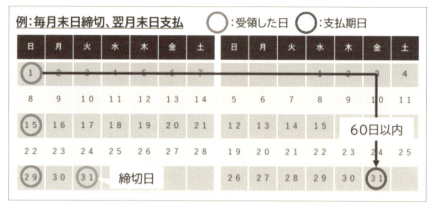

〈出典〉内閣官房・公正取引委員会・中小企業庁・厚生労働省パンフレット「ここからはじめるフリーランス・事業者間取引適正化等法」（令和6年7月）11頁

通知により明示した給付を受領する日よりも，実際に給付を受領した日が遅くなった場合には，実際に給付を受領した日から起算して60日以内のできる限り短い期間内において，報酬の支払期日を定めて，支払う必要がある（政省令等パブコメ回答2-2-13）。

(6) 特定受託事業者の責めに帰すべき事由により給付のやり直しをさせた場合

特定受託事業者の給付が業務委託時に明示した内容（特定受託事業者から提供されるべき物品や情報成果物）と異なる，適合しないなど，特定受託事業者の責めに帰すべき事由があり，報酬の支払前にやり直しをさせる場合には，やり直しをさせた後の物品又は情報成果物を受領した日（役務提供委託の場合には，特定受託事業者が役務を提供した日）が支払期日の起算日となる（解釈ガイドライン第2部第2の1(1)エ，Q&A問45回答）。

なお，特定業務委託事業者は，特定受託事業者の給付の内容に委託内容と適合しないことがあったとしても，給付を実際に受領した場合には，その受領した日から60日以内のできる限り短い期間内に報酬を支払う必要がある（政省令

等パブコメ回答 2 - 2 - 11）。

4 「給付を受領した日……から起算して六十日の期間内において，かつ，できる限り短い期間内において，定められなければならない」（法4条1項）

「できる限り短い期間内」の具体的な解釈については，解釈ガイドライン上は明らかにされていない。

ただし，前記2に従い支払期日を定めたとしても，特定業務委託事業者と特定受託事業者との間で，本法施行前から本法の業務委託に該当する取引が継続的に行われている場合において，本法が施行されることのみを理由として，殊更に現状設定されている支払期日よりも遅い支払期日を新たに設定することは，「できる限り短い期間内」に支払期日を定めたものとはいえず，本条1項又は3項の違反として問題となるとされている（Q&A 問48回答）。

5 「前項の場合において，報酬の支払期日が定められなかったときは特定業務委託事業者が特定受託事業者の給付を受領した日が，同項の規定に違反して報酬の支払期日が定められたときは特定業務委託事業者が特定受託事業者の給付を受領した日から起算して六十日を経過する日が，それぞれ報酬の支払期日と定められたものとみなす」（法4条2項）

報酬の支払期日が定められなかった場合又は本条1項の規定に違反して報酬の支払期日が定められた場合には，以下のとおりの支払期日とみなされる。

支払期日の定め	支払期日
報酬の支払期日を定めなかったとき	給付を受領した（役務の提供を受けた）日
給付を受領した（役務の提供を受けた）日から起算して60日を超えて支払期日を定めたとき	給付を受領した（役務の提供を受けた）日から起算して60日を経過した日の前日

98　第2章　特定受託事業者に係る取引の適正化

6　「他の事業者（以下この項及び第六項において「元委託者」という。）から業務委託を受けた特定業務委託事業者が，当該業務委託に係る業務（以下この項及び第六項において「元委託業務」という。）の全部又は一部について特定受託事業者に再委託をした場合，……当該再委託に係る報酬の支払期日は，元委託支払期日から起算して三十日の期間内において，かつ，できる限り短い期間内において，定められなければならない」（法4条3項）

　元委託者から業務委託を受けた特定業務委託事業者が，当該業務委託に係る業務の全部又は一部について特定受託事業者に再委託をした場合において，当該特定業務委託事業者が，当該特定受託事業者に公取委関係法施行規則6条1号から3号の事項を明示したときは，当該業務委託に係る特定受託事業者への報酬の支払期日を，元委託支払期日から起算して30日以内（元委託支払期日を算入）のできる限り短い期間内において定めることができる（解釈ガイドライン第2部第2の1(2)イ）[24]。

　例えば，元委託者が特定業務委託事業者に対して業務委託を行い，その支払期日を8月31日と定め，特定業務委託事業者が特定受託事業者に再委託し，再委託であること等を明示した場合は，再委託における支払期日（特定業務委託事業者から特定受託事業者への報酬の支払期日）については，法4条1項の規定に関わらず元委託者から特定業務委託事業者への支払期日である8月31日から起算することができるものの，かかる起算日から30日以内に定める必要がある。

　なお，この場合において，本条3項に基づく明示事項を明示していないとき

---

[24]　他の事業者から業務を受託した特定業務委託事業者は，「再委託をした場合」に，必ず再委託の例外の適用を受けて30日以内のできる限り短い期間内で報酬の支払期日を定めなければならないわけではない（Q&A 問54回答）。特定業務委託事業者が，3条通知において「再委託である旨」，「元委託者の氏名又は名称」及び「元委託業務の対価の支払期日」を特定受託事業者に対し明示した場合にのみ，元委託支払期日から30日以内のできる限り短い期間内で報酬の支払期日を定めることができるということであり，特定業務委託事業者は，これらを明示せずに，特定受託事業者から給付を受領した日から60日以内のできる限り短い期間内で，報酬の支払期日を定めることもできる（Q&A 問54回答）。

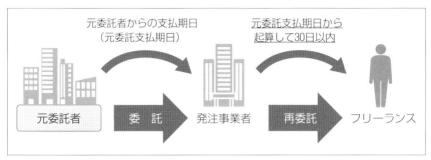

〈出典〉内閣官房・公正取引委員会・中小企業庁・厚生労働省パンフレット「ここからはじめるフリーランス・事業者間取引適正化等法」（令和6年7月）12頁をもとに編著者作成

は，前記1(1)の原則どおり，特定業務委託事業者が特定受託事業者の給付を受領した日から起算して60日を経過する日が報酬の支払期日と定められたものとみなされる（解釈ガイドライン第2部第2の1(2)イ）。

(1) 「再委託をした場合」

「再委託」とは，元委託者が特定業務委託事業者に業務委託をした業務の全部又は一部について，特定業務委託事業者が特定受託事業者に業務委託をすることをいう（解釈ガイドライン第2部第1の1(4)ア）。特定業務委託事業者が元委託者から受託した元委託業務と，特定受託事業者に委託した業務との間に業務の関連性及び対価の関連性が認められる場合には「再委託をした場合」に該当する[25]。

業務の関連性については，特定業務委託事業者が特定受託事業者に委託した業務が元委託業務に含まれる場合に認められる（Q&A問49回答）[26]。また，対価

---

[25] 「再委託をした場合」に該当する取引としては，①元委託業務の全部を再委託する場合（例えば，荷主企業から配送業務を受託した配送業者が，荷物の配送を特定受託事業者に委託すること），②元委託業務の一部を再委託する場合（例えば，顧客企業から社内用システムの構築を受託したシステム開発会社が，システムを構成するプログラムの作成を特定受託事業者に委託すること），③元委託業務と種類の異なる業務を再委託する場合（例えば，テレビ局から放送コンテンツの作成を受託した番組制作会社が，楽曲の制作，番組への出演，撮影等の業務をそれぞれ特定受託事業者に委託すること）が考えられる（Q&A問53回答）。

100　第2章　特定受託事業者に係る取引の適正化

の関連性については，特定業務委託事業者から特定受託事業者に支払われる報酬が，元委託者から特定業務委託事業者に対して支払われる元委託業務に係る報酬に関連して定められている場合に認められる（Q&A問49回答）。

　特定業務委託事業者が同一の特定受託事業者に委託している業務が複数ある場合には，それぞれの業務について業務の関連性及び対価の関連性が判断され，特定業務委託事業者が1つの元委託業務を切り分けて，複数の特定受託事業者に委託する場合は，それぞれの特定受託事業者に委託されている業務について，業務の関連性及び対価の関連性が判断される（Q&A問49回答）。

　なお，例えば，元委託者と特定業務委託事業者が結託したり，元委託者が事業者としての実態のない第三者（わら人形）を介在させて特定受託事業者と契約を締結させるなどの場合は，元委託者と特定受託事業者との間に他の事業者が介在しているとしても，実質的に元委託者が特定受託事業者に業務委託をしているといえる場合がある（解釈ガイドライン第1部3参照）。このような場合において，特定業務委託事業者に該当する元委託者が本条1項に違反して報酬の支払期日を定めたときは，本条2項により，特定受託事業者から給付を受領した日から60日を経過する日が支払期日として定められたものとみなされ，同日に報酬を支払わない場合には，本条5項違反となる（政省令等パブコメ回答2-2-24，25）。

⑵　「（前条第一項の規定により再委託である旨，元委託者の氏名又は名称，元委託業務の対価の支払期日（以下この項及び次項において「元委託支払期日」という。）その他の公正取引委員会規則で定める事項を特定受託事業者に対し明示した場合に限る。）」

　再委託を行う場合，3条通知において，公取委関係法施行規則6条各号に掲

26　他の事業者から情報成果物の作成を受託した特定業務委託事業者が，当該情報成果物の作成に必要な役務の提供を特定受託事業者に再委託する場合のように，元委託業務と特定受託事業者に委託する業務の種類が異なっているとしても，元委託業務と特定受託事業者に委託した業務との間に，業務の関連性及び対価の関連性が認められる場合には，本法上の「再委託をした場合」に該当する（Q&A問52回答）。

げる事項の明示をすることができるところ（公取委関係法施行規則１条２項），当該事項の明示により，特定業務委託事業者は，特定受託事業者への報酬の支払期日を，元委託支払期日から起算して30日以内のできる限り短い期間内において定めることができる。

◆公取委関係法施行規則

> （法第三条第一項の明示）
> 第一条　（略）
> 　２　特定業務委託事業者は，法第四条第三項の再委託をする場合には，前項各号
> 　　に掲げる事項のほか，第六条各号に掲げる事項の明示をすることができる。
>
> （法第四条第三項の事項）
> 第六条　法第四条第三項の公正取引委員会規則で定める事項は，次に掲げる事項
> 　　とする。
> 　　一　再委託である旨
> 　　二　元委託者の商号，氏名若しくは名称又は事業者別に付された番号，記号そ
> 　　　の他の符号であって元委託者を識別できるもの
> 　　三　元委託業務の対価の支払期日

　ア　「再委託である旨」
　「再委託である旨」の明示は，特定受託事業者において，当該業務が再委託であること（元委託業務の一部であること，元委託業務を構成するものであること等）を把握し得る程度のもので足りる（解釈ガイドライン第２部第１の1⑷ア）。

　イ　「元委託者の商号，氏名若しくは名称又は事業者別に付された番号，記号その他の符号であって元委託者を識別できるもの」
　元委託者を識別できる情報（氏名又は登記されている名称に限らない）をいうと解される（解釈ガイドライン第２部第１の1⑷イ）。「事業者別に付された番号，

102　第2章　特定受託事業者に係る取引の適正化

記号その他の符号」としては，例えば，元委託者を識別するために両当事者間で付された番号等を指すと考えられる。

なお，トラブル防止の観点から，あらかじめ互いに業務委託の相手方の氏名又は登記されている名称を把握しておくことが望ましいとされている（解釈ガイドライン第2部第1の1⑷イ）。

　ウ　「元委託業務の対価の支払期日」

元委託者から特定業務委託事業者に元委託業務の対価を支払う日として定められた期日（以下「**元委託支払期日**」という）をいう（解釈ガイドライン第2部第1の1⑷ウ）。

元委託支払期日が3条通知において明示事項となっていることから，元委託者は，速やかに元委託支払期日を確定させることが望ましいとされている（解釈ガイドライン第2部第1の1⑷ウ）。

⑶　**「当該再委託に係る報酬の支払期日は，元委託支払期日から起算して三十日の期間内において，かつ，できる限り短い期間内において，定められなければならない」**

「元委託支払期日から起算して三十日の期間内」とは，元委託者と特定業務委託事業者が元委託業務について従前から定めていた元委託支払期日から起算して30日の期間内をいう（解釈ガイドライン第2部第2の1⑵イ㋐）。元委託者が，特定業務委託事業者に対し元委託支払期日として定めていた期日よりも早く元委託業務の対価を支払った場合であっても，特定業務委託事業者から特定受託事業者に対する再委託に係る報酬の支払期日が前倒しとなるものではない（解釈ガイドライン第2部第2の1⑵イ㋐，Q&A問51回答）[27]。

27　例えば，特定業務委託事業者が，特定受託事業者に再委託を行う際，元委託支払期日が6月25日であること及び特定受託事業者に対する報酬の支払期日を7月15日とすること等を明示していたものの，実際には，元委託業務の対価が6月15日に支払われた場合，当該特定業務委託事業者は，従前に設定していた支払期日である7月15日までに当該特定受託事業者に対し報酬を支払えば，本法上問題とならない（Q&A問55回答）。

第4条（報酬の支払期日等）　103

　また，本条3項の趣旨は，特定業務委託事業者から特定受託事業者に対する業務委託が再委託に該当する場合，一律に本条1項を適用することで特定業務委託事業者の資金繰り悪化や特定受託事業者への発注控えが生ずることを防止する目的で，同条1項の場合に比べて支払期日の延期を可能とすることにある（解釈ガイドライン第2部第2の1⑵イ⑺）。そのため，「元委託支払期日から起算して三十日の期間」が本条1項に定める期間より前に経過するとしても，特定業務委託事業者から特定受託事業者に対する報酬の支払期日は本条1項に定める期間内において定めれば足りる（解釈ガイドライン第2部第2の1⑵イ⑺，政省令等パブコメ回答2-2-19）。例えば，「元委託支払期日から起算して30日の期間」を11月30日に迎えるとしても，特定受託事業者から給付を受領した日から起算して60日が12月15日であるとすれば，最低限同日までに支払期日を定めればよいこととなる。なお，上記のとおり支払期日を定めたとしても，特定業務委託事業者と特定受託事業者との間で，本法施行前から本法の業務委託に該当する取引が継続的に行われている場合において，本法が施行されることのみを理由として，殊更に現状設定されている支払期日よりも遅い支払期日を新たに設定することは，「できる限り短い期間内」に支払期日を定めたものとはいえず，本条3項の違反として問題となるとされている（政省令等パブコメ回答2-2-20，21）。

　特定業務委託事業者が，特定受託事業者との間で，再委託の場合における支払期日の例外の適用を受けることとした場合において，元委託者から特定業務委託事業者に分割で対価が支払われるときは，元委託業務の対価の最後の支払日から30日以内に，当該特定受託事業者に対し報酬を支払う必要がある（Q&A問56回答）[28]。

28　なお，特定業務委託事業者において，元委託業務の対価が特定業務委託事業者に分割で支払われる各期日から30日以内に特定受託事業者に対して報酬を支払うことに特段の支障がない場合には，当該特定業務委託事業者は，元委託業務の対価が分割で支払われる各期日から30日以内に特定受託事業者に対し報酬を支払うことが望ましいとされている（Q&A問56回答）。

104　第2章　特定受託事業者に係る取引の適正化

7　「前項の場合において，報酬の支払期日が定められなかったと
　　きは元委託支払期日が，同項の規定に違反して報酬の支払期日が
　　定められたときは元委託支払期日から起算して三十日を経過する
　　日が，それぞれ報酬の支払期日と定められたものとみなす」（法
　　4条4項）

　再委託に係る報酬の支払期日が定められなかった場合又は本条3項の規定に
違反して再委託に係る報酬の支払期日が定められた場合には，以下のとおりの
支払期日とみなされる（解釈ガイドライン第2部第2の1⑵イ⑷）。

再委託に係る報酬の支払期日の定め	再委託に係る報酬の支払期日
報酬の支払期日を定めなかったとき	元委託支払期日
元委託支払期日から起算して30日を超えて支払期日を定めたとき	元委託支払期日から起算して30日を経過した日の前日

　その上で，前記6も含めて整理すると，特定業務委託事業者が特定受託事業
者に元委託業務の全部又は一部を再委託した場合には，再委託に係る報酬の支
払期日は次のとおりとなる（解釈ガイドライン第2部第2の1⑵イ⑷）。

> ①　元委託支払期日から起算して30日以内に支払期日を定めたときは，その定め
> 　られた支払期日
> ②　支払期日を定めなかったときは，元委託支払期日
> ③　元委託支払期日から起算して30日を超えて支払期日を定めたときは，元委託
> 　支払期日から起算して30日を経過した日の前日

8 「特定業務委託事業者は，第一項若しくは第三項の規定により
定められた支払期日又は第二項若しくは前項の支払期日までに報
酬を支払わなければならない。ただし，特定受託事業者の責めに
帰すべき事由により支払うことができなかったときは，当該事由
が消滅した日から起算して六十日（第三項の場合にあっては，三
十日）以内に報酬を支払わなければならない」（法4条5項）

　本条1項から4項では報酬の支払期日を定めること又は支払期日が定められ
たものとみなすことを規定しているところ，特定業務委託事業者は，原則とし
て，その定められた支払期日までに報酬を支払う必要がある[29][30]。

　一方で，特定受託事業者の責めに帰すべき事由により，特定受託事業者に本
条1項若しくは3項の規定により定められた支払期日又は本条2項若しくは4
項の規定により定められたものとみなされた支払期日までに報酬を支払うこと
ができなかったときは，当該事由が消滅した日から起算して60日（本条3項の
場合は30日）以内に報酬を支払わなければならない（解釈ガイドライン第2部第2

---

[29]　なお，下請法においては，支払期日までに下請代金を支払わなかったときは，下請事業者の給付
を受領した日から起算して60日を経過した日から支払いをする日までの期間について年14.6％の遅
延利息を支払う必要があるところ（下請法4条の2），本法においては同種の規定は設けられていな
い。下請法においては，親事業者と下請事業者との間で自主的に遅延利息を約定することは困難
であることから遅延利息に関する規定が設けられたものであるが（講習会テキスト39頁），本法に
おいては，特定業務委託事業者には規模の小さな事業者が含まれることも踏まえ，個別に遅延利息
の規定は設けられていない。

[30]　本条5項の規定の私法上の効力に関して，同種の規定である下請法2条の2の次のような立法経
緯が参考になる。すなわち，下請法2条の2の支払期日に関する規定は，昭和31年の下請法制定時
には規定されておらず，「下請事業者の給付を受領した後，下請代金を遅滞なく支払わないこと」
を禁止していただけであったが，そのような規定のみでは，支払遅延の状況を改善することには限
界があったことから，昭和37年の下請法改正において，下請法2条の2，下請法4条の規定が新設
された（鎌田明著『下請法の実務第4版』111頁（公正取引協会，2017年））。このような立法経緯
にも鑑みれば，下請法2条の2の規定により，当事者間の支払期日に関する私法上の義務を構成す
ると解することは困難であると考えられる。本法においても，発注事業者の負担が大きいことから，
法定の遅延利息の支払義務は設けられていないが，このような規定内容も踏まえると，下請法と同
様に本条5項により当事者間の支払期日に関する私法上の義務を構成することはないと考えられる
（そのため，本法に基づき定められた支払期日を徒過したとしても直ちに債務不履行に基づく遅延
利息が発生するものではないと考えられる）。

106　第2章　特定受託事業者に係る取引の適正化

の1(3))。

(1)　「特定受託事業者の責めに帰すべき事由により支払うことができなかったとき」

「特定受託事業者の責めに帰すべき事由により支払うことができなかったとき」とは，例えば，特定受託事業者が誤った口座番号を特定業務委託事業者に伝えていたため，特定業務委託事業者は，支払期日までに報酬について払込みを実施していたにもかかわらず，口座番号の誤りのために支払期日までに特定受託事業者が実際には報酬を受け取ることができなかったときが該当する（解釈ガイドライン第2部第2の1(3)ア）。他方で，特定受託事業者が請求書を提出しないという事情は，「特定受託事業者の責めに帰すべき事由」には該当せず，特定業務委託事業者は，特定受託事業者からの請求書の提出の有無にかかわらず，給付を受領した日から起算して60日以内に定めた支払期日までに報酬を支払う必要がある（Q&A問57回答）。

(2)　「事由が消滅」

「事由が消滅」とは，例えば，特定受託事業者が正しい口座番号を伝えるなど報酬を支払うことができなかった客観的事情が消滅した場合を指し，特定業務委託事業者は，その消滅した時点から起算して60日（本条3項の場合は30日）以内に報酬を支払わなければならない（解釈ガイドライン第2部第2の1(3)イ）。

9　「第三項の場合において，特定業務委託事業者は，元委託者から前払金の支払を受けたときは，元委託業務の全部又は一部について再委託をした特定受託事業者に対して，資材の調達その他の業務委託に係る業務の着手に必要な費用を前払金として支払うよう適切な配慮をしなければならない」（法4条6項）

特定業務委託事業者が，特定受託事業者に一定の事項を明示して元委託業務の全部又は一部について再委託をし，元委託支払期日から起算して30日以内の

期日に支払期日を定めている場合には，元委託者から前払金の支払を受けた特定業務委託事業者は，当該特定受託事業者に対して，資材の調達その他の業務委託に係る業務の着手に必要な費用を前払金として支払うよう適切な配慮をしなければならない（解釈ガイドライン第2部第2の1⑷）。

⑴ 「元委託者から前払金の支払を受けたとき」

「前払金」とは，業務委託の対価の支払期日より前に支払われる金銭のうち，業務委託の相手方事業者（再委託先を含む）が，当該業務の遂行に要し，又は要した費用の全部又は一部として支払われるものをいう（解釈ガイドライン第2部第2の1⑷ア）。支払われる金銭の名目は問わない（解釈ガイドライン第2部第2の1⑷ア）。

「元委託者から前払金の支払を受けたとき」とは，特定業務委託事業者が元委託者から，元委託支払期日より前に，元委託業務の遂行に要し，又は要した費用の全部又は一部の支払を受けたときをいう（解釈ガイドライン第2部第2の1⑷イ）。なお，前払金の支払時期については，特定業務委託事業者又は特定受託事業者による元委託業務の着手の有無や，元委託業務の完成の前後は問わない（解釈ガイドライン第2部第2の1⑷イ）。

⑵ 「資材の調達その他の業務委託に係る業務の着手に必要な費用」

「資材の調達その他の業務委託に係る業務の着手に必要な費用」とは，特定受託事業者が特定業務委託事業者から再委託を受けた業務の着手までの間に，資材の調達その他の当該業務委託に係る業務の着手のために要し，又は要した費用をいう（解釈ガイドライン第2部第2の1⑷ウ）。

⑶ 「適切な配慮」

ア 「適切な配慮」をすべき趣旨

業務委託を受けた事業者は，業務の着手に当たって費用を要する場合には，前払金の支払を受けられなければ，報酬が支払われるまでの間，当該費用相当

108　第2章　特定受託事業者に係る取引の適正化

額を自ら負担することとなる（解釈ガイドライン第2部第2の1(4)エ(ア)）。特に，本法では，特定業務委託事業者が特定受託事業者に一定の事項を明示して再委託をする場合には，本条3項に基づき特定業務委託事業者が特定受託事業者に対して支払う報酬の支払期日を本条1項に定める期日よりも遅く定めることが可能であるため，特定受託事業者は，より長期にわたって，業務委託に係る業務の着手に当たって要した費用相当額を負担する可能性がある（解釈ガイドライン第2部第2の1(4)エ(ア)）。

　一方，特定業務委託事業者が，特定受託事業者に対し，業務の着手にあたって要した費用について必ず前払金として支払うこととすると，特定業務委託事業者にとって過度な負担となる可能性がある（解釈ガイドライン第2部第2の1(4)エ(ア)）。

　そこで本項は，特定業務委託事業者に，特定業務委託事業者が元委託者から前払金の支払を受けた場合に限り，特定受託事業者が再委託を受けた業務の着手に必要な費用の範囲で，特定受託事業者に前払金として支払うよう適切な配慮をしなければならない旨を定めたものである（解釈ガイドライン第2部第2の1(4)エ(ア)）。

　　イ　配慮すべき内容

　特定業務委託事業者は，前記アの趣旨に鑑み，元委託者から支払を受けた前払金について，特定受託事業者との間で適切に分配するなどの配慮をする必要がある（解釈ガイドライン第2部第2の1(4)エ(イ)）。

　例えば，業務委託に係る業務の着手にあたって，特定業務委託事業者自身は費用を要せず，特定受託事業者のみが費用を要する場合には，通常，特定業務委託事業者が元委託者から受けた前払金を必要とする合理的な理由はないことから，特定受託事業者に元委託者から支払を受けた前払金の全部を支払うことが望ましいとされている（解釈ガイドライン第2部第2の1(4)エ(イ)）。

　また，特定業務委託事業者は，業務委託に係る業務の着手にあたって自身も相当の費用を負担する場合であっても，特定受託事業者が要する費用の額等を

第 4 条（報酬の支払期日等）　109

踏まえ，特定受託事業者に過度な負担を課すこととならないように特定受託事業者との間で十分に協議して前払金の支払額を定めるといった配慮が必要になる（解釈ガイドライン第 2 部第 2 の 1 ⑷エ(イ)）。

第3 | 実務対応

1 支払期日の定め方・起算日の考え方

⑴ 支払期日の定め方

特定業務委託事業者は，特定受託事業者から給付を受領した日（役務の提供を受けた日）から 60 日以内の期間内において，かつ，できる限り短い期間内において支払期日を定めなければならない（法 4 条 1 項）。

そして，この支払期日を定めるにあたっては，具体的な期日を特定できるように定める必要がある。例えば，「まで」「以内」という記載は，いつが支払期日なのか具体的な日を特定できないため，支払期日を定めているとは認められないとされている[31]。

したがって，支払期日を定めるにあたっては，以下のとおり，具体的な日を特定できるように定めなければならない。

良い例	●月●日支払 毎月●日締切，翌月●日支払
違反例	●月●日まで ●●日以内

なお，報酬を支払期日よりも前に支払うことは差し支えないと解される（下請法でも同様の解釈がされている（講習会テキスト Q48））。

31　内閣官房・公正取引委員会・中小企業庁・厚生労働省パンフレット「ここからはじめるフリーランス・事業者間取引適正化等法」（令和 6 年 7 月）11 頁

110 第2章 特定受託事業者に係る取引の適正化

⑵ 金融機関が休業日の場合の支払期日の設定

　報酬を毎月の特定日に金融機関を利用して支払うこととしている場合に，当該支払日が金融機関の休業日に当たることがある。このような場合であっても，支払を順延する期間が2日以内であって，特定業務委託事業者と特定受託事業者との間で支払日を金融機関の翌営業日に順延することについてあらかじめ書面又は電磁的方法で合意しているときは，結果として給付を受領した日から起算して60日（法4条3項の場合には，元委託支払期日から起算して30日）を超えて報酬が支払われても問題とはされない（解釈ガイドライン第2部第2の1⑸）。なお，順延後の支払期日が給付を受領した日から起算して60日（法4条3項の場合は，元委託支払期日から起算して30日）以内となる場合には，特定受託事業者との間であらかじめその旨を書面又は電磁的方法で合意していれば，金融機関の休業日による順延期間が2日を超えても問題とはしない（解釈ガイドライン第2部第2の1⑸）。

　運用上，上記のような例外が認められているものの，支払期日が年末年始にかかる場合など，金融機関の休日が連続する場合も想定され，結果として順延する期間が2日を超える場合もあり得る。そのため，法遵守の観点からは，支払期日が金融機関の休業日となる場合には，前営業日に支払う対応としておくことが適切である。

⑶ 締切制度の留意点

　毎月の特定の日に報酬を支払うこととする締切制度を用いて支払期日とすることも認められるが（毎月●日締め翌月●日払など），このような制度を採用する場合でも，原則として給付を受領してから60日以内に支払う必要があることに留意が必要である。

　例えば，「毎月末日締め翌々月15日支払」の場合において，ある月の10日に給付を受領したケースを想定すると，制度的に給付を受領した日から60日を超えて報酬を支払うことがあり得るため，支払遅延が問題となる。

　また，毎月末日締め翌月末日支払としている場合でも，納品日（受領日）を

基準とせず，検査完了日を基準として締め切る場合にも，支払遅延が問題となるケースが生じるため（検査完了日を締切りの基準として毎月末締め翌月末日払いとしている場合，例えば，9月25日に納品され，10月2日に検査が完了した場合には，10月31日締め11月30日払いとなるが，受領日は9月25日であり，支払が60日を超えてしまう），注意する必要がある。

　なお，前記第2の3(4)のとおり，法の運用にあたっては，「受領後60日以内」を「受領後2か月以内」と運用するため，「毎月月末締め翌月末日支払」であっても，納品を基準とする限りでは，運用上問題とされない。

(4)　一定の成果を上げた場合にのみ報酬を支払う場合の支払期日

　特定業務委託事業者は，特定受託事業者に対し，営業等の役務に関し，一定の成果を上げることのほかに，当該成果を上げるために必要となる業務を実施することも含めて包括的に委託した上で，特定受託事業者が一定の成果を上げた場合にのみ報酬を支払うこととする場合がある。このような報酬体系をとっている役務の提供委託については，包括的な役務の対価として報酬が支払われることとなる一方，特定受託事業者に支払うべき報酬が発生するのは当該成果が上がった日であるため，当該成果が上がった日が「役務の提供を受けた日」に該当すると考えられ，当該成果が上がった日を報酬の支払期日の起算日とすることが可能となる（政省令等パブコメ回答2-2-8～10）。

　成果が上がった日を報酬の支払期日の起算日とする関係で，「成果」の内容自体は3条通知の特定受託事業者から提供されるべき役務の内容として明確にする必要がある。例えば，販売委託等の業務委託においては，提供されるべき役務の内容として，「顧客への営業活動」だけでは不十分であり，「契約の締結」や「顧客からの代金の受領」といった具体的な成果の内容まで記載する必要があると考えられる。さらに，支払期日の記載も，具体的な起算日から「●日後」（例えば，「顧客からの代金の入金から30日後」など）といった記載をする必要がある。

　なお，このような場合には，成果を上げるために必要となる業務のコスト等

112 第2章 特定受託事業者に係る取引の適正化

も考慮して，包括的に委託している役務に対する報酬の額を定める必要がある（政省令等パブコメ回答2-2-8～10）。

2　再委託の場合における支払期日の設定の例外

　元委託者から受けた業務の全部又は一部を特定受託事業者に再委託する場合，3条通知において，以下の事項を明示することにより，再委託に係る報酬の支払期日を元委託支払期日から起算して30日の期間内において，かつ，できる限り短い期間内において定めることができる。

---

① 再委託である旨
② 元委託者の商号，氏名若しくは名称又は事業者別に付された番号，記号その他の符号であって元委託者を識別できるもの[32]
③ 元委託業務の対価の支払期日

　この規定は，あくまでも再委託の場合に本条1項の規定にかかわらず，特別な支払期日の設定を認めるものであることから，再委託の場合に必ず上記3つの事項を明示しなければならないわけではなく，再委託の例外を適用した支払期日を定める必要がある場合において，3条通知において明示すれば足りる。

　再委託の例外における支払期日は，実際に元委託者から報酬が支払われた日ではなく，元委託者と特定業務委託事業者との間で定められた対価の支払期日を起算日として考えることになる。そのため，特定業務委託事業者としては，元委託者から元委託支払期日よりも早く報酬が支払われたとしても，特定受託事業者との間で定めた支払期日までに報酬を支払えばよい。逆に，元委託者から元委託支払期日において対価の支払がなされなかった場合でも，特定業務委託事業者は特定受託事業者との間で定めた支払期日までに報酬を支払わなければならない。

---

[32] なお，営業秘密の観点等から，特定業務委託事業者が，元委託者の情報を特定受託事業者に示すことを望まない場合には，再委託の場合における支払期日の例外の規定の適用を受けないという対応を取るか，又は，当該規定の適用を受けることとした上で，当事者間で秘密保持契約を締結するという対応などが考えられる（政省令等パブコメ回答2-2-18）。

第4条（報酬の支払期日等）　113

　したがって，特定業務委託事業者としては，あくまでも元委託業務の対価の支払期日をベースとして，再委託の場合の支払期日管理を行うこととなる。

3　支払期日を定める義務・報酬の期日内の支払義務を遵守する体制整備

　支払期日を定める義務については，3条通知の義務を遵守する観点からも3条通知のひな形において，支払期日の記載欄を設けるとともに，給付を受領した日（役務の提供を受けた日）から60日以内に設定する必要がある旨の注意書きをするなどして，支払期日が適切に定められるようにすべきである。特に，前記1のとおり金融機関の休業日における合意内容や締切制度の内容によっては，制度上，支払遅延を生じる可能性もあるため留意する必要がある。また，再委託を行った場合の支払期日も通常の場合と異なるため，前記2のとおり，この場合の支払期日の管理も必要となる。そのため，下請法に関する対応を実施している事業者であったとしても，これらの内容によって支払遅延が発生する可能性がないか，改めて検証する必要がある。

　加えて，特定業務委託事業者においては，社内の体制として，支払期日までに支払が完了するようシステム化してしまうことが望ましく，また，特定受託事業者に対する請求書発行依頼，特定受託事業者から請求書が発行されていない場合の対応方法など，画一化して対応できるようマニュアル化しておくことも有用である。

（特定業務委託事業者の遵守事項）

第五条　特定業務委託事業者は，特定受託事業者に対し業務委託（政令で定める期間以上の期間行うもの（当該業務委託に係る契約の更新により当該政令で定める期間以上継続して行うこととなるものを含む。）に限る。以下この条において同じ。）をした場合は，次に掲げる行為（第二条第三項第二号に該当する業務委託をした場合にあっては，第一号及び第三号に掲げる行為を除く。）をしてはならない。

一　特定受託事業者の責めに帰すべき事由がないのに，特定受託事業者の給付の受領を拒むこと。

二　特定受託事業者の責めに帰すべき事由がないのに，報酬の額を減ずること。

三　特定受託事業者の責めに帰すべき事由がないのに，特定受託事業者の給付を受領した後，特定受託事業者にその給付に係る物を引き取らせること。

四　特定受託事業者の給付の内容と同種又は類似の内容の給付に対し通常支払われる対価に比し著しく低い報酬の額を不当に定めること。

五　特定受託事業者の給付の内容を均質にし，又はその改善を図るため必要がある場合その他正当な理由がある場合を除き，自己の指定する物を強制して購入させ，又は役務を強制して利用させること。

2　特定業務委託事業者は，特定受託事業者に対し業務委託をした場合は，次に掲げる行為をすることによって，特定受託事業者の利益を不当に害してはならない。

一　自己のために金銭，役務その他の経済上の利益を提供させること。

二　特定受託事業者の責めに帰すべき事由がないのに，特定受託事業者の給付の内容を変更させ，又は特定受託事業者の給付を受領した後（第二条第三項第二号に該当する業務委託をした場合にあっては，特定受託事業者から当該役務の提供を受けた後）に給付をやり直させること。

第1 本条の趣旨

　本条は，特定業務委託事業者が，特定受託事業者に対し，継続的な業務委託（政令で定める期間以上（1か月以上）の期間行うもの（契約の更新により当該期間（1か月）以上継続して行うこととなるものを含む））をする場合において，特定受託事業者の特定業務受託事業者に対する一定の経済的依存・従属関係が生じていることを背景として行われ得る行為のうち，取引適正化の観点から禁止すべき事項を定めるものである。

第2 条文解説

1 全体像

(1) 特定業務委託事業者の遵守事項

　本条の対象となる業務委託を行った特定業務委託事業者の遵守事項として，次の7項目の禁止行為が定められている。

禁止行為	概要	本条	下請法
受領拒否の禁止	発注した物品等の受領を拒否すること	5条1項1号	4条1項1号
減額	あらかじめ定めた報酬を減額すること	5条1項2号	4条1項3号
返品	受け取った物を返品すること	5条1項3号	4条1項4号
買いたたき	類似品等の価格又は市価に比べて著しく低い報酬を不当に定めること	5条1項4号	4条1項5号

購入・利用強制	特定業務委託事業者が指定する物・役務を強制的に購入・利用させること	5条1項5号	4条1項6号
不当な経済上の利益の提供要請	特定受託事業者から金銭，労務の提供等をさせること	5条2項1号	4条2項3号
不当な給付内容の変更及びやり直し	費用を負担せずに注文内容を変更し，又は受領後にやり直しをさせること	5条2項2号	4条2項4号

　上記の表のとおり，本条に規定する禁止行為は，一部を除き[33]，下請法に準じて規定されている[34]。たとえ特定受託事業者の了解を得ていても，また，特定業務委託事業者に違法性の意識がなくても，これらの禁止行為を行ったときは，本法に違反することになる (解釈ガイドライン第2部第2の2(2))。なお，本条は，特定受託事業者と特定業務委託事業者との間の交渉力の格差に着目した規制であることから，法4条と同様に，その規制対象は，特定業務委託事業者とされている[35]。

(2)　本条に違反する合意の私法上の効力

　本条に違反する合意は，下請法と同様，直ちに無効となるものではなく，不当性が強い場合に限り無効と評価されるものと解される。すなわち，本条に違反する合意の私法上の効力が直ちに否定されるわけではない。

---

[33]　下請法で遵守事項とする支払遅延（下請法4条1項2号），報復措置（同項7号），有償支給材の早期決裁（同条2項1号）及び割引困難手形（同項2号）については，本条では規定されていない。もっとも，下請法4条1項2号の支払遅延との関係では，法4条5項において，支払期日までに報酬を支払う義務を課している。また，下請法4条1項7号の報復措置との関係では，法6条3項において，特定受託事業者が法2章に違反する事実を公正取引委員会又は中小企業庁長官に申し出たこと等を理由として不利益な取り扱いをすることを禁止している。

[34]　一方で，本法は，下請法と異なり，①委託に係る契約の当事者が下請関係にないものも含めて事業のために行う委託を広く対象とする点，②下請法のような資本金基準を設けていない点において，下請法よりも広範囲の取引を対象としている。

[35]　これに対して，法3条に規定される3条通知は，業務委託事業者と特定受託事業者との間の取引上のトラブルを回避するために広く業務委託事業者に向けられた規制である。

第5条（特定業務委託事業者の遵守事項）　117

　例えば，下請法4条1項3号（減額の禁止）に違反する合意を認定しつつ，「本件合意は，同号違反をもって直ちに無効となるのではなく，同号の趣旨に鑑み，不当性の強い場合に限り，公序良俗に反して無効となると解するのが相当」とし，かかる合意がなされた経緯等を認定した上で，当該合意について「不当性が強く，公序良俗に反して無効とまではいうことができない」と判示した裁判例がある[36]。

2　「政令で定める期間以上の期間行うもの」（法5条1項柱書）

(1)　「政令で定める期間」

　「政令で定める期間」は，1か月である（法施行令1条）[37]。

◆法施行令

> （法第五条第一項の政令で定める期間）
> 第一条　特定受託事業者に係る取引の適正化等に関する法律（以下「法」という。）第五条第一項の政令で定める期間は，一月とする。

(2)　期間の始期と終期

　期間の始期と終期は，㋐単一の業務委託又は基本契約による場合，㋑契約の

36　東京地判令和4年12月23日判時2577号72頁
37　「政令で定める期間」が1か月と設定された理由は，「特定受託事業者に係る取引の適正化に関する検討会」において，①「フリーランスの業務及び就業環境に関する実態調査」（令和5年12月公正取引委員会・厚生労働省）の結果を踏まえれば，本法の未然防止効果を広く及ぼすためには，法5条の規定の対象となる業務委託の期間は1か月とすることが妥当，②同様の規定内容を有する下請法には期間に関する規定がないことを踏まえれば本法において当該期間を長く設定する必要はない，③個人であるフリーランスにとって報酬は生活の原資であり1か月の業務委託であっても報酬の減額等が行われる影響は大きいため，当該期間は1か月とすべき，④法5条の報酬の減額や買いたたき等を禁止する規律は，特定業務委託事業者が当然に遵守すべきものであって，当該期間を長く設定し対象となる取引を限定する積極的な理由はないという意見があった一方，⑤発注者となる小規模事業者に混乱が生じるおそれがあるため，まずはより長期の期間を設定し，運用を踏まえつつ1か月に短縮するというソフトランディングを目指すべき，⑥本法の立法時には3か月から6か月を念頭に置いていたのではないかなどの意見もあったことを踏まえたものである（政省令等パブコメ回答2-3-1・2）。

118 第2章 特定受託事業者に係る取引の適正化

更新により継続して行うこととなる場合によって異なる（解釈ガイドライン第2部第2の2(1)）。

なお，特定業務委託事業者が特定受託事業者に業務委託を行ってから1か月以上の期間を経過した業務委託のみならず，1か月以上の期間行うことを予定している業務委託や，契約の更新により通算して1か月以上継続して行うこととなる予定の業務委託も，本条の対象となることに留意が必要である（解釈ガイドライン第2部第2の2(1)）。

また，期間の計算については，初日を算入する（解釈ガイドライン第2部第2の2(1)）[38]。

ア 単一の業務委託又は基本契約による場合

特定業務委託事業者が，特定受託事業者に対して行う単一の業務委託が1か月以上の期間である場合には，当該業務委託は本条の対象となる（解釈ガイドライン第2部第2の2(1)ア）。

また，特定業務委託事業者が，特定受託事業者との間で，業務委託に係る給付に関する基本的な事項についての契約（以下「**基本契約**」という）[39]を締結する場合には，当該基本契約が1か月以上の期間であれば，当該基本契約に基づき行われる業務委託は本条の対象となる（解釈ガイドライン第2部第2の2(1)ア）。

なお，業務委託に係る契約又は基本契約において，これらの契約が終了する日を定めなかった場合は，いずれも1か月以上の期間であるものとする（解釈ガイドライン第2部第2の2(1)ア）。

(ア) 始期

単一の業務委託又は基本契約による場合における期間の始期は，次の日のい

---

38 民法の初日不算入の原則（民法140条）を採用していないことには留意が必要である。

39 基本契約といえるためには，特定業務委託事業者と特定受託事業者との間で，当該基本契約に基づき行うことが予定される業務委託の給付の内容について，少なくともその概要が定められている必要がある（解釈ガイドライン第2部第2の2（1）ア(ア)）。守秘義務のみである等，給付の内容に言及されていないものは，基本契約に当たらない（政省令等パブコメ回答2-3-9・10）。なお，名称は問わず，また契約書という形式である必要はない（解釈ガイドライン第2部第2の2(1)ア(ア)）。

第5条（特定業務委託事業者の遵守事項） 119

ずれか早い日である（解釈ガイドライン第2部第2の2(1)ア(ア)）[40]。

---

① 業務委託に係る契約を締結した日（3条通知により明示する「業務委託をした日」）

② 基本契約を締結する場合には，基本契約を締結した日

(イ) 終期

単一の業務委託又は基本契約による場合における期間の終期は，業務委託に係る契約が終了する日又は基本契約が終了する日のいずれか遅い日であり，具体的には次の日のいずれか遅い日である（解釈ガイドライン第2部第2の2(1)ア(イ)）[41]。

---

① 3条通知により明示する「特定受託事業者の給付を受領し，又は役務の提供を受ける期日」（ただし，期間を定めるものにあっては，当該期間の最終日）

② 特定業務委託事業者と特定受託事業者との間で，別途当該業務委託に係る契約の終了する日を定めた場合には同日

③ 基本契約を締結する場合には，当該基本契約が終了する日

なお，実際に給付を受領した日が，3条通知により明示する期日等よりも前倒し又は後ろ倒しとなることがあるが，これによって終期は変動しない（解釈ガイドライン第2部第2の2(1)ア(イ)）[42]。

---

40 業務の開始日よりも前に業務委託に係る契約を締結した場合であっても，契約が開始すれば特定業務委託事業者と特定受託事業者に一定の経済的依存・従属関係が生じ得ると考えられるため，特定業務委託事業者と特定受託事業者との間で，別途当該業務委託に係る業務の開始日を定めた場合であっても，「政令で定める期間」の算定にあたっての始期は，あくまで①②のいずれか早い方となる（政省令等パブコメ回答2-3-16・17）。

41 例えば，特定業務委託事業者が，特定受託事業者に対して，給付を受領する期日について業務委託をした日から20日後，給付に係る検査期間を14日間，当該検査期間終了日を当該業務委託に係る契約の終了する日とする業務委託を行い，3条通知による明示した場合，業務委託の期間の計算に当たっての「終期」は，（最も遅い）業務委託に係る契約の終了する日となり，1か月以上の期間行う業務委託に当たる（Q&A問62回答）。

120 第2章 特定受託事業者に係る取引の適正化

イ 契約の更新により継続して行うこととなる場合

特定業務委託事業者が，特定受託事業者に対して複数の業務委託を連続して行うことが，契約の更新により継続して行うこととなる場合に該当し，業務委託を通算して1か月以上継続して行うこととなるときには，更新後の業務委託は本条の対象となる（解釈ガイドライン第2部第2の2⑴イ）。

また，特定業務委託事業者が，特定受託事業者との間で基本契約を締結する場合であって，契約の更新により継続して行うこととなる場合に該当し，通算して1か月以上継続して行うこととなるときには，それ以降当該基本契約（当該基本契約が更新された契約を含む）に基づき締結される業務委託は，本条の対象となる（解釈ガイドライン第2部第2の2⑴イ）。

㈠ 「契約の更新により継続して行うこととなる」の意義

業務委託に係る「契約の更新により継続して行うこととなる」とは，業務委託に係る前後の契約が，①契約の当事者が同一であり，その給付又は役務の提供の内容が少なくとも一定程度の同一性を有し（**同一性要件**），かつ，②前の業務委託に係る契約又は基本契約が終了した日の翌日から，次の業務委託に係る契約又は基本契約を締結した日の前日までの期間（以下「**空白期間**」という）の日数が1か月未満であるもの（**空白期間要件**）をいう（解釈ガイドライン第2部第2の2⑴イ㈠）。

上記①の同一性要件について，「契約の当事者が同一である」とは，前の業務委託と次の業務委託の契約の当事者が同一[43]であることをいう（解釈ガイドライン第2部第2の2⑴イ㈠）。また，「給付又は役務の提供の内容が少なくとも一

42　特定業務委託事業者が，特定受託事業者に対して，給付を受領する期日について業務委託をした日から25日後とする業務委託を行い，3条通知による明示をした場合において，特定受託事業者のミスで作業が遅れた結果，給付を受領した日が業務委託をした日から35日後になったとしても，業務委託の期間の計算に当たっての終期は，3条通知により明示されていた「給付を受領する期日」となるため，当該業務委託は「1か月以上の期間行う業務委託」には該当しない（Q&A問61回答）。

43　業務委託に係る前後の「契約の当事者が同一」であるかは，契約の当事者が法人である場合には，法人単位で判断するため，例えば，A社とA社のグループ会社であるB社は同一の法人ではないため，業務委託に係る前後の契約の当事者は「同一」とはいえない（Q&A問64回答）。また，A社とB社の業務委託の時期が近接していたとしても，そのことで「契約の更新により継続して行うこととなる」わけではない（Q&A問64回答）。

定程度の同一性を有する」かは，機能，効用，態様等を考慮要素として判断する（解釈ガイドライン第2部第2の2(1)イ(ア)）。この判断の際には，原則として「日本標準産業分類」[44]の小分類（3桁分類）を参照し，前後の業務委託に係る給付等の内容が同一の分類に属するか否かで判断するが[45]，例えば，当事者間のこれまでの契約や当該特定業務委託事業者における同種の業務委託に係る契約の状況等に鑑み，通常，前後の業務委託は一体のものとしてされている状況があるなど，同一性の判断にあたって「日本標準産業分類」の小分類（3桁分類）を基準とすることが適当ではないと考えられる事情がある場合には，機能，効用，態様等の考慮要素から，個別に判断することが必要になると解されている（解釈ガイドライン第2部第2の2(1)イ(ア)）[46]。一定程度の同一性を有すると考えられる例としては，例えば，次の事例が挙げられる（Q&A 問66回答）。

- ・レコード会社がフリーランスに歌手Ａの楽曲Ｘの編曲を委託し，その後，歌手Ｂの楽曲Ｙの編曲を委託する（日本標準産業分類では，いずれも「412 音声情報制作業」に該当すると考えられる）。
- ・宿泊サービス会社がフリーランスにサーバーの設計を委託し，完成後，改めてそのサーバーの運用・保守を委託する（日本標準産業分類では，いずれも「401 インターネット附随サービス業」に該当すると考えられる）。

44　日本標準産業分類は総務省ホームページにおいて公開されている。

45　前後の業務委託に係る契約において，給付等の内容の一部のみが同じである場合であっても，給付等の内容の同一性の判断に当たっては，原則として日本標準産業分類の小分類（3桁分類）を参照する。したがって，前後の業務委託に係る契約について，その一部が同じ小分類に該当する場合には一定程度の同一性を有すると考えることとなる（Q&A 問67回答）。例えば，不動産会社がフリーランスにデータベースの設計及びサーバーの運用・保守を委託し，契約終了後，改めてサーバーの運用・保守のみを委託する場合は，日本標準産業分類では，前の業務委託は「391 ソフトウェア業」及び「401 インターネット附随サービス業」，後の業務委託は「401 インターネット附随サービス業」に該当するため，一定程度の同一性を有すると考えられる（Q&A 問67回答）。

46　例えば，居宅について，大工工事の業務委託をし，その後当該居宅に関する内装工事を追加で発注する場合等が挙げられる（Q&A 問68回答）。大工工事は「071　大工工事業」に，内装工事は「078　床・内装工事業」に該当すると考えられるが，同一の居宅について，先に大工工事について業務委託を行い，後で内装工事について業務委託を行うといった状況がある場合には，前後の業務委託は一体のものとしてなされているといえる（Q&A 問68回答）。

122 第2章 特定受託事業者に係る取引の適正化

- ・工務店がフリーランスに対し，現場Aのとび工事について委託し，その後，別の現場Bの土工工事について委託する（日本標準産業分類では，いずれも「072 とび・土工・コンクリート工事業」に該当すると考えられる）。
- ・人材派遣会社がフリーランスに対し，給与計算・経理業務を委託し，契約期間終了後に，総務業務を委託する（日本標準産業分類では，いずれも「920 管理，補助的経済活動を行う事業所」に該当すると考えられる）。
- ・小売業者がフリーランスに対し，経営コンサルタントとしての業務を委託し，契約終了後に，人事コンサルタントとしての業務を委託する（日本標準産業分類では，いずれも「728 経営コンサルタント業，純粋持株会社」に該当すると考えられる）。

　上記②の空白期間要件[47]について，「前の業務委託に係る契約又は基本契約が終了した日」とは，単一の業務委託又は基本契約による場合における終期をいう（解釈ガイドライン第2部第2の2(1)イ(ア)）。ただし，3条通知により明示する「特定受託事業者の給付を受領し，又は役務の提供を受ける期日」（期間を定めるものにあっては，当該期間の最終日）よりも，実際には遅く給付を受領した場合には，同日と業務委託に係る契約又は基本契約の終了する日のいずれか遅い日をいう（解釈ガイドライン第2部第2の2(1)イ(ア)）[48]。「次の業務委託に係る契約又は基本契約を締結した日」とは，単一の業務委託又は基本契約による場合における始期である（解釈ガイドライン第2部第2の2(1)イ(ア)）。なお，空白期間の算

---

[47] 本条は，特定業務委託事業者が，特定受託事業者との間で継続的な取引関係があり，一定の経済的依存・従属関係が生じていることを背景として行う可能性のある行為のうち，取引適正化の観点から禁止すべきものを定めているところ，他法令の運用も参考にし，空白期間（前の業務委託に係る契約又は基本契約が終了した日の翌日から，次の業務委託に係る契約又は基本契約を締結した日の前日までの期間）が1か月未満である場合には，取引関係の継続性が認められ，当事者間で一定の経済的依存・従属関係が継続すると考えられることから，空白期間が「1か月未満」であれば，「契約の更新により継続して行うこととなる」場合に該当し得ることとしている（政省令等パブコメ回答2-3-28）。

[48] そのため，例えば，特定業務委託事業者が，特定受託事業者に対して，4月1日から6月10日までを契約期間とする1回目の業務委託をし，実際には6月15日に給付を受領した後，新たに6月21日から10月31日までを契約期間とする2回目の業務委託をした場合，空白期間は，6月16日（実際に給付を受領した日である6月15日の翌日）から，6月20日（次の業務委託に係る契約を締結した日の前日）までの5日間となる（Q&A問70回答）。

定においては，当該期間の初日（前の業務委託に係る契約又は基本契約が終了した日の翌日）から起算して翌月の応当日（翌月の同日（翌月に応当日がない場合は翌月末日））の前日をもって「1か月」とすることと解されており，具体例は次のとおりである（Q&A 問69回答）。

- 前の業務委託の終期が12月31日の場合，空白期間の始期は1月1日となるので，1月31日までの期間をもって「1か月」となる。そのため，次の業務委託の始期が同日（空白期間の終期が1月30日）までであれば空白期間が「1か月未満」となる。
- 前の業務委託の終期が5月15日の場合，空白期間の始期は5月16日となるので，6月15日までの期間をもって「1か月」となる。そのため，次の業務委託の始期が同日（空白期間の終期が6月14日）までであれば空白期間が「1か月未満」となる。
- 前の業務委託の終期が8月30日の場合，空白期間の始期は8月31日となるので，9月30日までの期間をもって「1か月」となる。そのため，次の業務委託の始期が同日（空白期間の終期が9月29日）までであれば空白期間が「1か月未満」となる。

(イ) 始期及び終期

契約の更新により継続して行うこととなる場合における期間の始期及び終期は，単一の業務委託又は基本契約による場合と同様である（解釈ガイドライン第2部第2の2(1)イ(イ)）。なお，その際は，空白期間も含めて，最初の業務委託又は基本契約の始期から最後の業務委託又は基本契約の終期までを算定する（Q&A 問71回答）[49]。

---

[49] なお，本法は，業務委託をすることについて本法施行後に合意をした業務委託に適用されるものであり，本法施行前に合意をした業務委託は，本法施行後に給付を受領し，又は役務の提供を受ける場合であっても，本法の適用はないこと（Q&A 問33回答，政省令等パブコメ回答4-14〜18）を踏まえると，本法施行前に合意した業務委託の期間は算入されないと解される。

【業務委託の期間と始期・終期のイメージ図】

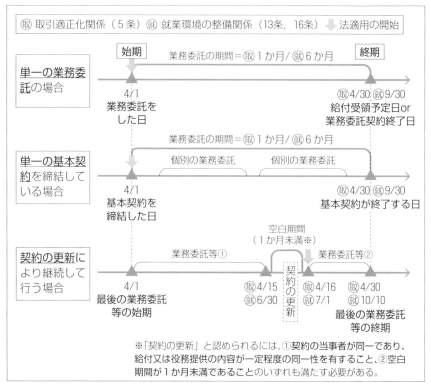

〈出典〉内閣官房新しい資本主義実現本部事務局・公正取引委員会・中小企業庁・厚生労働省「特定受託事業者に係る取引の適正化等に関する法律（フリーランス・事業者間取引適正化等法）【令和6年11月1日施行】説明資料」（令和6年7月3日更新）7頁をもとに編著者作成

(3) まとめ

　以上をまとめると，本条の対象となる継続的な業務委託とは，「1か月以上の期間行う業務委託」又は「当該業務委託に係る契約の更新により1か月以上の期間継続して行うこととなる業務委託（①契約の当事者が同一であり，その給付又は役務の提供の内容が少なくとも一定程度の同一性を有し，かつ，②前

の業務委託に係る契約又は基本契約が終了した日の翌日から，次の業務委託に係る契約又は基本契約を締結した日の前日までの期間の日数が1か月未満であるものに限る。)」をいうこととなる。

【業務委託の期間と始期・終期の考え方】

ケース	始期	終期
単一の業務委託の場合	3条通知の「業務委託をした日」	以下のいずれか遅い日 ①法3条に基づき明示する「給付受領・役務提供予定日」 ②業務委託に係る契約の終了日
単一の基本契約を締結している場合	基本契約を締結した日	基本契約が終了する日
契約の更新により継続して行う場合	最初の業務委託又は基本契約の始期	最後の業務委託又は基本契約の終期

※基本契約を締結している場合であっても，例えば，「基本契約が終了する日」よりも後に「個別の業務委託の給付に係る受領予定日」が設定されている場合には，後者が終期になる。

3　受領拒否の禁止（法5条1項1号）

　法5条1項1号で禁止されている受領拒否とは，「特定受託事業者の責めに帰すべき事由がないのに，特定受託事業者の給付の受領を拒むこと」をいう[50]。

(1)　「給付の受領」

　「給付の受領」の考え方は，報酬の支払期日の設定（法4条）における考え方

50　役務の提供委託では，原則として受領という概念はないため，役務の提供委託については本号の対象とはならないが，給付の目的物が存在する役務の提供委託において，特定業務委託事業者が当該目的物を受け取らなかった場合には，不当な給付内容の変更及び不当なやり直し（法5条2項2号）に該当する場合がある（解釈ガイドライン第2部第2の2(2)ア）。また，役務の提供委託であっても，特定受託事業者の責めに帰すべき事由がないのに一方的に業務委託を取り消し，特定受託事業者が要した費用を特定業務委託事業者が負担しないことにより特定受託事業者の利益を不当に害したといえる場合には，不当な給付内容の変更として，本法上問題となる（Q&A 問73回答）。

126　第2章　特定受託事業者に係る取引の適正化

と同様であり（解釈ガイドライン第2部第2の2⑵ア⑺），特定受託事業者の給付の
目的物たる物品の内容について検査をするかを問わず，特定業務委託事業者が
特定受託事業者の給付の目的物たる物品を受け取り，自己の占有下に置いた日
をいう。「自己の占有下に置」くとは，例えば，特定業務委託事業者が特定受
託事業者から給付の目的物を受け取る，特定業務委託事業者の指定する場所に
目的物が納付されるなどにより，特定業務委託事業者が給付の目的物を占有す
ることとなることをいう（政省令等パブコメ回答2-2-1）。

⑵　「受領を拒む」

「受領を拒む」とは，特定受託事業者の給付の全部又は一部を納期に受け取
らないことをいい，次の行為も原則として含まれる（解釈ガイドライン第2部第2
の2⑵ア⑷，Q&A問58回答）[51]。

---

①　業務委託を取り消すこと（契約の解除）により，特定受託事業者の給付の全
　部又は一部を業務委託時に定められた納期に受け取らないこと
②　納期を延期することにより，特定受託事業者の給付の全部又は一部を業務委
　託時に定められた納期に受け取らないこと

⑶　「特定受託事業者の責めに帰すべき事由」

「特定受託事業者の責めに帰すべき事由」があるとして，特定受託事業者の
給付の受領を拒むことが認められるのは，次の場合に限られる（解釈ガイドライ
ン第2部第2の2⑵ア⑼）。

51　受注事業者が，正式に業務委託を受ける前に，見込みで物品を製造し又は情報成果物を作成して
　しまった場合，物品又は情報成果物の受領を拒んでも直ちに問題となるわけではないが，実際には
　正式な業務委託を行っているにもかかわらず，3条通知を行わずに，口頭で業務委託を行い，特定
　受託事業者に作成させた給付の受領を拒むことは，3条通知による明示義務違反となるほか，受領
　拒否として本法上問題となるおそれがある（Q&A問72回答）。

① 特定受託事業者の給付の内容が委託内容と適合しないこと等がある場合。

　なお，次のような場合には，委託内容と適合しないこと等があることを「特定受託事業者の責めに帰すべき事由」として，受領を拒むことは認められない。

・3条通知に委託内容が明確に記載されておらず，又は検査基準が明確でない等のため，特定受託事業者の給付の内容が委託内容と適合しないことが明らかでない場合

・業務委託後に検査基準を恣意的に厳しくすることにより，委託内容と適合しないとして，従来の検査基準であれば合格とされたものを不合格とする場合

・取引の過程において，委託内容について特定受託事業者が提案し，確認を求めたところ，特定業務委託事業者が了承したので，特定受託事業者が当該内容に基づき製造等を行ったにもかかわらず，給付の内容が委託内容と適合しないとする場合

② 特定受託事業者の給付が3条通知に記載された納期までに行われなかったため，給付そのものが不要になった場合。

　なお，次のような場合には，納期遅れを理由として受領を拒むことは認められない。

・3条通知に納期が明確に記載されていない等のため，納期遅れであることが明らかでない場合

・納期が特定受託事業者の事情を考慮せずに一方的に決定されたものである場合

4　報酬の減額の禁止（法5条1項2号）

　法5条1項2号で禁止されている報酬の減額とは，「特定受託事業者の責めに帰すべき事由がないのに，業務委託時に定めた報酬の額を減ずること」をいう。

　減額の名目[52]，方法，金額の多寡を問わず，業務委託後いつの時点で減じても本法違反となる（解釈ガイドライン第2部第2の2(2)イ，Q&A問58回答）。

128　第2章　特定受託事業者に係る取引の適正化

　また，仮に特定業務委託事業者と特定受託事業者との間で報酬の減額等についてあらかじめ合意[53]があったとしても，特定受託事業者の責めに帰すべき事由なく報酬の額を減ずる場合には，本法違反となる（解釈ガイドライン第2部第2の2(2)イ）。

(1)　「報酬の額を減ずること」

　「報酬の額を減ずること」とは，いったん決定された報酬の額を事後に減ずることをいう（解釈ガイドライン第2部第2の2(2)イ(ア)）[54]。報酬から減ずる金額を差し引く方法のほか，特定受託事業者から特定業務委託事業者の金融機関口座へ減ずる金額相当額を振り込ませる方法等も含まれる（解釈ガイドライン第2部第2の2(2)イ(ア)）。

　ア　「報酬の額を減ずること」に該当する具体例

　例えば，次のような場合は，「報酬の額を減ずること」に該当する（解釈ガイドライン第2部第2の2(2)イ(イ)）。

52　下請法において，これまでに違反とされたことのある減額の名目は，「歩引き」「仕入歩引」「不良品歩引き」「分引き」「リベート」「基本割戻金」「協定販売促進費」「特別価格協力金」「販売奨励金」「販売協力金」「一時金」「オープン新店」「協賛金」「決算」「協力金」「協力費」「値引き」「協力値引き」「協賛店値引」「一括値引き」「原価低減」「コストダウン協力金」「支払手数料」「手数料」「本部手数料」「管理料」「物流及び情報システム使用料」「物流手数料」「センターフィー」「品質管理指導料」「年間」「割引料」「金利」等，多様である（講習会テキスト53頁）。また，下請法の場合と同様，業界で慣行として行われていることであっても，差し引く名目にかかわらず，発注時に決定した報酬の額を発注後に減ずることは本法違反となると解される（講習会テキスト55頁参照）。

53　なお，「特定業務委託事業者と特定受託事業者との間で報酬の減額等についてあらかじめ合意があった」とは，報酬の額を減ずる前に，減ずることについてあらかじめ合意があった場合を意味し，当該合意が給付の後に行われた場合を含むとされている（政省令等パブコメ回答2-3-31）。

54　報酬額が稼働時間当たりの単価を決めて合意されており，稼働時間が何時間であるのかについて特定業務委託事業者の確認や承認が必要であるとしている場合（その結果，客観的な稼働時間に比して，実際の報酬が少なくなる場合）において，そのことが報酬の減額（法5条1項2号）として本法上問題となるかについては個別の事例ごとに判断される（政省令等パブコメ回答2-3-36）。なお，本法は客観的な稼働時間の記録の改ざんを防止する措置までを求めるものではないとされている（政省令等パブコメ回答2-3-36）。

① 特定受託事業者との間で単価の引下げについて合意して単価改定した場合に，単価引下げの合意日前に旧単価で発注したものについても新単価を遡及適用し，旧単価と新単価との差額を報酬の額から差し引くこと[55]

② 消費税・地方消費税額相当分を支払わないこと

③ 特定受託事業者と書面又は電磁的方法で合意することなく，報酬を特定受託事業者の金融機関口座へ振り込む際の手数料を特定受託事業者に負担させ，報酬の額から差し引くこと

④ 報酬を特定受託事業者の金融機関口座に振り込む際の手数料を特定受託事業者に負担させることを書面又は電磁的方法で合意している場合に，金融機関に支払う実費を超えた振込手数料の額を報酬の額から差し引くこと

⑤ 特定業務委託事業者からの作成に必要な原材料等の支給の遅れ又は無理な納期指定によって生じた納期遅れ等を特定受託事業者の責任によるものとして，納期遅れによる商品価値の低下分とする額を報酬の額から差し引くこと

⑥ 報酬の支払に際し，端数が生じた場合，端数を1円以上切り捨てて支払うこと[56]

⑦ 特定業務委託事業者の客先からのキャンセル，市況変化等により不要品となったことを理由に，不要品の対価に相当する額を報酬の額から差し引くこと

⑧ 単価の引下げ要求に応じない特定受託事業者に，あらかじめ定められた一定の割合又は一定額を報酬の額から差し引くこと

⑨ 報酬の総額はそのままにしておいて，発注数量を増加させること

⑩ 特定業務委託事業者が，特定受託事業者が業務委託に係る業務の遂行に要する費用等を特定業務委託事業者が自ら負担する旨を明示していた場合に，当該

---

[55] 個々の業務委託に共通して適用する報酬の算定方法を定めている場合において，既に従来の算定方法に基づき報酬の額を定めていた業務委託について，報酬の算定方法を変更して変更後の算定方法を用いて引き下げた報酬の額のみを支払うことは，報酬の減額として問題となる（Q&A 問74回答）。一方，個々の業務委託に共通して適用する報酬の算定方法を先に変更することにより，変更後に行う業務委託について，報酬の額が従来の報酬の額よりも低い額となることは，報酬の減額に該当するものではないが，算定方法の変更により引き下げる報酬の額によっては，買いたたき（法5条1項4号）として本法上問題となるおそれがある（Q&A 問74回答）。

[56] 報酬の算定方法が複数の計算式から成る場合，算出した金額の合計額について，1円未満の端数の処理をすることは問題ないが，計算過程で生じた端数を切り捨てていった結果，1円を超える場合には報酬の減額（法5条1項2号）として本法上問題となる（Q&A 問76回答）。

130　第2章　特定受託事業者に係る取引の適正化

　費用等相当額を支払わないこと

⑪　特定業務委託事業者が特定受託事業者に対して元委託業務の一部を再委託した場合において，特定業務委託事業者と特定受託事業者の間で，元委託業務の実施にあたり特定業務委託事業者が締結した保険契約の保険料の一部を特定受託事業者が負担する旨の取決めを行っていなかったにもかかわらず，特定業務委託事業者が当該保険料の一部相当額を報酬の額から差し引くこと

⑫　特定業務委託事業者と特定受託事業者の間で，業務委託に係る契約の更新は義務となっておらず，かつ，契約の更新を行わなかった際には違約金等が発生する旨の合意がなされていなかったにもかかわらず，特定業務委託事業者が特定受託事業者に契約の更新を求め，特定受託事業者がこれを拒んだところ，報酬の額から違約金等の名目で一定の割合又は一定額を報酬の額から差し引くこと[57][58]

イ　振込手数料の負担

　業務委託前に，書面又は電磁的方法で，報酬を特定受託事業者の金融機関口座に振り込む際の振込手数料を特定受託事業者が負担することについて合意しており，特定業務委託事業者が報酬を振り込む際に金融機関に支払う実費の範囲内で当該手数料を差し引いて報酬を支払う場合には，「報酬の額を減ずるこ

---

[57]　なお，特定業務委託事業者と特定受託事業者との間で，業務委託を行うに当たって，違約金等の条項が明示的に定められている場合，特定受託事業者に違約金等を支払わせることが報酬の減額（法5条1項2号）として本法上問題となるかは，契約，取引の実態や特定受託事業者の責めに帰すべき事由がないかなど，個別の事例ごとに判断される（政省令等パブコメ回答2-3-33）。

[58]　一般論として，長期の継続的契約の締結を目的とする業務の委託を行う場合において，受託者に対して，長期の契約継続が見込める顧客との契約の締結を促す観点から，契約から一定の期間内に当該契約が解除された場合には，委託契約において，既払いの報酬を戻入れすることを定めることがあるところ，これが本法上問題となるかは取引の実態も踏まえて個別の事例ごとに判断される。その上で，業務委託時に，特定受託事業者に対し，定められた報酬が戻入の対象であることが明確にされており，その具体的な金額又は算定方法が明示されているときは，戻入をした後の金額が，業務委託時に定めた報酬の額であると考えられるため，特定受託事業者の責めに帰すべき事由の有無を問わず，戻入を行ったとしても，報酬の減額（法5条1項2号）に該当しないと考えられる（政省令等パブコメ回答2-3-34）。ただし，戻入した後の金額が，「特定受託事業者の給付の内容と同種又は類似の内容の給付に対し通常支払われる対価に比し著しく低い」といえる場合には，買いたたき（法5条1項4号）として本法上問題となるおそれがある（政省令等パブコメ回答2-3-34）。

第5条（特定業務委託事業者の遵守事項）　131

と」に該当しない（解釈ガイドライン第2部第2の2(2)イ(ウ)）。

(2)　「特定受託事業者の責めに帰すべき事由」

「特定受託事業者の責めに帰すべき事由」があるとして，報酬の額を減ずることが認められるのは，次の場合に限られる（解釈ガイドライン第2部第2の2(2)イ(エ)）[59]。

---

① 特定受託事業者の責めに帰すべき事由（委託内容と適合しないこと，納期遅れ等）があるとして，受領拒否又は返品することが本法違反とならない場合に，受領拒否又は返品をして，その給付に係る報酬の額を減ずるとき

② 特定受託事業者の責めに帰すべき事由があるとして，受領拒否又は返品することが本法違反とならない場合であって，受領拒否又は返品をせずに，特定業務委託事業者自ら手直しをした場合（役務の提供を委託した場合にあっては，役務の提供を受けた後に自ら手直しをしたとき）に，手直しに要した費用等客観的に相当と認められる額を報酬の額から減ずるとき

③ 特定受託事業者の責めに帰すべき事由があるとして，受領拒否又は返品することが本法違反とならない場合であって，受領拒否又は返品をせずに，委託内容と適合しないこと等又は納期遅れによる商品価値の低下が明らかな場合に，客観的に相当と認められる額を報酬の額から減ずるとき

5　返品の禁止（法5条1項3号）

法5条1項3号で禁止されている返品とは，「特定受託事業者の責めに帰すべき事由がないのに，特定受託事業者の給付を受領した後，特定受託事業者にその給付に係る物を引き取らせること」をいう[60]。

特定業務委託事業者の取引先からのキャンセルや商品の入替え等の名目や数

59　特定業務委託事業者が免税事業者である特定受託事業者に対して，特定受託事業者の責めに帰すべき事由がないのに，業務委託時に定めた報酬の額を減じた場合には，報酬の減額（法5条1項2号）として本法上問題となるところ，特定受託事業者が免税事業者であることは「特定受託事業者の責めに帰すべき事由」には当たらない（政省令等パブコメ回答2-3-40〜42）。

132　第2章　特定受託事業者に係る取引の適正化

量の多寡を問わず，また，仮に特定業務委託事業者と特定受託事業者との間で返品することについて合意があったとしても[61]，特定受託事業者の責めに帰すべき事由なく返品することは，本法違反となる（解釈ガイドライン第2部第2の2(2)ウ）。

⑴　「特定受託事業者の責めに帰すべき事由」

「特定受託事業者の責めに帰すべき事由」があるとして，特定受託事業者の給付を受領した後に特定受託事業者にその給付に係る物を引き取らせることが認められるのは，特定受託事業者の給付の内容に委託内容と適合しないこと等がある場合で，かつ，後記(2)に示した期間内に限られる（解釈ガイドライン第2部第2の2(2)ウ(ア)）。

なお，次のような場合は，委託内容と適合しないことを理由として特定受託事業者にその給付に係る物を引き取らせることは認められない（解釈ガイドライン第2部第2の2(2)ウ(ア)）。

---

① 　3条通知に委託内容が明確に記載されておらず，又は検査基準が明確でない等のため，特定受託事業者の給付の内容が委託内容と適合しないことが明らかでない場合

② 　業務委託後に検査基準を恣意的に厳しくすることにより，委託内容と適合しないとして，従来の検査基準で合格とされたものを不合格とする場合

③ 　給付に係る検査を省略する場合

④ 　給付に係る検査を特定業務委託事業者が行わず，かつ，当該検査を特定受託事業者に書面又は電磁的方法によって委任していない場合[62]

60　役務の提供委託については，本号の対象とはならないが，給付の目的物が存在する役務の提供委託において，特定業務委託事業者が特定受託事業者に当該目的物を引き取らせた場合には，不当な給付内容の変更及び不当なやり直し（法5条2項2号）に該当する場合がある（解釈ガイドライン第2部第2の2(2)ウ）。

61　下請法の場合と同様，将来再び受け取ることを約束して返品したとしても，本法違反となると解される（講習会テキストQ81参照）。

第5条（特定業務委託事業者の遵守事項） 133

⑵　検査と返品することのできる期間

　「特定受託事業者の責めに帰すべき事由」があるとして返品することができる期間について，特定受託事業者の給付の内容に，直ちに発見することができる委託内容と適合しない点がある場合には，受領後速やかに返品することは認められる（解釈ガイドライン第2部第2の2⑵ウ(イ)）。ただし，この場合であっても，特定業務委託事業者が意図的に検査期間を延ばし，その後に返品することは認められない（解釈ガイドライン第2部第2の2⑵ウ(イ)）。

　特定受託事業者の給付の内容に，直ちに発見することができない委託内容と適合しない点がある場合には[63]，給付の受領後6か月以内に返品することは特定受託事業者の責めに帰すべき事由があるとして認められるが，6か月を超えた後に返品することは本法違反となる（解釈ガイドライン第2部第2の2⑵ウ(イ)）。ただし，特定受託事業者の給付を使用した特定業務委託事業者の商品について一般消費者に6か月を超えて保証期間を定めている場合には，その保証期間に応じて最長1年以内であれば返品することが認められる（解釈ガイドライン第2部第2の2⑵ウ(イ)）。

直ちに発見することができる委託内容との不適合がある場合	受領後速やかに返品することができる。 ※ただし，この場合であっても，特定業務委託事業者が意図的に検査期間を延ばし，その後に返品することは認められない。

62　特定業務委託事業者が受入検査を自社で行わず，特定受託事業者に検査を書面の交付又は電磁的方法による提供により委任している場合であって，特定受託事業者の給付の内容に，直ちに発見することのできない委託内容と適合しないことがあるときには，特定受託事業者の給付を受領した日から6か月以内（一般消費者向け保証がある場合には1年以内）に返品することが認められる（Q&A問78回答）。一方，特定業務委託事業者が受入検査を自社で行わず，かつ，特定受託事業者への委任もしていない場合や，特定受託事業者に検査を口頭で委任している場合には，特定業務委託事業者が返品することは認められない（Q&A問78回答）。

63　特定業務委託事業者が受入検査を自社で行わず，特定受託事業者に検査を書面の交付又は電磁的方法による提供により委任している場合において，特定受託事業者の検査に明らかな過失があったときも，特定業務委託事業者が特定受託事業者の給付を受領した日から6か月以内に返品することは認められる（Q&A問78回答）。

直ちに発見することができない委託内容との不適合がある場合	給付の受領後6か月以内に返品することは認められるが，6か月を超えた後に返品することは本法違反となる。 ※ただし，特定受託事業者の給付を使用した特定業務委託事業者の商品について一般消費者に6か月を超えて保証期間を定めている場合には，その保証期間に応じて最長1年以内であれば返品することが認められる。

6 買いたたきの禁止（法5条1項4号）

　法5条1項4号で禁止されている買いたたきとは，「特定受託事業者の給付の内容と同種又は類似の内容の給付に対し通常支払われる対価に比し著しく低い報酬の額を不当に定めること」をいう（解釈ガイドライン第2部第2の2(2)エ）。

　買いたたきは，特定業務委託事業者が特定受託事業者に業務委託をする時点で生ずるものであるのに対し，報酬の減額（法5条1項2号）は，いったん決定された報酬の額を事後に減ずるものである（解釈ガイドライン第2部第2の2(2)エ）。

(1) 「通常支払われる対価に比し著しく低い報酬の額」

　「通常支払われる対価」とは，特定受託事業者の給付と同種又は類似の給付について当該特定受託事業者の属する取引地域において一般に支払われる対価（以下「通常の対価」という）をいい（解釈ガイドライン第2部第2の2(2)エ(ア)），より端的にいえば同種又は類似品の市価を指す（Q&A問58回答）。ただし，通常の対価を把握することができないか又は困難である給付については，例えば，当該給付が従前の給付と同種又は類似のものである場合には，次の額を通常支払われる対価に比し著しく低い報酬の額とする（解釈ガイドライン第2部第2の2(2)エ(ア)）。

第 5 条（特定業務委託事業者の遵守事項）　135

① 従前の給付に係る単価で計算された対価に比し著しく低い報酬の額
② 当該給付に係る主なコスト（労務費，原材料価格，エネルギーコスト等）の著しい上昇を，例えば，最低賃金の上昇率，春季労使交渉の妥結額やその上昇率などの経済の実態が反映されていると考えられる公表資料から把握することができる場合において，据え置かれた報酬の額

(2)　買いたたきに該当するか否かの判断要素

買いたたきに該当するかは，次のような要素を勘案して総合的に判断する（解釈ガイドライン第 2 部第 2 の 2(2)エ(イ)）。

① 報酬の額の決定にあたり，特定受託事業者と十分な協議が行われたかどうかなど対価の決定方法
② 差別的であるかどうかなど対価の決定内容
③ 「通常支払われる対価」と当該給付に支払われる対価との乖離状況
④ 当該給付に必要な原材料等の価格動向

(3)　買いたたきに該当するおそれがある具体例

例えば，次のような方法で報酬の額を定めることは，買いたたきに該当するおそれがある（解釈ガイドライン第 2 部第 2 の 2(2)エ(ウ)）。

① 継続的な委託を行い大量の発注をすることを前提として特定受託事業者に単価の見積りをさせ，その見積価格の単価を短期で少量の委託しかしない場合の単価として報酬の額を定めること
② 特定受託事業者に見積りをさせた段階より給付又は提供すべき役務が増えたのにもかかわらず，報酬の額の見直しをせず，当初の見積価格を報酬の額として定めること
③ 一律に一定比率で単価を引き下げて報酬の額を定めること
④ 特定業務委託事業者の予算単価のみを基準として，一方的に通常支払われる

対価より低い単価で報酬の額を定めること

⑤　短納期発注を行う場合に，特定受託事業者に発生する費用増を考慮せずに通常支払われる対価より低い報酬の額を定めること

⑥　合理的な理由がないにもかかわらず，特定の特定受託事業者を差別して取り扱い，他の特定受託事業者より低い報酬の額を定めること[64]

⑦　同種の給付について，特定の地域又は顧客向けであることを理由に，通常支払われる対価より低い単価で報酬の額を定めること

⑧　情報成果物の作成委託において給付の内容に知的財産権が含まれている場合に，当該知的財産権の対価について，特定受託事業者と協議することなく，一方的に通常支払われる対価より低い額を定めること

⑨　労務費[65][66]，原材料価格，エネルギーコスト等のコスト上昇分の取引価格への反映の必要性について，価格の交渉の場において明示的に協議することなく，従来どおりに報酬を据え置くこと[67]

⑩　労務費，原材料価格，エネルギーコスト等のコストが上昇したため，特定受託事業者が報酬の引上げを求めたにもかかわらず，価格転嫁をしない理由を書面，電子メール等で特定受託事業者に回答することなく，従来どおりに報酬を据え置くこと

⑪　委託内容に対応するため，特定受託事業者における品質改良等に伴う費用が増加したにもかかわらず，一方的に通常支払われる対価より低い価格で報酬の額を定めること[68]

64　なお，特定受託事業者との十分な協議の結果として報酬の額が定められた場合には，その額が他の特定受託事業者に対する報酬の額より低かったとしても，そのことのみをもって直ちに買いたたき（法5条1項4号）として本法上問題となるものではない（政省令等パブコメ回答2-3-53）。

65　なお，特定受託事業者が，「従業員を使用」（法2条1項1号）に該当しない臨時の労働者等を使用している場合，当該臨時の労働者等に給与を支払う必要があるが，当該給与は「労務費」に該当すると考えられ，特定受託事業者に支払われる報酬の額の設定に際して，この「労務費」の著しい上昇分を，経済の実態が反映されていると考えられる公表資料から把握することができる場合において，据え置かれた報酬の額が設定されたときには「通常支払われる対価に比し著しく低い報酬の額」（法5条1項4号）に該当する（政省令等パブコメ回答2-3-51）。

66　なお，公正取引委員会が内閣官房との連名で公表している「労務費の適切な転嫁のための価格交渉に関する指針」で示された考え方（労務費の転嫁に関する発注事業者及び受注事業者が採るべき行動や求められる行動が「12の行動指針」として取りまとめられている。）は，本法にも当てはまる（Q&A問116回答）。

7　購入・利用強制の禁止（法5条1項5号）

　法5条1項5号で禁止されている購入・利用強制とは，「特定受託事業者の給付の内容を均質にし，又はその改善を図るため必要がある場合その他正当な理由がある場合を除き，自己の指定する物を強制して購入させ，又は役務を強制して利用させること」により，特定受託事業者にその対価を負担させることをいう（解釈ガイドライン第2部第2の2⑵オ）。より具体的には，特定受託事業者に発注する物品の品質を維持するためなどの正当な理由がないのに，特定業務委託事業者が指定する物（製品，材料等）や役務（保険，リース等）を強制して購入，利用させることをいう（Q&A 問58回答）。

⑴　「自己の指定する物」「又は役務」

　「自己の指定する物」とは，原材料等だけでなく，特定業務委託事業者又はその関連会社等が販売する物であって，特定受託事業者に購入させる対象として特定した物がすべて含まれる（解釈ガイドライン第2部第2の2⑵オ㋐）。

67　消費税の課税事業者である特定業務委託事業者が，消費税の適格請求書等保存方式（インボイス制度）に対応するために，免税事業者である取引先の特定受託事業者に対し，課税事業者になるよう要請すること自体は，本法上問題とならない。しかし，課税事業者になるよう要請することにとどまらず，課税事業者にならなければ，取引価格を引き下げる，それにも応じなければ取引を打ち切ることにするなどと一方的に通告することは，本法上問題となるおそれがある。例えば，免税事業者である取引先の特定受託事業者が取引価格の維持を求めたにもかかわらず，取引価格を引き下げる理由を書面，電子メール等で回答することなく，取引価格を引き下げる場合は，本法上問題となるおそれがある。また，特定業務委託事業者からの要請に応じて特定受託事業者が免税事業者から課税事業者となった場合において，例えば，消費税の適正な転嫁分の取引価格への反映の必要性について，価格の交渉の場において明示的に協議することなく，従来どおりに取引価格を据え置く場合についても同様である。したがって，免税事業者である取引先の特定受託事業者との間で，取引価格等について再交渉する場合には，特定受託事業者と十分に協議を行い，特定業務委託事業者の都合のみで低い価格を設定するなどしないよう，注意する必要がある。以上，Q&A 問115回答。

68　なお，特定受託事業者が支払っている安全衛生や保険に係る経費を報酬の額に含めないこと自体は，直ちに買いたたきに該当するものではないが，業務委託を行うに当たって，特定業務委託事業者が，特定受託事業者から必要とされる経費を考慮した上で報酬の額を定めるよう求められたにもかかわらず，特定受託事業者と十分な協議をすることなく，一方的に，通常支払われる対価を大幅に下回る報酬の額を定めたような場合には，買いたたき（法5条1項4号）として問題となるおそれがある（Q&A 問75回答）。

138　第2章　特定受託事業者に係る取引の適正化

「自己の指定する役務」とは，特定業務委託事業者又はその関連会社等が提供するものであって，特定受託事業者に利用させる対象として特定した役務がすべて含まれる（解釈ガイドライン第2部第2の2(2)オ(ア)）。例えば，保険，リース，インターネット・プロバイダ等である（Q&A問79回答）[69]。

(2)　「強制して」

「強制して」購入させる又は利用させるとは，物の購入又は役務の利用を取引の条件とする場合や，購入又は利用しないことに対して不利益を与える場合のほか，取引関係を利用して，事実上，購入又は利用を余儀なくさせていると認められる場合も含まれる（解釈ガイドライン第2部第2の2(2)オ(イ)）。つまり，特定業務委託事業者が任意の購入等を依頼したと認識していても，特定受託事業者にとってはその依頼を拒否できない場合もあり得るので，事実上，特定受託事業者に購入等を余儀なくさせていると認められる場合には，本法違反となる（解釈ガイドライン第2部第2の2(2)オ(イ)）。

(3)　購入・利用強制に該当するおそれのある具体例

例えば，次のような方法で特定受託事業者に自己の指定する物の購入又は役務の利用を要請することは，購入・利用強制に該当するおそれがある（解釈ガイドライン第2部第2の2(2)オ(ウ)）[70]。

---

① 　購買・外注担当者等，業務委託先の選定又は決定に影響を及ぼすこととなる者が特定受託事業者に購入又は利用を要請すること

② 　特定受託事業者ごとに目標額又は目標量を定めて購入又は利用を要請すること

---

[69]　自社の製品やサービスだけではなく，自社の取引先である特約店・卸売店又は自社の子会社・関係会社等の製品やサービスも含まれる（Q&A問79回答）。

[70]　なお，特定業務委託事業者が，特定受託事業者に対し役務の利用を要請した場合，要請に応じることで特定受託事業者にコストが生じるにもかかわらず，そのコストを考慮することなく，著しく低い報酬の額を不当に定めたときは，買いたたき（法5条1項4号）として問題となる（政省令等パブコメ回答2-3-60）。

③　特定受託事業者に，購入又は利用しなければ不利益な取扱いをする旨示唆して購入又は利用を要請すること

　④　特定受託事業者が購入若しくは利用する意思がないと表明したにもかかわらず，又はその表明がなくとも明らかに購入若しくは利用する意思がないと認められるにもかかわらず，重ねて購入又は利用を要請すること

　⑤　特定受託事業者から購入する旨の申出がないのに，一方的に特定受託事業者に物を送付すること

8　不当な経済上の利益の提供要請の禁止（法5条2項1号）

　法5条2項1号で禁止されている不当な経済上の利益の提供要請とは，特定業務委託事業者が特定受託事業者に「自己のために金銭，役務その他の経済上の利益を提供させること」により，「特定受託事業者の利益を不当に害」することをいう（解釈ガイドライン第2部第2の2⑵カ）。

⑴　「金銭，役務その他の経済上の利益」

　「金銭，役務その他の経済上の利益」とは，協賛金，協力金等の名目を問わず，報酬の支払とは独立して行われる金銭の提供，作業への労務の提供等を含むものである（解釈ガイドライン第2部第2の2⑵カ⑺，Q&A問58回答）。

⑵　「特定受託事業者の利益を不当に害」する

　特定受託事業者が「経済上の利益」を提供することが業務委託を受けた物品の販売促進につながるなど，直接の利益になる（経済上の利益を提供することにより実際に生じる利益が不利益を上回るもので，将来の取引が有利になるというような間接的な利益を含まない）ものとして自由な意思により提供する場合には，特定受託事業者の利益を不当に害するものであるとはいえない（解釈ガイドライン第2部第2の2⑵カ⑴）。

　しかし，特定業務委託事業者の決算対策等を理由とした協賛金の要請等，特

140　第2章　特定受託事業者に係る取引の適正化

定受託事業者の直接の利益とならない場合には，特定受託事業者の利益を不当
に害するものとして問題となる（解釈ガイドライン第2部第2の2(2)カ(イ)）。また，
特定受託事業者が「経済上の利益」を提供することと，特定受託事業者の利益
との関係を特定業務委託事業者が明確にしないで提供させる場合（負担額及び
算出根拠，使途，提供の条件等について明確になっていない場合や，虚偽の数
字を示して提供させる場合を含む）にも，特定受託事業者の利益を不当に害す
るものとして問題となる（解釈ガイドライン第2部第2の2(2)カ(イ)）。

(3)　知的財産権の譲渡・許諾等が発生する場合

　業務委託の目的物たる給付に関し，特定受託事業者に知的財産権が発生する
場合がある。このような場合に，特定業務委託事業者が特定受託事業者に発生
した知的財産権を，業務委託の目的たる使用の範囲を超えて無償で譲渡・許諾
させることは，不当な経済上の利益の提供要請に該当する（解釈ガイドライン第
2部第2の2(2)カ(ウ)）[71]。

　また，物品の製造を委託する場合において，業務委託時に特定受託事業者の
給付の内容になかった知的財産権やノウハウが含まれる技術資料を無償で提供
させるなどして特定受託事業者の利益を不当に害する場合も，不当な経済上の
利益の提供要請に該当する（解釈ガイドライン第2部第2の2(2)カ(ウ)）[72]。

　さらに，例えば，特定業務委託事業者が，特定受託事業者が知的財産権を有
する情報成果物について，収益を特定受託事業者に配分しない，収益の配分割
合を一方的に定める，特定受託事業者による二次利用を制限するなどして特定

---

[71]　特定業務委託事業者が，知的財産権は特定受託事業者にあるにもかかわらず対価を支払わずに成
　　果物の二次利用を行うことなどによって，特定受託事業者の利益を不当に害する場合には，不当な
　　経済上の利益の提供要請（法5条2項1号）として本法上問題となるおそれがある（Q&A 問80回
　　答）。

[72]　特定業務委託事業者は，給付の目的物とともに，成果物に関する権利の譲渡・許諾を受けたいな
　　どの場合は，業務委託の際に「給付の内容」の一部として，権利の譲渡・許諾の範囲を明確に記載
　　する必要がある（Q&A 問80回答）。また，この場合には当該権利の譲渡・許諾に係る対価を報酬
　　に加える必要があり，当該権利の対価について特定受託事業者と協議することなく一方的に通常支
　　払われる対価より低い額を定めた場合には，買いたたき（法5条1項4号）として本法上問題とな
　　るおそれがある（Q&A 問80回答）。

受託事業者の利益を不当に害する場合も，不当な経済上の利益の提供要請に該当する（解釈ガイドライン第2部第2の2(2)カ(ウ)）。

(4) 不当な経済上の利益の提供要請に該当するおそれのある具体例

例えば，次のような方法で自己のために経済上の利益の提供を要請することは，不当な経済上の利益の提供要請に該当するおそれがある（解釈ガイドライン第2部第2の2(2)カ(エ)）。

---

① 購買・外注担当者等，業務委託先の選定又は決定に影響を及ぼすこととなる者が特定受託事業者に金銭・労務等の提供を要請すること

② 特定受託事業者ごとに目標額又は目標量を定めて金銭・労務等の提供を要請すること

③ 特定受託事業者に，要請に応じなければ不利益な取扱いをする旨示唆して金銭・労務等の提供を要請すること

④ 特定受託事業者が提供する意思がないと表明したにもかかわらず，又はその表明がなくとも明らかに提供する意思がないと認められるにもかかわらず，重ねて金銭・労務等の提供を要請すること

⑤ 情報成果物等の作成に関し，特定受託事業者の知的財産権が発生する場合において，特定業務委託事業者が3条通知の「給付の内容」に知的財産権の譲渡・許諾が含まれる旨を記載していないにもかかわらず，当該情報成果物等に加えて，無償で，作成の目的たる使用の範囲を超えて当該知的財産権を特定業務委託事業者に譲渡・許諾させること[73]

---

73 なお，3条通知に当該記載があり，当該記載と合致する範囲で，給付に関して発生した特定受託事業者の知的財産権の譲渡又は許諾を受ける場合には，不当な経済上の利益の提供要請（法5条2項1号）には該当しないが，当該譲渡・許諾の対価が不当に低く定められているような場合には，買いたたき（法5条1項4号）又は不当な経済上の利益の提供要請（法5条2項1号）に該当するおそれがある（政省令等パブコメ回答2-3-62）。

9 不当な給付内容の変更及び不当なやり直しの禁止（法5条2項2号）

　法5条2項2号で禁止されている不当な給付内容の変更及び不当なやり直しとは，特定業務委託事業者が特定受託事業者に「特定受託事業者の責めに帰すべき事由がないのに，特定受託事業者の給付の内容を変更させ，又は特定受託事業者の給付を受領した後（法2条3項2号に該当する業務委託をした場合にあっては，特定受託事業者から当該役務の提供を受けた後）に給付をやり直させること」により，「特定受託事業者の利益を不当に害」することをいう（解釈ガイドライン第2部第2の2(2)キ）。より具体的には，特定受託事業者の責めに帰すべき事由がないのに，発注の取消しや発注内容の変更を行ったり，受領した後にやり直しや追加作業を行わせる場合に，特定受託事業者が作業に当たって負担する費用を特定業務委託事業者が負担しないことをいう（Q&A問58回答）。

(1) 「給付の内容を変更させ」る

　「給付の内容を変更させ」るとは，特定業務委託事業者が給付の受領前に，特定受託事業者に，3条通知に記載された「給付の内容」を変更し，当初の委託内容とは異なる作業を行わせることをいい，また，業務委託を取り消すこと（契約の解除）も給付内容の変更に該当する（解釈ガイドライン第2部第2の2(2)キ(ア)）。

(2) 「給付をやり直させる」

　「給付をやり直させる」とは，特定業務委託事業者が給付の受領後（役務の提供委託の場合は，特定受託事業者から当該役務の提供を受けた後）に，特定受託事業者に当該給付に関して追加的な作業を行わせることをいう（解釈ガイドライン第2部第2の2(2)キ(イ)）[74]。

第5条（特定業務委託事業者の遵守事項）　143

(3)　「特定受託事業者の利益を不当に害」する

　給付内容の変更又はやり直しによって，特定受託事業者がそれまでに行った作業が無駄になり，又は特定受託事業者にとって当初委託された内容にはない追加的な作業が必要となった場合に，特定業務委託事業者がその費用を負担しないことは，特定受託事業者の利益を不当に害することとなる（解釈ガイドライン第2部第2の2(2)キ(ウ)）。

　ただし，給付内容の変更又はやり直しのために必要な費用を特定業務委託事業者が負担するなどにより，特定受託事業者の利益を不当に害しないと認められる場合には，不当な給付内容の変更及び不当なやり直しの問題とはならない（解釈ガイドライン第2部第2の2(2)キ(ウ)）。

(4)　「特定受託事業者の責めに帰すべき事由」

　「特定受託事業者の責めに帰すべき事由」があるとして，特定業務委託事業者が費用を全く負担することなく，特定受託事業者に「給付の内容を変更」し，又は「給付をやり直させる」ことが認められるのは，次の場合に限られる（解釈ガイドライン第2部第2の2(2)キ(エ)）。

---

①　給付を受領する前に特定受託事業者の要請により給付の内容を変更する場合
②　給付を受領する前に特定受託事業者の給付の内容を確認したところ，給付の内容が3条通知に記載された「給付の内容」と適合しないこと等があることが合理的に判断され，給付の内容を変更させる場合
③　特定受託事業者の給付の受領後，特定受託事業者の給付の内容が3条通知に記載された「給付の内容」と適合しないこと等があるため，やり直しをさせる場合

74　給付を受領する前に特定受託事業者の給付の内容を確認したところ，給付の内容が3条通知に記載された「給付の内容」と適合しないこと等があることが合理的に判断され，給付の内容を変更させる場合は，「特定受託事業者の責めに帰すべき事由」があるとして，特定業務委託事業者が費用を全く負担することなく，特定受託事業者に給付の内容を変更させることは本法上問題となるものではない（Q&A 問81回答）。

144 第2章 特定受託事業者に係る取引の適正化

⑸ 不当な給付内容の変更又は不当なやり直しに該当する場合

　次の場合には，特定業務委託事業者が費用の全額を負担することなく，特定受託事業者の給付の内容に委託内容と適合しないこと等があることを理由として，給付内容の変更又はやり直しを要請することは認められない（解釈ガイドライン第2部第2の2⑵キ㊉）[75]。

---

① 　特定受託事業者の給付の受領前に，特定受託事業者から給付の内容を明確にするよう求めがあったにもかかわらず，特定業務委託事業者が正当な理由なく給付の内容を明確にせず，特定受託事業者に継続して作業を行わせ，その後，給付の内容が委託内容と適合しないとする場合

② 　取引の過程において，委託内容について特定受託事業者が提案し，確認を求めたところ，特定業務委託事業者が了承したので，特定受託事業者が当該内容に基づき，製造等を行ったにもかかわらず，給付の内容が委託内容と適合しないとする場合

③ 　業務委託後に検査基準を恣意的に厳しくし，給付の内容が委託内容と適合しないとする場合

④ 　通常の検査で委託内容と適合しないことを発見できない特定受託事業者の給付について，受領後1年を経過した場合（ただし，特定業務委託事業者が，顧客等（一般消費者に限らない）に1年を超えた契約不適合責任期間を定めている場合に，特定業務委託事業者と特定受託事業者がそれに応じた契約不適合責任期間をあらかじめ定めているときは除く）[76]

⑹ 情報成果物の作成委託における例外

　情報成果物の作成委託においては，特定業務委託事業者の価値判断等により

---

[75] 特定業務委託事業者が，特定受託事業者の責めに帰すべき事由がないのに一方的に業務委託に係る契約を解除し，特定受託事業者が要した費用を特定業務委託事業者が負担しないこと等により特定受託事業者の利益を不当に害したといえる場合には，不当な給付内容の変更（法5条2項2号）として本法上問題となる（政省令等パブコメ回答2-3-68・69）。

[76] 下請法の場合と同様，通常の検査で直ちに発見できる瑕疵の場合，発見次第速やかにやり直しをさせる必要があると考えられる（講習会テキスト87頁参照）。

評価される部分があり，事前に委託内容として給付を充足する条件を明確に3条通知に記載することが不可能な場合がある。このような場合には，特定業務委託事業者がやり直し等をさせるに至った経緯等を踏まえ，やり直し等の費用について特定受託事業者と十分な協議をした上で合理的な負担割合を決定し，当該割合を負担すれば，やり直し等をさせることは本法上問題とならない（解釈ガイドライン第2部第2の2(2)キ(カ)）。

　ただし，特定業務委託事業者が一方的に負担割合を決定することにより特定受託事業者に不当な不利益を与える場合には，不当なやり直し等に該当する（解釈ガイドライン第2部第2の2(2)キ(カ)）。

　なお，この場合においても，**前記(5)①から④まで**に該当する場合には，特定業務委託事業者が費用の全額を負担することなく，特定受託事業者の給付の内容が委託内容と適合しないことを事由として給付内容の変更又はやり直しを要請することは認められない（解釈ガイドライン第2部第2の2(2)キ(カ)）。

第3　実務対応

1　法5条が適用される業務委託

　前記第2の2のとおり，本条が適用されるのは，1か月以上の期間行う業務委託をした場合に限られる。

---

① 単一の業務委託の場合

② 単一の基本契約を締結している場合

③ 契約の更新により継続して行う場合

の3つの場合でそれぞれ規律が異なる。

146　第2章　特定受託事業者に係る取引の適正化

【業務委託の期間と始期・終期の考え方】

ケース	始期	終期
単一の業務委託の場合	3条通知の「業務委託をした日」	以下のいずれか遅い日 ①法3条に基づき明示する「給付受領・役務提供予定日」 ②業務委託に係る契約の終了日
単一の基本契約を締結している場合	基本契約を締結した日	基本契約が終了する日
契約の更新により継続して行う場合	最初の業務委託又は基本契約の始期	最後の業務委託又は基本契約の終期

※基本契約を締結している場合であっても，例えば，「基本契約が終了する日」よりも後に「個別の業務委託の給付に係る受領予定日」が設定されている場合には，後者が終期になる。

(1)　単一の業務委託・基本契約を締結する場合の考え方

　単一の業務委託契約や基本契約において，始期から終期までの期間が1か月以上となる業務委託には本条が適用されることになる。

　期間の算定方法においては，特定受託事業者が行う業務にどの程度の期間を要するかは考慮されない。そのため，例えば，特定受託事業者に対して，1日の講演を委託する取引において，講演の2か月前に業務委託契約を締結した場合には，業務委託契約を締結した日が始期，講演の日が終期となり，1か月以上の期間行う業務委託となるため，本条が適用されることになる。

　また，特定業務委託事業者は，特定受託事業者との間で，2か月間有効となる基本契約を締結し，その2週間後に，給付を受領する期日を業務委託の日から10日後とする個別の業務委託を行った場合，個別の業務委託を行うより早く基本契約を締結しているため，業務委託の期間の計算に当たっての「始期」は，当該基本契約を締結した日となり，当該個別の業務委託の給付を受領する日より後に基本契約の終了日が到来するため，当該業務委託の期間の計算に当たっての「終期」は，当該基本契約が終了する日となり，これら始期から終期の期

第5条（特定業務委託事業者の遵守事項）　147

間は1か月以上となるため，当該個別の業務委託は1か月以上の期間行う業務委託に該当することとなる（Q&A 問60回答）。

(2)　契約の更新により継続して行う場合の考え方

前記第2の2(2)イのとおり，「契約の更新により継続して行うこととなる」とは，①同一性要件と②空白期間要件を満たす場合であり，期間が1か月未満の業務委託を別個に行っているという認識であっても，本条が適用されるケースがあり得る。例えば，特定業務委託事業者が特定受託事業者に対して，イベントAのための衣装のデザインを委託し，当該デザインの納品から3週間後にイベントBの衣装のデザインを新たに委託するような場合には，①同一性要件と②空白期間要件を満たすと考えられることから，イベントBの衣装のデザインの業務委託に本条の適用があり得ることとなる。

以上のように，業務委託を継続して行っている場合には，「契約の更新により継続して行うこととなる」ものとして本条の適用があり得ることとなる。特定業務委託事業者においては，日々多くの取引が行われるため，その中で，どの特定受託事業者との間の取引が1か月以上の期間行う継続的な業務委託であるかをすべて把握し，本条が適用される取引か否かを正確に判断することは容易ではないだろう。

そのため，法遵守の観点からは，都度，継続的な業務委託（1か月以上の期間行う業務委託）か否かの判断を行うよりも，特定受託事業者とのすべての業務委託について本条が適用されるという前提の下で本条の遵守事項に対応をしていくことが適切である。

2　法5条の実務上の留意点

本条の遵守事項に関し，解釈ガイドラインにおいて，遵守事項に違反するおそれのある具体例が列挙されている。また，遵守事項の内容は，下請法と同様であることから，下請法における解釈も参考になる。個別具体的な事案が，本

【業務委託の期間と始期・終期のイメージ図】

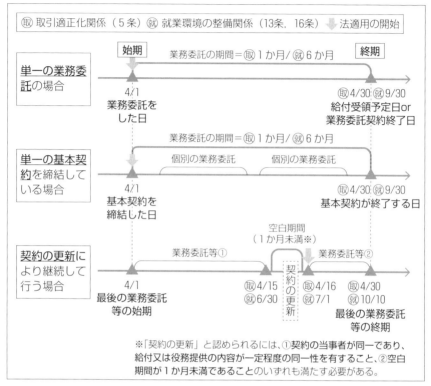

〈出典〉内閣官房新しい資本主義実現本部事務局・公正取引委員会・中小企業庁・厚生労働省「特定受託事業者に係る取引の適正化等に関する法律（フリーランス・事業者間取引適正化等法）【令和6年11月1日施行】説明資料」（令和6年7月3日更新）7頁をもとに編著者作成

条に違反するか否かは，解釈ガイドラインや下請法の解釈・違反事例を参考に検討していくことになる。

以下では，本条の遵守事項のうち，留意が必要な事項をいくつか取り上げる。

(1) 返品することができる期間と検査方法との関係

前記第2の5(2)のとおり，返品の禁止（法5条1項3号）について，特定受託

第5条（特定業務委託事業者の遵守事項）　149

事業者の責めに帰すべき事由により返品が認められる期間は，以下のとおり整理される。

直ちに発見することができる委託内容との不適合がある場合	受領後速やかに返品することができる。 ※ただし，この場合であっても，特定業務委託事業者が意図的に検査期間を延ばし，その後に返品することは認められない。
直ちに発見することができない委託内容との不適合がある場合	給付の受領後6か月以内に返品することは認められるが，6か月を超えた後に返品することは本法違反となる。 ※ただし，特定受託事業者の給付を使用した特定業務委託事業者の商品について一般消費者に6か月を超えて保証期間を定めている場合には，その保証期間に応じて最長1年以内であれば返品することが認められる。

　この点に関連して，下請法4条1項4号における返品については，検査方法と返品期間の関係に関して，次頁の図のとおり，受入検査を自社で行う場合と受入検査を自社で行わない場合等で返品の可否や返品できる期間が異なる。

　一方で，本法については，本法の解釈ガイドラインでは，全数検査を行うか否か等によって，返品の可否やその期間が異なるとはされていないが（おそらく特定受託事業者との取引では，抜取検査を行う場面があまり想定されないためではないかと推察される），特定業務委託事業者が受入検査を自社で行わず，特定受託事業者に検査を書面の交付又は電磁的方法による提供により委任している場合であって，特定受託事業者の給付の内容に，直ちに発見することのできない委託内容と適合しないことがあるときには，特定受託事業者の給付を受領した日から6か月以内（一般消費者向け保証がある場合には1年以内）に返品することが認められている（Q&A問78回答）。また，特定受託事業者の検査に明らかな過失があったときも，特定業務委託事業者が特定受託事業者の給付を受領した日から6か月以内に返品することが認められている（Q&A問78回答）。一方，特定業務委託事業者が受入検査を自社で行わず，かつ，特定受託事業者への委任もしていない場合や，特定受託事業者に検査を口頭で委任している場合には，特定業務委託事業者は返品することは認められていない（Q&A問78回

【下請法における検査方法と返品期間の関係】

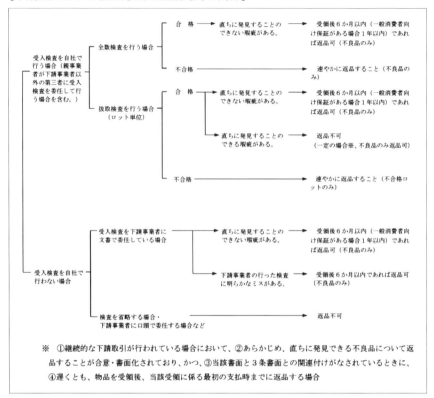

〈出典〉講習会テキスト64頁

答)。

(2) 報酬の減額の禁止と事前の合意との関係（違約金等の支払の合意）

　前記第2の4のとおり、本条1項2号の報酬の減額については、特定業務委託事業者と特定受託事業者との間で報酬の減額等についてあらかじめ合意があったとしても、特定受託事業者の責めに帰すべき事由なく報酬を減額することはできない（解釈ガイドライン第2部第2の2(2)イ）。

第5条（特定業務委託事業者の遵守事項）　151

　この点に関連し，特定業務委託事業者と特定受託事業者との間で業務委託を行うにあたって，いわゆる違約金等の条項が明示的に定められている場合，特定受託事業者に違約金等を支払わせることが報酬の減額として本法上問題となるかは，契約，取引の実態や特定受託事業者の責めに帰すべき事由がないかなど，個別の事例ごとに判断される（政省令等パブコメ回答2-3-33）。

　そもそも報酬の減額には，特定受託事業者から特定業務委託事業者の金融機関口座へ減ずる金額相当額を振り込ませる方法等も含まれることから，特定受託事業者に対して，一律・一定率のペナルティとして違約金等の支払を課すことも報酬の減額に該当する可能性がある[77]。

　そうすると，一般論としては，特定受託事業者からの給付に納期遅れや欠品があった場合に報酬から一定率をペナルティとして差し引くことについて，特定受託事業者の責めに帰すべき事由がある場合に客観的に相当と認められる範囲で報酬を減じること自体は問題ないと考えられるが，その範囲は，個々の取引内容等により異なると考えられるため，その違いを無視して一律・一定率のペナルティを特定受託事業者に課すことは，報酬の減額に該当する可能性があり，留意が必要である。

(3)　不当な給付内容の変更及び不当なやり直しの禁止

　不当な給付内容の変更及び不当なやり直しの禁止に関し，まず，特定受託事業者の給付の内容が，3条通知に記載された給付の内容と適合しない場合において，やり直しをさせることは可能である。

　また，情報成果物の作成委託においては，特定業務委託事業者の価値判断により評価される部分があり，事前の委託の内容として給付を充足する条件を明確に3条通知に記載することができない場合がある。このような場合，特定業務委託事業者がやり直しをさせるに至った経緯等を踏まえ，やり直しの費用に

77　下請法4条1項3号の報酬の減額についてはこのように指摘されており（鎌田明編著『下請法の実務〔第4版〕』（公正取引協会，2017年）141頁，本条1項2号の報酬の減額についても同様に当てはまるものと考えられる。

152　第2章　特定受託事業者に係る取引の適正化

ついて特定受託事業者と十分な協議をした上で合理的な負担割合を決定し，当該割合を負担すれば，やり直しをさせることは可能である。

　さらに，デザインの委託，動画・アニメーションの作成など，業務委託の性質上，やり直しが一定程度不可避的に生じる類型の業務委託も想定される。このような業務委託に係る報酬の決定にあたっては，一定のやり直しが生じることを前提として報酬の額を決定している場合もあると考えられ，特定業務委託事業者と特定受託事業者との間で合意されている範囲内であれば，追加費用なくやり直しをさせたとしても，不当なやり直しとは評価されないと考えられる。ただし，将来のトラブルを回避するためには，追加の費用なくやり直しができる範囲や回数を契約書や発注書で明確にしておくことが望ましい[78]。

3　法5条を遵守するための体制の整備

　前記1のとおり，法遵守の観点からは，都度，継続的な業務委託（1か月以上の期間行う業務委託）か否かの判断を行うのではなく，特定受託事業者とのすべての業務委託について本条が適用されるという前提の下で本条の遵守事項に対応をしていくことが適切である。

　一方で，本条は，日々の取引の中において違反する可能性を秘めたものである。例えば，やり直しについては，特定業務委託事業者の担当者と特定受託事業者の日々の取引の中で発生することが想定され，場合によっては，結果的に不当なやり直しをさせてしまう可能性もある。また，これらの遵守事項は，3条通知のようにひな形やマニュアルを作成することにより，一定程度遵守が可能という類のものではない。

　そこで，本条を遵守するためには，特定受託事業者と日々コミュニケーションをとる特定業務委託事業者の担当者において，本条の遵守事項の具体的な内容や典型的な違反例などを十分に把握しておく必要がある。かかる知識の習得

78　下請法4条2項4号の不当な給付内容の変更及び不当なやり直しの禁止についてはこのように指摘されており（長澤哲也ほか『Q&Aでわかる業種別下請法の実務』（学陽書房，2021年）235頁），本条2項2号の不当な給付内容の変更及び不当なやり直しの禁止についても同様に当てはまるものと考えられる。

のためには，定期的な研修等により知識を定着させることが重要である。本法の施行直後は，本条の事例の蓄積はないが，類似の法律である下請法の違反事例を参考にしつつ，研修を行うことが望ましい[79]。

　また，本条に違反するかどうかについて，現場担当者では直ちに把握できない場合も想定される。このような場合には，ためらわず法務部門に相談ができるように，社内体制の整備やその周知をしておくことが適切である。

　法務部門としても，すべての取引において本条が遵守されているか逐一確認することは難しいと考えられるものの，定期的にサンプリング調査を行い，本条の遵守状況を確認した上で，問題のある対応がされている場合には，是正を促したり，その問題対応をプライバシーに配慮しつつ一覧化するなどして，全社的に法遵守の徹底を周知する等の対応を積極的に行っていくべきである。

---

[79]　なお，総務省「放送コンテンツの製作取引適正化に関するガイドライン改訂版（第8版）」（令和6年10月18日）においては，下請法や本法における買いたたき，不当な経済上の利益の提供要請，不当な給付内容の変更及びやり直しに関し，放送コンテンツ製作の現場に沿った事例が示されており，参考になる。

（申出等）

第六条　業務委託事業者から業務委託を受ける特定受託事業者は，この章の規定に違反する事実がある場合には，公正取引委員会又は中小企業庁長官に対し，その旨を申し出て，適当な措置をとるべきことを求めることができる。

2　公正取引委員会又は中小企業庁長官は，前項の規定による申出があったときは，必要な調査を行い，その申出の内容が事実であると認めるときは，この法律に基づく措置その他適当な措置をとらなければならない。

3　業務委託事業者は，特定受託事業者が第一項の規定による申出をしたことを理由として，当該特定受託事業者に対し，取引の数量の削減，取引の停止その他の不利益な取扱いをしてはならない。

第1 本条の趣旨

　本条の趣旨は，本法における特定受託事業者に係る取引の適正化の章（第2章）の規定に違反する行為について，特定受託事業者が公正取引委員会又は中小企業庁長官に対する申出及び適当な措置の求めを行うことができることを規定するとともに，当該求めを行った特定受託事業者に対し，業務委託事業者が報復措置として不利益な取扱いを行うことを防止することにより，特定受託事業者による公正取引委員会又は中小企業庁長官への情報提供を促し，第2章の規定に違反する行為の発見の端緒とするものである。

第2 条文解説

1 「業務委託事業者から業務委託を受ける特定受託事業者」（法6条1項）

　公正取引委員会又は中小企業庁長官に対する申出等の主体は「業務委託事業

者から業務委託を受ける特定受託事業者」とされている。

本条3項では，本条1項の規定による申出及び求めをしたことを理由として不利益な取扱いをしてはならない旨が定められているところ，不利益な取扱いを禁止する以上，対象は可能な限り限定的であるべきと考えられる。また，業務委託事業者から業務委託を受ける特定受託事業者以外から本条に基づく措置の請求が行われること及び当該特定受託事業者以外の者が不利益な取扱いを受けることは通常想定しにくいことから，本条1項の主体が限定されたものと考えられる。

2 「この章の規定に違反する事実がある場合には，公正取引委員会又は中小企業庁長官に対し，その旨を申し出て，適当な措置をとるべきことを求めることができる」（法6条1項）

公正取引委員会は，法3条（業務委託の内容等の明示等），法4条（報酬の支払期日等），法5条1項及び2項（特定業務委託事業者の遵守事項）並びに法6条3項（不利益な取扱いの禁止）が遵守されていない場合に勧告又は命令を行うことができるため（法8条，9条），当該違反行為の発見の端緒のためにも，特定受託事業者は公正取引委員会に申出及び適当な措置の求めができる。また，中小企業庁長官は，上記の各条項について，調査及び公正取引委員会に対する措置請求をなし得るとともに，本法の施行に必要な限度で指導及び助言をなし得ることとされていることから（法7条，11条1項，22条），特定受託事業者は中小企業庁長官に対しても申出及び適当な措置の求めができる。

なお，本条に基づく申出の法的性質について，調査，処分を行うか否かについては所管官庁に裁量があり，特定受託事業者に対して所管官庁に対する具体的な措置請求権を付与したものではないと解される[80]。行政庁に対する申出に関係する一般的な規定である行政手続法（平成5年法律第88号）36条の3第3項においては，行政庁に対する申出は職権発動の端緒としての情報提供にとど

---

[80] 第211回国会衆議院内閣委員会第10号（令和5年4月5日）の後藤茂之国務大臣（新しい資本主義担当）の答弁

156　第2章　特定受託事業者に係る取引の適正化

まり，調査，処分を行うか否かについては行政庁に裁量があると解されており，本法における申出制度も，行政手続法の申出制度と同様に，所管官庁の職権発動の端緒としての情報提供にとどまると考えられる。また，申出に対して行政庁が調査，処分を行わないことについては，行政不服審査法の不服申立てや行政事件訴訟法の抗告訴訟の対象とはならないと解される[81]。

3　「必要な調査を行い，その申出の内容が事実であると認めるときは，この法律に基づく措置その他適当な措置をとらなければならない」（法6条2項）

⑴　「必要な調査」

「必要な調査」とは，申出の内容に係るような事実があったかどうかについて，関係当事者（特定受託事業者，業務委託事業者，業務委託事業者の取引先等）から事情を聴取し，又は法11条の規定に基づく報告徴収，立入検査等を行うことをいうと解される。

⑵　「適当な措置」

「適当な措置」とは，調査の結果，申出の内容が事実であった場合に，このような状況を是正するために必要な措置を意味する。この「措置」の具体的内容には，行政処分，行政指導が含まれることはもちろんのこと，中小企業庁長官が行う措置請求のほか，個別法に根拠を持たない政策の普及啓発活動といった事実上の施策やそのための予算措置等が含まれると解される。

---

[81]　第211回国会衆議院内閣委員会第10号（令和5年4月5日）の後藤茂之国務大臣（新しい資本主義担当）の答弁

4 「業務委託事業者は，特定受託事業者が第一項の規定による申出をしたことを理由として，当該特定受託事業者に対し，取引の数量の削減，取引の停止その他の不利益な取扱いをしてはならない」（法6条3項）

　特定受託事業者による申告及び求めが法執行の重要な端緒となることに鑑み，これらを妨げる行為を禁止するものである。業務委託事業者は，特定受託事業者が業務委託事業者による特定受託事業者に係る取引の適正化の章（第2章）に違反する行為を公正取引委員会又は中小企業庁長官に申出をしたことを理由として，当該特定受託事業者に対し，取引数量を減じたり，取引を停止したり，その他不利益な取扱いをしてはならない（解釈ガイドライン第2部第1の2）。

第3　実務対応

　本条3項は，特定受託事業者が，公正取引委員会又は中小企業庁長官に対して，特定受託事業者に係る取引の適正化の章（第2章）の規定に違反する事実を申し出たことを理由として，業務委託事業者による当該特定受託事業者に対する不利益な取扱いを禁止している。

　「申出をしたことを理由として」不利益な取扱いを禁止するという規定の構造を踏まえると，業務委託事業者において，実際に特定受託事業者が公正取引委員会又は中小企業庁長官に「申出をしたこと」を認識している必要があると解される。また，「申出をしたことを理由と」する不利益な取扱いが禁止されていることから，「申出をしたこと」以外の理由，例えば，業務委託事業者の経営状況等を理由として，取引数量の削減や取引の停止をすること自体は妨げられないと考えられる。

　もっとも，「申出をしたことを理由として」いるか否かは，客観的な事情から判断されると考えられる。そのため，特に，業務委託事業者が，特定受託事業者による申出の事実を認識している場合において，当該特定受託事業者に対

158 第2章 特定受託事業者に係る取引の適正化

し，取引数量の削減や取引の停止等を行った場合には，仮に，それが（業務委託事業者としては）「申出をしたこと」以外の理由で行ったものであったとしても，「申出をしたことを理由とし」たものではないかと疑われるおそれがある。

したがって，このような場合には，業務委託事業者は，特定受託事業者との取引数量の削減や取引の停止等を行った理由を合理的に説明できるようにするとともに，当該特定受託事業者のみとの関係で取引数量の削減や取引の停止等を行うといった，当局から疑われるような対応は控えることが適切である。

（中小企業庁長官の請求）

第七条　中小企業庁長官は，業務委託事業者について，第三条の規定に違反した
　　かどうか又は前条第三項の規定に違反しているかどうかを調査し，その事実が
　　あると認めるときは，公正取引委員会に対し，この法律の規定に従い適当な措
　　置をとるべきことを求めることができる。

2　中小企業庁長官は，特定業務委託事業者について，第四条第五項若しくは第
　　五条第一項（第一号に係る部分を除く。）若しくは第二項の規定に違反したか
　　どうか又は同条第一項（同号に係る部分に限る。）の規定に違反しているかど
　　うかを調査し，その事実があると認めるときは，公正取引委員会に対し，この
　　法律の規定に従い適当な措置をとるべきことを求めることができる。

第1 本条の趣旨

　本条は，中小企業庁長官が公正取引委員会に対して，本法の規定に従い適当
な措置を取るべき旨を請求する権限（以下「措置請求権限」という）について
規定するものである。

　本法に基づく勧告及び命令は，公正取引委員会が行うものと規定されており
（法8条，9条），中小企業庁はこれらを行う権限を有していない。一方で，中小
企業庁は本法違反に係る被疑事件の調査を行う権限を有しており（法11条1項），
また，特定受託事業者からの申出を受けることも想定される（法6条1項）ため，
特定受託事業者の保護を図るための特別な権限を中小企業庁長官に付与するこ
とを理由に，このような措置請求権限が付与されたと考えられる。

　なお，中小企業庁においては，平成29年1月より，全国の経済産業局に取引
調査員（下請Gメン）を配置して中小企業（受注事業者）を訪問している（令
和5年1月時点で下請Gメンの人数は約300名）。この訪問調査も，本条に基づ
く中小企業庁長官による措置請求の端緒になると考えられる[82]。

160　第2章　特定受託事業者に係る取引の適正化

第2 条文解説

1　本条の構造

　本条1項は，「業務委託事業者」が法3条（取引条件の明示義務）又は法6条3項（不利益取扱いの禁止）の規定に違反している事実があると認められるときを対象としている。

　本条2項は，「特定業務委託事業者」が法4条5項（支払期日における報酬支払義務），法5条1項（受領拒否の禁止，減額の禁止，返品の禁止，買いたたきの禁止，購入・利用強制の禁止）又は法5条2項（不当な経済上の利益の提供要請の禁止，不当なやり直しの禁止）の規定に違反している事実があると認められるときを対象としている。

2　「適当な措置」

　「適当な措置」とは，法8条に定める公正取引委員会が行う勧告等をいうと考えられる。下請法における中小企業庁長官の措置請求（下請法6条）の考え方と同様，独禁法に基づく措置は含まれないと解される。

　本条に基づき中小企業庁長官から措置請求がなされた事案については，本法に違反する事実の調査が中小企業庁によってすでになされており，その内容が公正取引委員会に共有されることから，公正取引委員会は，短期間で公正取引委員会としての調査を終え，勧告等の措置を講じることとなると考えられる。

　なお，中小企業庁長官による措置請求の有無を問わず，公正取引委員会は独自に調査，勧告等を行うことができる。

82　政府側の国会答弁においても，「下請Gメンがヒアリングにおいて今回の法案の法令違反が疑われるような事案を把握できた場合には，この法案の執行を行う担当部署とも共有するなど，適切に対応してまいりたいと考えてございます」と説明されている（第211回国会衆議院内閣委員会第10号（令和5年4月5日）政府参考人小林浩史（内閣官房新しい資本主義実現本部事務局フリーランス取引適正化法制準備室次長兼中小企業庁事業環境部長））。

（勧告）

第八条　公正取引委員会は，業務委託事業者が第三条の規定に違反したと認める
　　ときは，当該業務委託事業者に対し，速やかに同条第一項の規定による明示又
　　は同条第二項の規定による書面の交付をすべきことその他必要な措置をとる
　　べきことを勧告することができる。

2　公正取引委員会は，特定業務委託事業者が第四条第五項の規定に違反したと
　　認めるときは，当該特定業務委託事業者に対し，速やかに報酬を支払うべきこ
　　とその他必要な措置をとるべきことを勧告することができる。

3　公正取引委員会は，特定業務委託事業者が第五条第一項（第一号に係る部分
　　に限る。）の規定に違反していると認めるときは，当該特定業務委託事業者に
　　対し，速やかに特定受託事業者の給付を受領すべきことその他必要な措置をと
　　るべきことを勧告することができる。

4　公正取引委員会は，特定業務委託事業者が第五条第一項（第一号に係る部分
　　を除く。）の規定に違反したと認めるときは，当該特定業務委託事業者に対し，
　　速やかにその報酬の額から減じた額を支払い，特定受託事業者の給付に係る物
　　を再び引き取り，その報酬の額を引き上げ，又はその購入させた物を引き取る
　　べきことその他必要な措置をとるべきことを勧告することができる。

5　公正取引委員会は，特定業務委託事業者が第五条第二項の規定に違反したと
　　認めるときは，当該特定業務委託事業者に対し，速やかに当該特定受託事業者
　　の利益を保護するため必要な措置をとるべきことを勧告することができる。

6　公正取引委員会は，業務委託事業者が第六条第三項の規定に違反していると
　　認めるときは，当該業務委託事業者に対し，速やかに不利益な取扱いをやめる
　　べきことその他必要な措置をとるべきことを勧告することができる。

第1　本条の趣旨

　本条は，業務委託事業者又は特定業務委託事業者による法3条（特定受託事
業者の給付の内容その他の事項の明示等），法4条（報酬の支払期日等）5項，

162 第2章 特定受託事業者に係る取引の適正化

法5条（特定業務委託事業者の遵守事項）1項・2項，法6条（申出等）3項の規定に違反する行為について，公正取引委員会が，当該業務委託事業者又は特定業務委託事業者に対し，命令という処分に至る前に，その行為の自発的是正の機会を付与するという，行政指導たる勧告をすることができる権限を規定するものである。

第2 条文解説

1 本条の内容

本条は，1項において法3条の給付の内容等の明示義務違反等，2項において法4条5項の報酬の支払義務違反，3項において法5条1項1号の受領拒否，4項において法5条1項（同項1号を除く）の報酬減額，返品，買いたたき，購入・利用強制，5項において法5条2項の不当な経済上の利益の提供要請，不当な給付内容の変更・やり直し，6項において法6条3項の不利益取扱いが認められた場合には，勧告ができる旨を定めている。

本条各項においては，勧告の内容として個別具体的な措置内容とともに，「その他必要な措置」と規定されているが，この「その他必要な措置」としては，各義務違反の解消のほか，同様の行為を行わないという一定の不作為や再発防止措置が想定される[83]。

勧告は行政指導（任意の協力を求めるもの）の一環であるが[84]，勧告に従わ

---

[83] 公正取引委員会の「特定受託事業者に係る取引の適正化等に関する法律第2章違反事件に係る公正取引委員会の対応について」（令和6年10月1日）においては，公正取引委員会は，必要に応じて，（特定）業務委託事業者に対し，経営責任者を中心とする遵法管理体制を確立するとともに，遵法マニュアル等を作成し，これを購買・外注担当者を始め社内に周知徹底することといった再発防止措置等の必要な措置を採るべきことを求めるなど，効果的に対応するとしている。

[84] そのため，勧告自体は行政処分ではなく，行政手続法第3章の不利益処分に係る手続の対象にはならず，また，行政不服審査法（平成26年法律68号）に基づく審査請求や行政事件訴訟法（昭和37年法律139号）に基づく取消訴訟の対象にはならない。他方で，行政手続法第4章の行政指導に係る規定の適用はある。

ない場合には，法 9 条に基づく命令や公表が予定されている[85]。

2　独禁法及び下請法との関係

第 1 編の第 3 のとおり，本法と独禁法のいずれにも違反する行為については，原則として本法を優先して適用し，本法 8 条に基づく勧告の対象となった行為と同一の行為について，重ねて独禁法20条の規定（排除措置命令）及び同法20条の 6 の規定（課徴金納付命令）を適用することはない（執行ガイドライン 2 ）。

また，第 1 編の第 3 のとおり，本法と下請法のいずれにも違反する行為については，原則として本法を優先して適用し，法 8 条に基づく勧告の対象となった行為について，重ねて下請法 7 条に基づき勧告することはない（執行ガイドライン 3 ）。ただし，本法と下請法のいずれにも違反する行為を行っている事業者が下請法のみに違反する行為も行っている場合において，当該事業者のこれらの行為の全体について下請法を適用することが適当であると公正取引委員会が考えるときには，本法と下請法のいずれにも違反する行為についても下請法 7 条に基づき勧告することがある（執行ガイドライン 3 ）。

3　違反行為を自発的に申し出た業務委託事業者の取扱い

公正取引委員会は，（特定）業務委託事業者の自発的な改善措置が，特定受託事業者が受けた不利益の早期回復に資することに鑑み，法 8 条に基づく勧告の対象となる違反行為に関する自発的な申出が（特定）業務委託事業者からなされ，かつ，当該（特定）業務委託事業者について，以下のような事由が認められた場合には，（特定）業務委託事業者の法令遵守を促す観点から当該違反行為について勧告するまでの必要はないものとしている（執行ガイドライン 4 ）[86]。

85　なお，公表に関しては，後記 4 で紹介する公正取引委員会の「特定受託事業者に係る取引の適正化等に関する法律第 2 章違反事件に係る公正取引委員会の対応について」（令和 6 年10月 1 日）にその取扱いが別途記載されているので，留意を要する。
86　独禁法上の課徴金減免制度（リニエンシー制度）と類似した運用を設けたものと考えられる。

① 公正取引委員会が当該違反行為に係る調査に着手する前に，当該違反行為を自発的に申し出ている
② 当該違反行為をすでに取りやめている
③ 当該違反行為によって特定受託事業者に与えた不利益を回復するために必要な措置をすでに講じている
④ 当該違反行為を今後行わないための再発防止策を講ずることとしている
⑤ 当該違反行為について公正取引委員会が行う調査及び指導に全面的に協力している

4 公正取引委員会の具体的な対応

　公正取引委員会の「特定受託事業者に係る取引の適正化等に関する法律第2章違反事件に係る公正取引委員会の対応について」（令和6年10月1日）において，法第2章の規定に違反する行為が認められた場合には，（特定）業務委託事業者に対し，当該違反行為の是正・特定受託事業者が被った不利益の原状回復措置を講じるよう，法8条の規定に基づく勧告，法22条の規定に基づく指導及び助言を行うとしている。その際，公正取引委員会は，必要に応じて，（特定）業務委託事業者に対し，経営責任者を中心とする遵法管理体制を確立するとともに，遵法マニュアル等を作成し，これを購買・外注担当者を始め社内に周知徹底することといった再発防止措置等の必要な措置を採るべきことを求めるなど，効果的に対応するとしている。

　また，公正取引委員会の「特定受託事業者に係る取引の適正化等に関する法律第2章違反事件に係る公正取引委員会の対応について」（令和6年10月1日）において，公正取引委員会は，勧告を行った場合，国民に対する情報提供を図るとともに，勧告の対象である法3条，4条5項，5条及び6条3項の規定に違反する行為に対する措置についての事業者の予見可能性を高め，当該違反行為の未然防止を図る目的から，「事業者名」，「違反事実の概要」，「勧告の概要」等を公表するとしている[87]。

第8条（勧告） 165

第3 実務対応

1 勧告の取扱い

　本法の勧告の取扱いの詳細は今後の事案集積を待つこととなるが，本法において想定される勧告の取扱いは以下の下請法違反の場合を参考にした運用がなされると考えられる。

　下請法違反の場合，以下のように，下請事業者が受ける不利益の軽重や違反行為を繰り返しているか否か等により，指導又は勧告が選択される運用となっている。指導に従わない場合に勧告がなされるというものではない。

指導	法違反があるが，勧告に至らないケースについて，違反行為の概要等が記載された書面を交付し，原則として公表はしないが，改善措置を講じることを求める。

87　当該公表は，法9条2項とは異なり，法令上の根拠はない。行政法学上，制裁手段ではなく，情報提供を目的とするものであれば，権力的行為の行使ではないため，法律による行政の原理（侵害留保説）の観点から法律上の根拠は不要と解されており，裁判例においても，「本件各公表は」「国民に対し，本件集団下痢症の情報を提供し食中毒事故の拡大及び再発を予防するという観点から，本件集団下痢症の原因として疑いのある食材の生産主体を直接明示することなく公表したものであり」「行政上の規制や勧告に従わない者に対する制裁ないし強制手段としての性格を有するものでもないから，法律上の根拠なくして行うことができない権力行為とみることはできず，いわゆる非権力的な事実行為にすぎないと認められ，本件各公表に必ずしも法律の明示の根拠が必要とは考えられない。」とされている（東京地判平成13年5月30日判時1762号6頁）。そのため，公正取引委員会の「特定受託事業者に係る取引の適正化等に関する法律第2章違反事件に係る公正取引委員会の対応について」（令和6年10月1日）においても，「国民に対する情報提供を図るとともに，勧告の対象である法3条，4条5項，5条及び6条3項の規定に違反する行為に対する措置についての事業者の予見可能性を高め，当該違反行為の未然防止を図る目的」という前置きを記載し，制裁手段ではなく，情報提供を目的とするものと整理しているものと考えられる。なお，下請法においては，平成15年改正（平成15年法律第87号）前までは，改正前下請法7条4項で勧告に従わなかった場合は公表する旨が定められていたが，平成15年改正（平成16年4月1日施行）により，同項は削除され，勧告時点で公表することとなった。これに対し，本法においては，法9条において，勧告に従わなかった場合は勧告に係る措置をとるよう命令し，公表する旨が定められている中，運用上は勧告時点でも事業者名等も公表することとしており，やや過剰な運用であるようにも思われる（情報提供の趣旨であれば，事業者名等の事業者を特定できる情報までを載せる必要は必ずしもないだろう）。

166 第2章 特定受託事業者に係る取引の適正化

| 勧告 | 法違反があり，下請事業者が受ける不利益が重大である場合等に書面で行われ，「事業者名」，「違反事実の概要」，「勧告の概要」等を公表する。また，改善措置を講じることを求める。 |

　下請法違反の場合，勧告は書面で行われ，勧告を受けた者は，違反行為の改善，下請事業者が被った不利益の回復等の措置を講じ，その結果の報告（改善報告書の提出）を公正取引委員会から求められることになる。

2　勧告に対する対応

　前記第2の1のとおり，本条による勧告に従わない場合には，法9条に基づく命令や公表に移行する可能性があるから，（特定）業務委託事業者は，勧告を受けた場合，速やかに当該勧告に係る措置をとることが肝要である。

　特に，法22条に基づく助言・指導ではなく，本条に基づく勧告に至っているということは，軽微な事案ではなかったり，法22条に基づく助言・指導に従っていないケースが想定されることから，少なくとも勧告を受けた段階に至っては，公表や命令を回避するためにも，公正取引委員会に改善を求められた具体的事項に対し，真摯に向き合って速やかに改善を行い，公正取引委員会に改善した旨の報告を行うことになる。

　なお，前記第2の4のとおり，公正取引委員会は，勧告を行った場合，「事業者名」，「違反事実の概要」，「勧告の概要」等を公表するとしている。そのため，勧告の段階でも公表が（原則としてという形でなく）行われてしまう点で，下請けの場合よりも強い効果が生じるものであり，結果的に企業のレピュテーションに影響するおそれがある。したがって，平時より，本法の違反が生じないよう社内の法遵守体制を徹底するとともに，法22条に基づく指導・助言が行われた場合は，公正取引委員会に改善を求められた具体的事項に対し，真摯に向き合って速やかに改善を行うなど，勧告に至らないような対応を心掛ける必要がある。

（命令）

第九条　公正取引委員会は，前条の規定による勧告を受けた者が，正当な理由が
　　なく，当該勧告に係る措置をとらなかったときは，当該勧告を受けた者に対し，
　　当該勧告に係る措置をとるべきことを命ずることができる。

2　公正取引委員会は，前項の規定による命令をした場合には，その旨を公表す
　　ることができる。

第1　本条の趣旨

　本条は，特定受託事業者に係る取引の適正化を図るため，公正取引委員会が，
正当な理由なく，法3条から法5条又は法6条3項の規定に違反する行為につ
いてなされた勧告に従わなかった業務委託事業者に対し，命令することができ
る（本条1項）とともに，命令した旨を公表することができることを規定する
（本条2項）ものである。

第2　条文解説

1　「前条の規定による勧告を受けた者」（法9条1項）

　本条に基づく勧告を受けた（特定）業務委託事業者を指す。

2　「正当な理由なく」（法9条1項）

　「正当な理由」か否かは，取引の適正化等の観点から判断され，業務委託事
業者の事業運営上の理由等（取引の適正化等と直接関係しないもの）は考慮さ
れないと解される。例えば，報酬代金の減額の事案で，減額相当額の支払を勧
告した場合について，特定受託事業者が特定業務委託事業者に誤った口座番号

168　第2章　特定受託事業者に係る取引の適正化

を伝えていたため，特定業務委託事業者が減額相当額の振込みをできなかった場合等が「正当な理由」の一事由として考えられる。

3 「勧告に係る措置をとらなかったとき」（法9条1項）

「勧告に係る措置をとらなかったとき」とは，勧告に係る措置の実施を拒んだ場合や，措置の実施を一旦は応諾したとしても，公正取引委員会において相当と認める一定期間内に当該措置が実施されず，又は実施することにつき誠意が見られなかった場合をいうと解される。換言すれば，勧告前から勧告後一定期間経過後にかけて何ら状況に変化が認められない場合が挙げられる。

「勧告に係る措置をとらなかったとき」の判断については，ある程度の柔軟性は認められると解され，是正に向けた努力をしている場合には，是正に向けた取組みのためやむを得ないと認められる期間は猶予し，当該期間を経過してもなお是正されないときには，誠意がみられなかったとして命令・公表の対象になると考えられる。このように，公正取引委員会においては，「勧告に係る措置をとらなかったとき」に当たるかどうかの判断において，いわゆる要件裁量が与えられていると解される。

4 「当該勧告に係る措置をとるべきことを命ずることができる」（法9条1項）

行政処分として，勧告に係る措置を命じることができることを意味する。

条文上「できる」という文言をもって定められているため，公正取引委員会には，勧告に係る措置を命じるか否かについて，いわゆる効果裁量（命令を行うか否かの裁量）が与えられていると解される。そのため，前記3の「勧告に係る措置をとらなかったとき」に該当する場合でも，各事案の具体的な事情を踏まえ，勧告に係る措置を命じないと判断することも可能である。すなわち，「勧告に係る措置をとらなかったとき」に該当したとしても，過去の法違反や勧告への対応状況，事案の軽重等を踏まえ，今回の勧告との関係では，その勧告に係る措置を命じないという裁量判断を行うことも理論上は可能である。

第9条（命令）　169

　なお，本条1項に基づく命令は行政処分（行政手続法2条2号・4号の「不利益処分」，行政事件訴訟法3条2項の「処分」）であるため，行政手続法第3章の不利益処分に係る手続の対象になるほか，行政事件訴訟法に基づく取消訴訟の対象になる[88]。また，行政事件訴訟法46条に基づき，取消訴訟を行うことができる旨，被告とすべき者，出訴期間が教示される（行政実務においては，書面で処分を通知する際に，その書面に行政事件訴訟法46条に基づく教示文を記載することが一般的である）。

5　「前項の規定による命令をした場合には，その旨を公表することができる」（法9条2項）

　公表の方法について，本条では特に定められていないが，公正取引委員会において，官報掲載のほか，ホームページや新聞等に掲載をすることが考えられる。

　なお，本条1項に基づく命令と同様，条文上「できる」という文言をもって定められているため，公正取引委員会には，公表を行うか否かについて，いわゆる効果裁量（公表を行うか否かの裁量）が与えられていると解される。公表は，一種の社会的制裁を加えるものであって，事業者の社会的信用に関わる問題となることから，その不利益性の大きさ（レピュテーションリスク）を踏まえると，公正取引委員会の裁量判断は本来的には慎重になされるべきであると考えられるが，一方で，公正取引委員会「特定受託事業者に係る取引の適正化等に関する法律第2章違反事件に係る公正取引委員会の対応について」（令和6年10月1日）によれば，勧告を行った場合には「事業者名」，「違反事実の概要」，「勧告の概要」等を公表することが明言されていることからすると，この命令がなされた場合も一律に公表することを想定していることが窺える。

　仮に公表がなされた場合，事業者側としては，この公表の違法性について国家賠償請求等で争うこともあり得るが，一方で，行政訴訟実務においては，基

---

[88]　なお，法10条の「第2 条文解説」のとおり，本条に基づく命令について，抗告訴訟に関しては独禁法が準用されており，また，行政不服審査法は適用除外となっている。

170 第2章 特定受託事業者に係る取引の適正化

本的には，国の権限行使に係る裁量判断は広く解されており，社会観念上著しく妥当性を欠き，裁量権を逸脱・濫用したと認められる場合に限り，国家賠償法上違法であると評価されるため，実際に国家賠償請求訴訟において公表の違法性が認められるケースは極めて限定的であると考えられる。なお，公表に係る裁量権を逸脱・濫用したか否かは，個別具体的な事案にもよるが，公表の必要性，公表内容やその内容が公表されることによる違反事業者の不利益，義務違反の程度や悪質性，過去の法違反や勧告への対応状況，事案の軽重等を考慮し，公表に係る裁量権を逸脱・濫用したか否かが判断されるものと解される。

6　措置命令書等の送達等

　本条1項に定める命令書又は命令の取消し若しくは変更の決定に係る決定書（以下「措置命令書等」という）の送達や措置命令書等の更正決定については，本条1項に基づく命令に関して独禁法の諸規定を準用していること（法10条）との関係で，公取委関係法施行規則において，以下のとおり定められている。独禁法の諸規定の準用については，法10条の「第2 条文解説」を参照されたい。

◆公取委関係法施行規則

（措置命令書等の送達）
第七条　法第九条第一項の規定による命令に係る命令書又は当該命令の取消し若しくは変更の決定に係る決定書（以下この条及び第九条において「措置命令書等」という。）の謄本は，名宛人又は代理人にこれを送達しなければならない。
2　措置命令書等の謄本の送達に当たっては，法第九条第一項の規定による命令及び当該命令の変更の決定について取消しの訴えを提起することができる場合には，その旨を記載した通知書を添付するものとする。

（公示送達の方法）
第八条　公正取引委員会は，公示送達があったことを官報又は新聞紙に掲載することができる。外国においてすべき送達については，公正取引委員会は，官報又は新聞紙への掲載に代えて，公示送達があったことを通知することができる。

第9条（命令）　171

（更正決定）

第九条　措置命令書等に誤記その他明白な誤りがあるときは，公正取引委員会
　　は，職権又は申立てにより，更正決定をすることができる。

2　更正決定に対しては，決定書の謄本の送達を受けた日から二週間以内に，公
　　正取引委員会に対し，文書をもって異議の申立てをすることができる。

3　公正取引委員会は，前項の異議申立てを却下したときは，これを申立人に通
　　知しなければならない。

第3 実務対応

　万が一，本条に基づき事業者名等が公表された場合は，（特定）業務委託事
業者が被る不利益（レピュテーションリスク）は極めて大きい。そのため，**法
8条の「第3 実務対応」**においても解説したとおり，（特定）業務委託事業者
は，勧告を受けた場合，速やかに当該勧告に係る措置をとることにより，公正
取引委員会において命令や公表といったステップに移行されないように対応す
ることが肝要である（いったん公表されてしまうと，そのレピュテーションを
回復するのは容易ではないため，いずれにせよ命令や公表を回避するに越した
ことはない）[89]。

89　なお，公正取引委員会の「特定受託事業者に係る取引の適正化等に関する法律第2章違反事件に
　　係る公正取引委員会の対応について」（令和6年10月1日）において，公正取引委員会は，第2章
　　違反に係る勧告を行った場合，「事業者名」，「違反事実の概要」，「勧告の概要」等を公表するとし
　　ており，勧告の段階でも，公表によるレピュテーションへの影響は一定程度生じ得る。もっとも，
　　命令及びその公表のほうが，世間一般から「勧告にも従わなかった企業・法人」と見られるという
　　点で，信用低下の度合いやレピュテーションへの影響度がより高いと考えられるため，その点でも
　　命令や公表を回避すべきであろう。

172　第2章　特定受託事業者に係る取引の適正化

> （私的独占の禁止及び公正取引の確保に関する法律の準用）
> 第十条　前条第一項の規定による命令をする場合については，私的独占の禁止及び公正取引の確保に関する法律（昭和二十二年法律第五十四号）第六十一条，第六十五条第一項及び第二項，第六十六条，第七十条の三第三項及び第四項，第七十条の六から第七十条の九まで，第七十条の十二，第七十六条，第七十七条，第八十五条（第一号に係る部分に限る。），第八十六条，第八十七条並びに第八十八条の規定を準用する。

第1│本条の趣旨

　本条は，法9条1項の規定に基づき公正取引委員会が行う命令について，①命令書の記載事項及び命令の意思決定手続（独禁法61条，65条1項及び2項，66条），②命令の変更又は取消し（独禁法70条の3第3項及び第4項），③命令書の送達手続（独禁法70条の6，70条の7，70条の8，70条の9），④行政不服審査法の適用除外（独禁法70条の12），⑤事件処理手続に係る公正取引委員会の規則制定権（独禁法76条），⑥抗告訴訟（独禁法77条，85条1号，86条，87条，88条）に関する独禁法の規定を準用するものである。

　本法の規定に基づく公正取引委員会による命令（法9条1項）についても，独禁法と同様に，公正取引委員会の職権行使の独立性が及ぶこととなり（独禁法28条，27条の2第6号）[90]，独禁法と同様の取扱いとすることが妥当であるため，独禁法の規定を準用したものであると考えられる。

　なお，条文構成上明らかなとおり，本条にて準用される独禁法の規定は，公正取引委員会が行う命令（法9条1項）にのみ適用され，厚生労働大臣が行う命

---

[90]　公正取引委員会の職権行使の独立性が認められる理由として，①その時々の政府の政策や意向に左右されない中立的な法執行を担保すべきこと，②専門技術性に基づく判断を尊重すべきこと，③特に慎重な手続により行われる事件処理においては裁判官の独立性（憲法76条3項）に準じた取扱いが必要であること等が挙げられる（村上政博ら編『独占禁止法の手続と実務』（中央経済社，2015年）74頁）。

第10条（私的独占の禁止及び公正取引の確保に関する法律の準用） 173

令（法19条1項）には適用されない。

第2 条文解説

1 命令書の記載事項及び命令の意思決定手続

　命令書の記載事項及び命令の意思決定手続について，本法に準用される独禁法の規定は，以下のとおりである（独禁法61条，65条1項及び2項，66条）。本法に基づく公正取引委員会による命令（法9条1項）も，合議制の独立行政委員会である公正取引委員会における正式な行政処分であり，従わない場合に罰則が科される（法24条1号）という点で独禁法の排除措置命令等と同様である。したがって，公正取引委員会の合議によるべきと考えられることから，命令の意思決定手続や命令書の記載事項等の形式について独禁法の規定を準用するものであると考えられる。

(1) 命令書の記載事項（独禁法61条）

◆独禁法

> 第六十一条　排除措置命令は，文書によつて行い，排除措置命令書には，違反行為を排除し，又は違反行為が排除されたことを確保するために必要な措置並びに公正取引委員会の認定した事実及びこれに対する法令の適用を示し，委員長及び第六十五条第一項の規定による合議に出席した委員がこれに記名押印しなければならない。
> 2　排除措置命令は，その名あて人に排除措置命令書の謄本を送達することによつて，その効力を生ずる。

(2) 命令の意思決定手続（独禁法65条1項及び2項）

　独禁法65条2項は同法34条1項，2項及び4項を準用している。

174　第2章　特定受託事業者に係る取引の適正化

◆独禁法

> 第六十五条　排除措置命令，納付命令，競争回復措置命令，第四十八条の三第三項の認定及び第四十八条の七第三項の認定並びにこの節の規定による決定（第七十条第二項に規定する支払決定を除く。以下同じ。）は，委員長及び委員の合議によらなければならない。
> 2　第三十四条第一項，第二項及び第四項の規定は，前項の合議について準用する。

◆独禁法

> 第三十四条　公正取引委員会は，委員長及び二人以上の委員の出席がなければ，議事を開き，議決することができない。
> 2　公正取引委員会の議事は，出席者の過半数を以て，これを決する。可否同数のときは，委員長の決するところによる。
> 3　（略）
> 4　委員長が故障のある場合の第一項の規定の適用については，前条第二項に規定する委員長を代理する者は，委員長とみなす。

⑶　合議の非公開（法66条）

◆独禁法

> 第六十六条　公正取引委員会の合議は，公開しない。

2　命令の変更又は取消し

　命令の変更又は取消しについて，本法に準用される独禁法の規定は，以下のとおりである（独禁法70条の3第3項及び第4項）。本法に基づく公正取引委員会による命令（法9条1項）に違反した場合には罰則が科せられる（法24条1号）こと

第10条（私的独占の禁止及び公正取引の確保に関する法律の準用）　175

に鑑みれば，当該命令を維持することが適当ではない場合に，名宛人の利益を害しない範囲で変更又は取消しを行うことを可能とすることが適当であることは独禁法に基づく命令の場合と変わりはないため，命令の変更又は取消しに係る独禁法の規定を準用するものであると考えられる。

　なお，独禁法70条の３第４項は，同法63条３項及び４項を準用している。

◆独禁法

第七十条の三　（略）

2　（略）

3　公正取引委員会は，経済事情の変化その他の事由により，排除措置命令又は競争回復措置命令を維持することが不適当であると認めるときは，決定でこれを取り消し，又は変更することができる。ただし，排除措置命令又は競争回復措置命令の名宛人の利益を害することとなる場合は，この限りでない。

4　第六十三条第三項及び第四項の規定は，前項の規定による決定について準用する。

◆独禁法

第六十三条　（略）

2　（略）

3　前二項の規定による決定は，文書によつて行い，決定書には，公正取引委員会の認定した事実及びこれに対する法令の適用を記載し，委員長及び第六十五条第一項の規定による合議に出席した委員がこれに記名押印しなければならない。

4　第一項及び第二項の規定による決定は，その名宛人に決定書の謄本を送達することによつて，その効力を生ずる。

5　（略）

176 第2章 特定受託事業者に係る取引の適正化

3 命令書の送達手続

命令の送達手続について，本法に準用される独禁法の規定は，以下のとおりである（独禁法70条の6，70条の7，70条の8，70条の9）。本法に基づく公正取引委員会による命令（法9条1項）についても，独禁法の排除措置命令等と同様の手続を取ることとして，独禁法61条を準用して命令書の謄本を送達して行うものであることから，送達の手続に係る規定も併せて準用するものであると考えられる。

(1) 送達書類（独禁法70条の6）

◆独禁法

第七十条の六　送達すべき書類は，この法律に規定するもののほか，公正取引委員会規則で定める。

(2) 送達方法（独禁法70条の7）

独禁法70条の7は，送達方法について，民事訴訟法（平成8年法律第109号）99条，101条，103条，105条，106条，108条及び109条を準用している。

◆独禁法

第七十条の七　書類の送達については，民事訴訟法（平成八年法律第百九号）第九十九条，第百一条，第百三条，第百五条，第百六条，第百八条及び第百九条の規定を準用する。この場合において，同法第九十九条第一項中「執行官」とあるのは「公正取引委員会の職員」と，同法第百八条中「裁判長」とあり，及び同法第百九条中「裁判所」とあるのは「公正取引委員会」と読み替えるものとする。

◆民事訴訟法

（送達実施機関）
第九十九条　送達は，特別の定めがある場合を除き，郵便又は執行官（※公正取
　引委員会の職員）によってする。
2　郵便による送達にあっては，郵便の業務に従事する者を送達をする者とする。

（交付送達の原則）
第百一条　送達は，特別の定めがある場合を除き，送達を受けるべき者に送達す
　べき書類を交付してする。

（送達場所）
第百三条　送達は，送達を受けるべき者の住所，居所，営業所又は事務所（以下
　この節において「住所等」という。）においてする。ただし，法定代理人に対
　する送達は，本人の営業所又は事務所においてもすることができる。
2　前項に定める場所が知れないとき，又はその場所において送達をするのに支
　障があるときは，送達は，送達を受けるべき者が雇用，委任その他の法律上の
　行為に基づき就業する他人の住所等（以下「就業場所」という。）においてす
　ることができる。送達を受けるべき者（次条第一項に規定する者を除く。）が
　就業場所において送達を受ける旨の申述をしたときも，同様とする。

（出会送達）
第百五条　前二条の規定にかかわらず，送達を受けるべき者で日本国内に住所等
　を有することが明らかでないもの（前条第一項前段の規定による届出をした者
　を除く。）に対する送達は，その者に出会った場所においてすることができる。
　日本国内に住所等を有することが明らかな者又は同項前段の規定による届出を
　した者が送達を受けることを拒まないときも，同様とする。

（補充送達及び差置送達）
第百六条　就業場所以外の送達をすべき場所において送達を受けるべき者に出会

178 第2章 特定受託事業者に係る取引の適正化

わないときは，使用人その他の従業者又は同居者であって，書類の受領について相当のわきまえのあるものに書類を交付することができる。郵便の業務に従事する者が日本郵便株式会社の営業所において書類を交付すべきときも，同様とする。

2 就業場所（第百四条第一項前段の規定による届出に係る場所が就業場所である場合を含む。）において送達を受けるべき者に出会わない場合において，第百三条第二項の他人又はその法定代理人若しくは使用人その他の従業者であって，書類の受領について相当のわきまえのあるものが書類の交付を受けることを拒まないときは，これらの者に書類を交付することができる。

3 送達を受けるべき者又は第一項前段の規定により書類の交付を受けるべき者が正当な理由なくこれを受けることを拒んだときは，送達をすべき場所に書類を差し置くことができる。

（外国における送達）
第百八条 外国においてすべき送達は，裁判長（※公正取引委員会）がその国の管轄官庁又はその国に駐在する日本の大使，公使若しくは領事に嘱託してする。

（送達報告書）
第百九条 送達をした者は，書面を作成し，送達に関する事項を記載して，これを裁判所（※公正取引委員会）に提出しなければならない。

(3) 公示送達（独禁法70条の8）

◆独禁法

第七十条の八 公正取引委員会は，次に掲げる場合には，公示送達をすることができる。

一 送達を受けるべき者の住所，居所その他送達をすべき場所が知れない場合

二 外国においてすべき送達について，前条において読み替えて準用する民事訴訟法第百八条の規定によることができず，又はこれによつても送達をする

第10条（私的独占の禁止及び公正取引の確保に関する法律の準用）　179

　　　ことができないと認めるべき場合
　　三　前条において読み替えて準用する民事訴訟法第百八条の規定により外国の
　　　管轄官庁に嘱託を発した後六月を経過してもその送達を証する書面の送付が
　　　ない場合
　2　公示送達は，送達すべき書類を送達を受けるべき者にいつでも交付すべき旨
　　を公正取引委員会の掲示場に掲示することにより行う。
　3　公示送達は，前項の規定による掲示を始めた日から二週間を経過することに
　　よつて，その効力を生ずる。
　4　外国においてすべき送達についてした公示送達にあつては，前項の期間は，
　　六週間とする。

⑷　電子ファイルへの記録（独禁法70条の９）

◆独禁法

第七十条の九　公正取引委員会の職員が，情報通信技術を活用した行政の推進等
　に関する法律（平成十四年法律第百五十一号）第三条第九号に規定する処分通
　知等であつてこの法律又は公正取引委員会規則の規定により書類の送達により
　行うこととしているものに関する事務を，情報通信技術を活用した行政の推
　進等に関する法律第七条第一項の規定により同法第六条第一項に規定する電
　子情報処理組織を使用して行つたときは，第七十条の七において読み替えて準
　用する民事訴訟法第百九条の規定による送達に関する事項を記載した書面の
　作成及び提出に代えて，当該事項を当該電子情報処理組織を使用して公正取引
　委員会の使用に係る電子計算機（入出力装置を含む。）に備えられたファイル
　に記録しなければならない。

4　行政不服審査法の適用除外

　行政不服審査法の適用除外について，本法に準用される独禁法の規定は，以
下のとおりである（独禁法70条の12）。本法に基づく公正取引委員会による命令

180 第2章 特定受託事業者に係る取引の適正化

（法9条1項）については，独禁法の排除措置命令等と同様に，公正・中立性及び専門性を有する公正取引委員会の委員長及び委員が合議により慎重に審理して判断するものであり，その判断に係る手続の公正性は確保されているといえる。そのため，改めて不服審査を認める必要性に乏しいとの考えから，行政不服審査法の適用除外とするために当該規定を準用するものであると考えられる。

◆独禁法

> 第七十条の十二　公正取引委員会の排除措置命令，納付命令及び競争回復措置命
> 　令並びにこの節の規定による認定，決定その他の処分（第四十七条第二項の規
> 　定による審査官の処分及びこの節の規定による指定職員の処分を含む。）又は
> 　その不作為については，審査請求をすることができない。

5　事件処理手続に係る公正取引委員会の規則制定権

事件処理手続に係る公正取引委員会の規則制定権について，本法に準用される独禁法の規定は，以下のとおりである（独禁法76条）。独禁法においては，内閣府設置法（平成11年法律第89号）58条4項の「各委員会及び各庁の長官は，法律の定めるところにより，政令及び内閣府令以外の規則その他の特別の命令を自ら発することができる」という規定を受けて，公正取引委員会の規則制定権が定められていることから，本法においても同様に公正取引委員会の事件処理手続等について必要な規則を定めることができるよう，独禁法の規定を準用するものであると考えられる。

◆独禁法

> 第七十六条　公正取引委員会は，その内部規律，事件の処理手続及び届出，認可
> 　又は承認の申請その他の事項に関する必要な手続について規則を定めること
> 　ができる。
> 2　前項の規定により事件の処理手続について規則を定めるに当たつては，排除

措置命令，納付命令，競争回復措置命令，第四十八条の三第三項の認定及び第四十八条の七第三項の認定並びに前節の規定による決定（以下「排除措置命令等」という。）の名宛人となるべき者が自己の主張を陳述し，及び立証するための機会が十分に確保されること等当該手続の適正の確保が図られるよう留意しなければならない。

6　抗告訴訟

(1)　被告適格（独禁法77条）

　本法に基づく公正取引委員会による命令（法9条1項）に係る抗告訴訟についても，公正取引委員会の職権行使の独立性が及ぶため，独禁法と同様に，被告適格を公正取引委員会とするよう，独禁法の規定を準用するものであると考えられる。

◆独禁法

第七十七条　排除措置命令等に係る行政事件訴訟法（昭和三十七年法律第百三十九号）第三条第一項に規定する抗告訴訟については，公正取引委員会を被告とする。

(2)　東京地方裁判所の専属管轄・合議体（独禁法85条1号，86条，87条）

　独禁法の行政処分に係る司法審査においては，裁判所の専門的かつ合一的な判断を確保する必要があること，また，司法審査が慎重に行われるための制度的担保が必要であることから，第一審機能を東京地方裁判所に集中して委ねるとともに，同地裁及び第二審たる東京高等裁判所における審理・裁判を合議体で行うことを義務づけるなどしていることから，本法に基づく公正取引委員会による命令（法9条1項）に係る抗告訴訟についても同様の取扱いとするよう，独禁法の規定を準用するものであると考えられる。

◆独禁法

第八十五条　次に掲げる訴訟及び事件は，東京地方裁判所の管轄に専属する。
　　一　排除措置命令等に係る行政事件訴訟法第三条第一項に規定する抗告訴訟
　　二　(略)

第八十六条　東京地方裁判所は，第八十五条各号に掲げる訴訟及び事件並びに前条に規定する訴訟については，三人の裁判官の合議体で審理及び裁判をする。
2　前項の規定にかかわらず，東京地方裁判所は，同項の訴訟及び事件について，五人の裁判官の合議体で審理及び裁判をする旨の決定をその合議体ですることができる。
3　前項の場合には，判事補は，同時に三人以上合議体に加わり，又は裁判長となることができない。

第八十七条　東京地方裁判所がした第八十五条第一号に掲げる訴訟若しくは第八十五条の二に規定する訴訟についての終局判決に対する控訴又は第八十五条第二号に掲げる事件についての決定に対する抗告が提起された東京高等裁判所においては，当該控訴又は抗告に係る事件について，五人の裁判官の合議体で審理及び裁判をする旨の決定をその合議体ですることができる。

⑶　「国の利害に関係のある訴訟についての法務大臣の権限等に関する法律」の適用除外（独禁法88条）

　本法に基づく公正取引委員会による命令（法9条1項）に係る抗告訴訟についても，公正取引委員会の職権行使の独立性が及ぶため，被告適格を公正取引委員会とすることと併せて，国の利害に関係のある訴訟についての法務大臣の権限等に関する法律（昭和22年法律第194号）の規定に基づく法務大臣の指揮等の適用を除外するよう，独禁法の規定を準用するものであると考えられる。

第10条（私的独占の禁止及び公正取引の確保に関する法律の準用）　183

◆独禁法

> 第八十八条　排除措置命令等に係る行政事件訴訟法第三条第一項に規定する抗告訴訟については，国の利害に関係のある訴訟についての法務大臣の権限等に関する法律（昭和二十二年法律第百九十四号）第六条の規定は，適用しない。

　なお，独禁法88条が適用除外とした国の利害に関係のある訴訟についての法務大臣の権限等に関する法律6条の規定は，以下のとおりである。

◆国の利害に関係のある訴訟についての法務大臣の権限等に関する法律

> 第六条　前条第一項の訴訟（※当該行政庁の処分（行政事件訴訟法（昭和三十七年法律第百三十九号）第三条第二項に規定する処分をいう。）又は裁決（同条第三項に規定する裁決をいう。）に係る同法第十一条第一項（同法第三十八条第一項（同法第四十三条第二項において準用する場合を含む。）又は同法第四十三条第一項において準用する場合を含む。）の規定による国を被告とする訴訟又は当該行政庁を当事者若しくは参加人とする訴訟）については，行政庁は，法務大臣の指揮を受けるものとする。
> 2　法務大臣は，前条第一項の訴訟について，必要があると認めるときは，所部の職員でその指定するもの若しくは訴訟代理人に選任する弁護士にその訴訟を行わせ，又は同項若しくは同条第三項の規定により行政庁の指定し，若しくは選任した者を解任することができる。

第3　実務対応

　前記第2のとおり，法9条1項に基づく公正取引委員会の命令については，通常の行政処分とは異なり，独禁法上の特例が適用されているため，万が一公正取引委員会により命令がなされた場合において，その命令の手続や効力等を争う場合には，独禁法上の手続に沿った対応が必要となることに留意する必要がある。

184　第2章　特定受託事業者に係る取引の適正化

（報告及び検査）

第十一条　中小企業庁長官は，第七条の規定の施行に必要な限度において，業務委託事業者，特定業務委託事業者，特定受託事業者その他の関係者に対し，業務委託に関し報告をさせ，又はその職員に，これらの者の事務所その他の事業場に立ち入り，帳簿書類その他の物件を検査させることができる。

2　公正取引委員会は，第八条及び第九条第一項の規定の施行に必要な限度において，業務委託事業者，特定業務委託事業者，特定受託事業者その他の関係者に対し，業務委託に関し報告をさせ，又はその職員に，これらの者の事務所その他の事業場に立ち入り，帳簿書類その他の物件を検査させることができる。

3　前二項の規定により職員が立ち入るときは，その身分を示す証明書を携帯し，関係人に提示しなければならない。

4　第一項及び第二項の規定による立入検査の権限は，犯罪捜査のために認められたものと解釈してはならない。

第1 本条の趣旨

　公正取引委員会には勧告（法8条）及び命令（法9条）の権限が，中小企業庁長官には措置請求（法7条）の権限がそれぞれ認められているところ，これらの権限を行使するにあたっては，その裏付けとなる情報・証拠が必要となる。

　本条は，上記権限行使の裏付けとなる情報・証拠を収集するために，公正取引委員会及び中小企業庁長官に，業務委託事業者，特定業務委託事業者，特定受託事業者その他の関係者に対し，業務委託に関して報告を求め，又はその事業所等への立ち入り及び帳簿書類等の物件の検査をする権限を規定するものである。

第2 条文解説

1 「規定の施行に必要な限度において」（法11条１項・２項）

　公正取引委員会及び中小企業庁長官が報告徴収及び立入検査を行い得る範囲を明らかにするものである。具体的には，特定受託事業者の給付の内容等の明示（法３条），報酬の支払期日（法４条），特定業務委託事業者の遵守事項（法５条）及び不利益取扱いの禁止（法６条３項）について，違反行為の認定やその裏付けを行う限度で許容されるものと解される。

2 「業務委託事業者，特定業務委託事業者，特定受託事業者その他の関係者」

⑴ 「業務委託事業者，特定業務委託事業者」

　適切に事案を把握するためには，行為者である業務委託事業者・特定業務委託事業者から必要な情報を入手する必要があるところ，法違反の疑いがある業務委託事業者・特定業務委託事業者が任意調査に応じるとは限らないため，業務委託事業者・特定業務委託事業者に対する報告徴収等の権限を認めたものである。

⑵ 「特定受託事業者」

　適切に事案を把握するためには，（特定）業務委託事業者の反対当事者である特定受託事業者からも必要な情報を入手する必要があるところ，特定受託事業者の中には，継続的な取引関係にある（特定）業務委託事業者に経済的に依存し，取引先を容易に変更し得ない状況となっている者もいる。このような特定受託事業者に対して任意での調査協力を求めたとしても，（特定）業務委託事業者からの取引の停止その他の報復措置をおそれ，調査に協力しない可能性があることから，特定受託事業者に対する報告徴収等の権限を認めたものであ

186 第2章 特定受託事業者に係る取引の適正化

る。

⑶ 「その他の関係者」

「その他の関係者」は，具体的には，（特定）業務委託事業者に代わって支払代行や役務提供の履行確認等を行う事業者や，（特定）業務委託事業者の取引先等が含まれると解される。

実務上，（特定）業務委託事業者が多数の特定受託事業者と取引をするにあたり，業務効率化のため，自己に代わって支払代行や役務提供の履行確認等を他の業者に依頼することがあり得る。また，本法では，支払義務として，委託元から特定業務委託事業者への支払があったときを基準として特定受託事業者に対する支払期日が定められる（法4条3項）など，特定業務委託事業者の取引先に対しても，事実関係を照会する必要が生じるケースも想定される。

しかし，（特定）業務委託事業者の取引先は，（特定）業務委託事業者と特定受託事業者の取引については関知しておらず，調査への協力は負担となる場合がある。また，一般に，この取引先は，（特定）業務委託事業者に寄った立場にあり，（特定）業務委託事業者との取引関係を維持するため，調査に協力しない可能性もある。そのため，調査権限を行使して取引に関連する事実を把握し，もって厳正な執行を図るという観点から，（特定）業務委託事業者の取引先を含むその他の関係者に対する報告徴収等の権限が認められている。

3 「報告をさせ」（法11条1項・2項）

「報告させ」（報告徴収）とは，公正取引委員会及び中小企業庁長官が事件について必要な調査を行うため，事件調査に必要な情報について，対象者に対して，報告を求めることをいうと解される。

なお，後記7のとおり，本条違反は罰則が定められているが（法24条2号），実務上は，本条の罰則（間接強制力）を伴う報告徴収ではなく，まずは事業者の任意の協力に基づいて報告を依頼することとなると考えられる。

第11条（報告及び検査）　187

4　「事務所その他の事業場に立ち入り，帳簿書類その他の物件を検査させる」（法11条１項・２項）

　立入検査とは，公正取引委員会及び中小企業庁が事件について必要な調査を行うため，事件関係人の営業所やその他必要な場所に立ち入り，業務及び財産の状況，帳簿書類その他の物件を検査することをいう。立入検査は，報告徴収の結果等から，法違反の疑いが高まった場合に実施されることが一般的である。

　なお，**後記７**のとおり，本条違反は罰則が定められているが（法24条２号），実務上は，本条の罰則（間接強制力）を伴う立入検査ではなく，まずは事業者の任意の協力に基づく立入検査が実施されることとなると考えられる。その場合には，事前に当局担当者から日程調整の連絡があり，その際に当日必要となる書類を準備しておくように依頼がなされることが一般的である。

5　「職員が立ち入るときは，その身分を示す証明書を携帯し，関係人に提示しなければならない」（法11条３項）

　公正取引委員会及び中小企業庁長官は，その職員に立入検査等を行わせることができるところ，立入検査は私人の自由の制限を伴うものであるから，その職員が本条に基づき立ち入ることのできる権限を有する者であることを明らかにする必要がある。

　なお，実際には行政機関の職員であるとしても，身分を示す証明書を所持していないなど，身分を示す証明書を提示できなかった場合には，本条に基づく立入検査等の権限を有していることを客観的に明らかにできないため，立入検査等の対象となった者は，当該職員の立ち入りを拒む正当な理由があると認められる（拒んだとしても違法性が阻却されると考えられる）[91]。

91　判例上も，収税官吏が旧所得税法63条の規定により帳簿書類その他の物件を検査するときは，大蔵大臣の定める検査章を携帯しなければならない旨を定める旧所得税法施行規則63条について，単なる訓示的規定ではなく，特に相手方が検査章の呈示を求めたのに対し，収税官吏がこれを携帯せず，または携帯しても呈示しなかった場合には，相手方はその検査を拒む正当な理由があると判示されている（最判昭和27年３月28日刑集６巻３号546頁）。

188　第 2 章　特定受託事業者に係る取引の適正化

6　犯罪捜査との関係（法11条 4 項）

　犯罪捜査は，刑事訴追の証拠収集として行われるものであるところ，その事実認定は，適正な手続を経て収集された証拠に基づく必要があり（憲法31条），「適正な手続」として中立的な第三者である裁判官の発する令状なくして所持品の押収や住居への侵入，捜索等はすることができない（令状主義：憲法35条 1 項，刑事訴訟法218 条 1 項）。

　一方で，行政機関が行う立入検査等については，一般に，刑事責任の追及に結びつくものではないことを前提に，裁判官の発する令状なくして行うことができると解されている[92]。そのため，裏を返せば，このような行政調査によって得られた証拠が犯罪捜査のために用いられてしまうと，令状なき捜索等としての立入検査や黙秘権告知を欠く報告徴収を認めるに等しく，これは，捜査の行き過ぎを防ぎ，人権の保護を目的として，厳格な手続保障を設けている令状主義の趣旨を没却することになる。

　したがって，本条 4 項は，令状主義が適用されない行政調査を手段として犯罪捜査のための情報収集が行われたとの疑義を招かないようにするために[93]，犯罪捜査とは無関係であることを明確にしたものである[94]。

7　罰則

　本条の調査権限は，これに従わない場合には刑罰を科す間接強制の方法によ

---

[92]　川崎民商事件（最判昭和47年11月22日刑集26巻 9 号554頁）

[93]　公正取引委員会において，行政調査の手続と犯罪捜査の手続は区別されており，両者が同時並行で行われることはなく，また，審査局内では担当部門が組織的に区別されている。行政調査権限を用いて審査を開始した事件について，犯則事件の端緒になると考えられるときには，審査官は審査局長に報告し，公正取引委員会に報告した上で，犯則審査部職員による犯罪捜査に移行することになる（公正取引委員会の犯則事件の調査に関する規則（平成17年公正取引委員会規則第 6 号） 4条）。犯罪捜査の間，行政調査による審査は中断し，犯罪捜査が終了した後，行政処分を行うための行政調査が再開されることになる（村上政博ら編『独占禁止法の手続と実務』107頁（中央経済社，2015年））。

[94]　本条と同内容の規定は，間接的な強制による立入検査等の権限を行政機関に付与する法令には通常置かれている（独禁法47条 4 項，下請法 9 条 5 項等）。

第11条（報告及び検査）　189

り，その権限行使の実効性を担保している。

　具体的には，公正取引委員会又は中小企業庁長官が報告を求めたにもかかわらず報告をせず若しくは虚偽の報告をした者，又は立入検査を拒否，妨害，忌避した者に対しては，50万円以下の罰金が規定されている（法24条2号）。

　この罰則には両罰規定があり，上記の者（行為者）のほか，特定業務委託事業者等の調査対象となる事業者自身にも同じく50万円以下の罰金が規定されている（法25条）。

第3 ┃ 実務対応

1　報告徴収にあたっての留意点

⑴　本条に基づく報告徴収であるか否かの確認

　公正取引委員会及び中小企業庁は，毎年，多数の親事業者及び下請事業者に対して，下請取引に関する書面調査を発送している（定期書面調査）。この点，親事業者に対する下請事業者との取引に関する調査[95]については，下請法9条1項又は2項に基づくものであり，回答しない又は虚偽の回答をした場合には，罰則の対象となる（下請法11条）。一方で，公正取引委員会及び中小企業庁は，上記定期書面調査とは別に，特別調査として，特定の業種等に限定して調査を行う場合があるところ，例えば，令和4年度から実施されている「価格転嫁円滑化の取組に関する特別調査」については，あくまでも対象者に任意の回答を求めるものである。

　このように，公正取引委員会及び中小企業庁が実施する書面調査は，罰則を前提とする法令に基づき回答を命じるものと，任意での回答を依頼するものが存在する。今後，本法に関連する書面調査がなされることも想定されるため，本法に関連する書面調査を受領した際は，まずは，法11条1項又は2項の規定

95　一方で，下請事業者に対する親事業者との取引に関する調査については，下請法9条1項又は2項に基づくものではなく，任意の回答を求めるものであることが一般的である。

190　第2章　特定受託事業者に係る取引の適正化

に基づく回答の義務の有無を確認する必要がある。

　なお，下請取引に関する書面調査を参考にすると，法11条1項又は2項の規定に基づき報告を求める場合は，通常，報告書（回答）の様式を添付した上で，報告命令書を送達して行われることになると思われる。報告命令書には，法的根拠・報告期限・命令に応じない場合の罰則について記載されることが一般的である。一方で，事業者等の任意の協力に基づいて報告を依頼する場合には，通常，報告書の様式を添付し，報告の期限を記載した報告依頼書を送付して行われることが多い。

(2)　事実関係を確認した上で回答すること

　前記第2の7のとおり，本条1項又は2項の規定に基づく報告徴収において，虚偽の回答をした場合には，罰則の対象となる（法24条2号，25条）。

　この点につき，公正取引委員会及び中小企業庁が業務委託事業者及び特定業務委託事業者に対する書面調査だけでなく，反対当事者である特定受託事業者に対する書面調査（反面調査）も並行して実施している場合には，特定受託事業者の回答結果から，業務委託事業者及び特定業務委託事業者が虚偽の回答をしていることが発覚する可能性もある。したがって，回答にあたっては，当然のことながら，事実に反しない内容の報告をする必要がある。

　そのためには，法務担当者から取引内容を把握している現場担当者（営業担当者，調達担当者等）に照会して情報を収集する際，現場担当者の誤った判断によって虚偽の報告がなされないように，事実をありのままに報告することを全社的に周知徹底する必要がある[96]。

(3)　本法を正確に理解した上で回答すること

　実際に質問に回答する際の留意点であるが，例えば，質問に対する回答に，「ある」又は「ない」といった二者択一の選択肢しか用意されていない場合に

---

[96]　内田清人ら編『下請法の法律相談』（青林書院，2022年）456〜457頁参照。

おいて，「ある」又は「ない」といった回答だけ見れば違反行為が疑われる場合であっても，個別事情を踏まえれば本法違反とならない場合も多々ある。そのような場合には，選択肢に回答した上で，備考欄や別紙にて別途補足説明を記載することが認められているが，補足説明の要否やその内容を検討するにあたっては，本法についての一定の知識及び当該知識に基づいた法的評価が必要である[97]。

　このような場合には，社内だけで内容を検討し，回答することに固執せず，外部の弁護士に相談した上で，回答内容を決定することも検討する必要がある。

(4)　情報の一元化

　書面調査に対する回答にあたっては，実際に取引内容を把握している現場担当者から収集した情報を一元化したほうが，回答内容を検討しやすい。したがって，（特定）業務委託事業者においては，日頃から特定受託事業者との間の取引情報を一元管理しておくことが望ましい。

　なお，回答後，その内容について，公正取引委員会又は中小企業庁による追加調査（追加の報告徴収や立入検査）が実施される可能性もあるため，回答内容は，回答後一定期間は法務部や回答責任者の管理の下で保存しておくことが望ましい。

2　立入検査にあたっての留意点

(1)　事前の準備

　公正取引委員会及び中小企業庁は，書面調査等を端緒に本法違反の嫌疑が高まった場合には，対象事業者の事業所を訪問して実地調査（立入検査）を実施することが一般的である。実地調査においては，担当者への事情聴取や発注書面・帳簿等の書類の確認がなされる。なお，下請取引に関する実地調査の運用に鑑みれば，本法に係る実地調査についても，本条に基づく間接強制力を伴う

---

[97]　内田清人ら編『下請法の法律相談』（青林書院，2022年）457頁参照。

192　第2章　特定受託事業者に係る取引の適正化

立入検査ではなく，まずは対象事業者の任意の協力を得て行われることもあると考えられる[98]。

そして，下請取引に関する実地調査の運用によれば，対象事業者の任意の協力を得て行われる実地調査は，以下の流れで実施されると考えられる。

---

① 調査依頼書面の受領（日程調整及び準備資料の告知）

② 資料の準備

③ 公正取引委員会・中小企業庁担当官による事情聴取及び資料確認（実地調査当日）

④ 公正取引委員会・中小企業庁担当官からの講評

⑤ 公正取引委員会・中小企業庁への改善報告

仮に公正取引委員会・中小企業庁から実地調査の依頼があった場合には，要請のあった資料を準備・整理することと並行して，関係部署へヒアリングを行い，関連資料を確認した上で，本法違反のおそれのある行為の内容及び特定受託事業者への不利益の程度を確認し，当日，公正取引委員会・中小企業庁に説明する内容を吟味する必要がある。

(2)　弁護士の立会い

立入検査においては，対象事業者等からの求めがあれば，立入検査の円滑な実施に支障がない範囲で弁護士を立ち会わせることも可能である[99]。

ただし，弁護士の立会いは，対象事業者の権利として認められるものではないため，弁護士の立会いがないと立入検査を行うことができないというものではなく，弁護士が到着しないことを理由に立入検査を拒むことはできない。

したがって，事前に立入検査の日程調整が行われている場合には，準備すべ

---

[98]　調査に協力しない場合に罰則を伴う法的権限を行使しなくても，ほとんどの対象事業者から事件調査に対する協力が得られることから，特に権限行使の必要がある場合を除いては，実務上，任意調査の手法が採られている（内田清人ら編『下請法の法律相談』（青林書院，2022年）460頁）。

[99]　「独占禁止法審査手続に関する指針」（平成27年12月25日公正取引委員会決定：令和2年7月7日改正）第2の1(5)参照。

き資料について弁護士に相談するとともに，弁護士の立ち会いの要否について検討する必要がある。

　また，仮に，事前の調整なく急遽立入検査がなされたときのために，事前に対応マニュアルを作成し，対応方針の社内周知を図っておくことも肝要である。そのとき，現場が立入検査の事実を把握した際には，早急に現場から法務部及び弁護士に連絡をすることができるよう，立入検査時の連絡網も整備しておくことが望ましい。

194　第3章　特定受託業務従事者の就業環境の整備

第3章
特定受託業務従事者の就業環境の整備

（募集情報の的確な表示）

第十二条　特定業務委託事業者は，新聞，雑誌その他の刊行物に掲載する広告，文書の掲出又は頒布その他厚生労働省令で定める方法（次項において「広告等」という。）により，その行う業務委託に係る特定受託事業者の募集に関する情報（業務の内容その他の就業に関する事項として政令で定める事項に係るものに限る。）を提供するときは，当該情報について虚偽の表示又は誤解を生じさせる表示をしてはならない。

2　特定業務委託事業者は，広告等により前項の情報を提供するときは，正確かつ最新の内容に保たなければならない。

第1│本条の趣旨

　本条は，新聞，雑誌その他の刊行物に掲載する広告等を利用した方法により特定受託事業者の募集を行おうとする特定業務委託事業者が，就業に関する募集情報を提供するときは，虚偽の表示又は誤解を生じさせる表示をしてはならず，また，正確かつ最新の内容に保つこと（以下，総称して「**的確表示**」という）を義務づけるものである（以下，これらの義務を総称して「**的確表示義務**」という）。的確表示義務は，①虚偽表示禁止，②誤解表示禁止，③正確最新保持の3つにより構成される。

　募集情報に虚偽の表示又は誤解を生じさせる表示があった場合には，特定受

託事業者が募集情報を確認してから発注事業者に接触し，条件等を確認するまでの労力が徒労に終わることになり，特定受託事業者が個人で働くという性質上，その徒労に終わった時間はそのまま事業機会の損失（就業機会の損失）となってしまう。また，正確かつ最新の募集情報が掲載されることは，特定受託事業者本人の能力を適切に発揮する観点からも重要である。

　以上を踏まえ，本条は，特定受託事業者が契約の相手方となる特定業務委託事業者を選択するにあたって重要な募集情報について，的確性を確保すること等により，特定業務委託事業者とのトラブルを防止するとともに，特定受託事業者がその能力を適切に発揮できる契約先を選択できるようにすることで，より特定受託事業者の希望に沿った別の就業機会の損失を防ぐ等，特定受託事業者の就業環境の整備を図ろうとするものである[1]。

第2　条文解説

1　「新聞，雑誌その他の刊行物に掲載する広告，文書の掲出又は頒布その他厚生労働省令で定める方法」（法12条1項）

　的確表示の対象となる募集情報の提供方法は，新聞，雑誌その他の刊行物に掲載する広告，文書の掲出又は頒布その他厚生労働省令で定める方法である。

　「その他厚生労働省令で定める方法」は，厚労省関係法施行規則において，以下のとおり定められている。

◆厚労省関係法施行規則

（法第十二条第一項の厚生労働省令で定める方法）
第一条　特定受託事業者に係る取引の適正化等に関する法律（以下「法」とい

---

[1]　特に昨今では，クラウドソーシングサービス等が提供されるデジタルプラットフォームを通して就業するケースが多く見られ，今後もそのような働き方が増えていくことが見込まれる中，SNSやウェブページ上で募集をする場面において，本条の規制が問題となることが見込まれる。

う。）第十二条第一項の厚生労働省令で定める方法は，書面の交付の方法，ファクシミリを利用してする送信の方法若しくは電子メールその他のその受信をする者を特定して情報を伝達するために用いられる電気通信（電気通信事業法（昭和五十九年法律第八十六号）第二条第一号に規定する電気通信をいう。以下「電子メール等」という。）の送信の方法又は著作権法（昭和四十五年法律第四十八号）第二条第一項第八号に規定する放送，同項第九号の二に規定する有線放送若しくは同項第九号の五イに規定する自動公衆送信装置その他電子計算機と電気通信回線を接続してする方法その他これらに類する方法とする。

　電子メール等の「その他のその受信する者を特定して情報を伝達するために用いられる電気通信」とは，具体的にはSNS（ソーシャル・ネットワーク・サービス）等のメッセージ機能等を利用した電気通信が該当する（指針第2の1(3)）。

　「著作権法（昭和四十五年法律第四十八号）第二条第一項第八号に規定する放送，同項第九号の二に規定する有線放送若しくは同項第九号の五イに規定する自動公衆送信装置その他電子計算機と電気通信回線を接続してする方法その他これらに類する方法」については，テレビやラジオ，インターネット上のオンデマンド放送や自社のホームページ，クラウドソーシングサービス等が提供するデジタルプラットフォーム等が該当する（指針第2の1(3)）。

　以上を踏まえ，法令に定める的確表示の対象となる募集情報の提供方法をまとめると下表のとおりに整理される（Q&A 問83回答）。

① 新聞，雑誌その他の刊行物に掲載する広告
② 文書の掲出又は頒布
③ 書面の交付
④ ファクシミリを利用してする送信の方法（FAX）
⑤ 電子メール，メッセージアプリ等（メッセージ機能があるSNSを含む）
⑥ テレビ，ラジオ，オンデマンド放送，ホームページ，クラウドソーシング

サービスのプラットフォーム等

　なお，特定業務委託事業者は，募集情報のプラットフォームを運営するなど
の他の事業者等に委託して広く勧誘する場合（上記⑥に該当）にも，本条の
「募集」として，的確表示義務を履行しなければならない（Q&A 問86回答）。す
なわち，虚偽又は誤解を招く表現をしてはならず，後記4のとおり，当該第三
者に対する一定の対応を行う必要がある。また，本条の規制対象は特定業務委
託事業者であり，仲介事業者等の第三者は本条の規制対象ではないが，**法2条
の条文解説**で述べたとおり，実質的に特定受託事業者に業務委託をしていると
いえる場合には，仲介事業者であっても，特定業務委託事業者に該当し得るこ
ととなる。

2　「業務委託に係る特定受託事業者の募集」（法12条1項）

　「業務委託に係る特定受託事業者の募集」とは，特定受託事業者に業務委託
をしようとする者が自ら又は他の事業者に委託して，特定受託事業者になろう
とする者に対して広告等により広く勧誘することをいい，結果として募集に応
じて業務委託をした相手方が特定受託事業者であったか否かにかかわらず，募
集情報の提供時点において特定受託事業者に業務委託をすることが想定される
募集をいう（指針第2の1(2)）。

　本条の的確表示義務は，1対1の関係で契約交渉を行う前の時点において，
広告等により広く特定受託事業者の募集に関する情報を提供する場合に的確表
示を義務づけるものである。そのため，特定の1人の事業者を相手に業務委託
を打診する場合については，通常，すでに契約交渉段階にあることが想定され，
契約交渉の中で取引条件の確認や変更が可能であることから，「業務委託に係
る特定受託事業者の募集」に当たらない（Q&A 問84回答）。他方で，1つの業務
委託に関して，2人以上の複数人を相手に打診する場合については，「業務委
託に係る特定受託事業者の募集」に当たる（Q&A 問84回答）[2]。

　また，募集の内容から，専ら，①労働者の募集[3][4]や，②従業員（法2条1項

198　第3章　特定受託業務従事者の就業環境の整備

1号に規定する従業員をいう）を使用する事業者に業務委託をすることが想定される募集であって，特定受託事業者に業務委託をすることが想定されない募集は「業務委託に係る特定受託事業者の募集」には含まれない（指針第2の1⑵）。

3　「業務の内容その他の就業に関する事項として政令で定める事項」（法12条1項）

　「業務の内容その他の就業に関する事項として政令で定める事項」は，法施行令において，以下のとおり定められている。なお，本条は，3条通知（法3条）とは異なり，広告等により特定受託事業者の募集を行うに当たって，的確表示の対象となる募集情報の事項を提供する場合に虚偽の表示の禁止等を求めるものであり，対象となる募集情報を必ず明示しなければならないものではなく，対象となる募集情報のうち特定の事項を表示「しない」ことが，ただちに的確表示義務違反となるものではない（Q&A 問89回答）。もっとも，当事者間の募集情報に関する認識の齟齬を可能な限りなくすことで，当該募集情報に適する特定受託事業者が応募しやすくなり，業務委託後の取引上のトラブルを未然に防ぐことができるため，法施行令2条各号に掲げている事項を可能な限り含めて提供することが望ましく，あわせて，募集に応じた者に対しても法施行令2条各号に掲げている事項を明示するとともに，当該事項を変更する場合には変更内容を明示することが望ましいとされている（指針第2の5）[5]。

2　例えば，事前に収集したメールアドレスに bcc で募集情報を一斉に送信して募集を行う場合など，形式的には1人の特定受託事業者に対して送信したメールであるように見える場合であっても，実質的に特定業務委託事業者から複数の宛先に送信しており，広く募集しているといえる場合には，募集情報の的確表示義務を遵守する必要がある（Q&A 問85回答）。

3　労働者の募集については，職安法5条の4，職安則4条の3において，募集時の的確表示義務が定められている（労働者の募集の場合，職安法上，労働者の募集を行う者のみならず，職業紹介事業者等に対してもこの義務が課せられている点で，本条とは規制対象の範囲が異なる）。

4　フリーランス等の請負契約の受注者の募集であるにもかかわらず，それを明示せず，雇用契約を前提とした労働者の募集であるかのような誤解を生じさせる表示をした場合は，労働者の募集等に関する情報の的確な表示を義務付けている職安法5条の4違反となる可能性がある（Q&A 問88回答）。一方，雇用契約を前提とした労働者の募集であることを明示せず，特定受託事業者の募集であるかのような誤解を生じさせる表示をした場合は，特定受託事業者の募集に関する的確な表示を義務付けている法12条違反となる可能性がある（Q&A 問88回答）。

第12条（募集情報の的確な表示）　199

◆法施行令

（法第十二条第一項の政令で定める事項）

第二条　法第十二条第一項の政令で定める事項は，次のとおりとする。

一　業務の内容

二　業務に従事する場所，期間又は時間に関する事項

三　報酬に関する事項

四　契約の解除（契約期間の満了後に更新しない場合を含む。）に関する事項

五　特定受託事業者の募集を行う者に関する事項

　法施行令2条各号の具体的な内容としては，例えば，下表の内容がある（指針第2の1(4)，政省令等パブコメ回答3-1-7～9）。ただし，あくまで例示であるため，下表以外の内容も法施行令2条各号に該当する場合がある。

「業務の内容」	業務委託において求められる成果物の内容又は役務提供の内容，業務に必要な能力又は資格，検収基準，不良品の取扱いに関する定め，成果物の知的財産権の許諾・譲渡の範囲，違約金に関する定め（中途解除の場合を除く）等
「業務に従事する場所，期間及び時間に関する事項」	業務を遂行する際に想定される場所，納期，期間，時間等
「報酬に関する事項」	報酬の額（算定方法を含む），支払期日，支払方法，交通費や材料費等の諸経費（報酬から控除されるものも含む），成果物の知的財産権の譲渡・許諾の対価等
「契約の解除（契約期間の満了後に更新しない場合を含む。）に関する事項」	契約の解除事由，中途解除の際の費用・違約金に関する定め，特定受託事業者による契約の解除が制限される場合の有無，契約期間満了後に自動更新することとされている契約における不更新事由等

5　もっとも，募集時に表示が難しい事項等まで明示する必要はないと考えられる（政省令等パブコメ回答3-1-13～16）。

200　第3章　特定受託業務従事者の就業環境の整備

「特定受託事業者の募集を行う者に関する事項」	特定業務委託事業者となる者の名称や業績，特定業務委託事業者の所在地等

4　「当該情報について虚偽の表示又は誤解を生じさせる表示をしてはならない」（法12条1項）

⑴　募集情報に係る虚偽の表示の禁止

　特定業務委託事業者は，広告等により特定受託事業者の募集に関する情報を提供するにあたっては，虚偽の表示をしてはならない（指針第2の2⑴）。例えば，特定受託事業者の募集情報を提供するときに意図して募集情報と実際の就業に関する条件を異ならせた場合や実際には存在しない業務に係る募集情報を提供した場合等には，「虚偽の表示」に該当する（指針第2の2⑴）[6]。具体的には，下表の場合が該当する（指針第2の2⑴）。

- 実際に業務委託を行う事業者とは別の事業者の名称で業務委託に係る募集を行う場合
- 契約期間を記載しながら実際にはその期間とは大幅に異なる期間の契約期間を予定している場合
- 報酬額を表示しながら実際にはその金額よりも低額の報酬を予定している場合
- 実際には業務委託をする予定のない特定受託事業者の募集を出す場合

　一方で，当事者間の合意に基づき，募集情報から実際の契約条件を変更することとなった場合は虚偽の表示には該当しない（指針第2の2⑵）。両当事者が通常の契約交渉過程を経て，実際の契約条件を変更する場合までも本条違反とするものではないということである（政省令等パブコメ回答3-1-18）[7]。

---

[6]　意図せず誤って表示した場合は「虚偽の表示」にあたらないが，虚偽の表示でなくとも，一般的・客観的に誤解を生じさせるような表示は，誤解を生じさせる表示に該当する（Q&A問87回答）。

[7]　ただし，（個別具体的な事情にもよるものの）一般的には，特定業務委託事業者において募集情報から実際の契約条件を変更することが常態化している場合は，募集情報が的確に表示されていない可能性が高いと考えられる（政省令等パブコメ回答3-1-18）。

特定業務委託事業者が，他の事業者に広告等による募集を委託した場合（募集情報の提供を委託する場合を含む。以下同じ）であって他の事業者が虚偽の表示をしていることを認識した場合，他の事業者に対し，情報の訂正を依頼するとともに，他の事業者が情報の訂正をしたかどうか確認を行わなければならない（指針第2の2⑶）。なお，情報の訂正を繰り返し依頼したにもかかわらず他の事業者が訂正しなかった場合，特定業務委託事業者は本条違反となるものではない（指針第2の2⑶）。このように，他の事業者に広告等による募集を委託した場合においては，的確表示義務（虚偽表示禁止）の内容は，虚偽表示認識後の（繰り返しの）訂正依頼・確認義務（作為義務）となると解される[8]。

なお，**後記5**のとおり，広告等により募集することを他の事業者に委託した場合であっても，特定業務委託事業者が虚偽表示の禁止の規制を潜脱する意図をもって第三者を介在させる等したときには，本条違反となる可能性がある。

⑵ 募集情報に係る誤解を生じさせる表示の禁止

特定業務委託事業者は，広告等により特定受託事業者の募集に関する情報を提供するにあたっては，誤解を生じさせる表示をしてはならない（指針第2の3⑴）。一般的・客観的に誤解を生じさせるような表示は，「誤解を生じさせる表示」に該当する（指針第2の3⑴）[9]。例えば，下表に掲げるようなケースが想定

8　そのため，他の事業者に広告等による募集を委託した場合における的確表示義務（虚偽表示禁止）違反は，①特定業務委託事業者が他の事業者における虚偽表示を認識していたこと，②当該認識後，特定業務委託事業者が他の事業者に対し，繰り返しの虚偽表示の訂正若しくはその訂正の確認を行っていないことが認められた場合に成立すると考えられる（なお，上記②との関係で，虚偽表示の訂正依頼を行ったが，1回しか行っていない場合も，繰り返し依頼したとまではいえないため，的確表示義務違反が成立する可能性がある）。

9　政府側の国会答弁でも「個別の事案につきまして，社会通念上虚偽の表示又は誤解を生じさせる表示に該当するかどうかを客観的に判断することとなると考えてございます」と説明されている（第211回国会参議院内閣委員会第11号（令和5年4月25日）政府参考人宮本悦子（内閣官房新しい資本主義実現本部事務局フリーランス取引適正化法制準備室次長兼厚生労働省大臣官房審議官））。もっとも，虚偽表示の有無は，事実に反する表示か否かという観点から判断されるのに対し，誤解表示の有無は，事実と異なる認識や理解を招くような表示か否かという観点で判断されるため，誤解表示の有無の方が，視認者（特定受託事業者）を基準として，通常，事実と異なる認識や理解を持つような表示なのか否かという社会通念に基づく判断（価値判断）を行う側面が強く，事実認定及びその評価はより慎重になされるべきである。

202　第3章　特定受託業務従事者の就業環境の整備

される。

・報酬額の表示が，あくまで一例であるにもかかわらず，その旨を記載せず，当
該報酬が確約されているかのように表示する
・業務に用いるパソコンや専門の機材など，フリーランスが自ら用意する必要が
あるにもかかわらず，その旨を記載せず表示する

　特定業務委託事業者は，特定受託事業者に誤解を生じさせることのないよう，
下表に掲げる事項に留意する必要があるとされている（指針第2の3(2)）。

・関係会社を有する者が特定受託事業者の募集を行う場合，業務委託を行う予定
の者を明確にし，当該関係会社と混同されることのないよう表示しなければな
らないこと
・特定受託事業者の募集と，労働者の募集が混同されることのないよう表示しな
ければならないこと[10]
・報酬額等について，実際の報酬額等よりも高額であるかのように表示してはな
らないこと
・職種又は業種について，実際の業務の内容と著しく乖離する名称を用いてはな
らないこと

　特定業務委託事業者が，他の事業者に広告等による募集を委託した場合で
あって他の事業者が誤解を生じさせる表示をしていることを認識した場合，他
の事業者に対し，情報の訂正を依頼するとともに，他の事業者が情報の訂正を
したかどうか確認を行わなければならない（指針第2の3(3)）。なお，情報の訂

---

[10]　労働者と特定受託事業者を同時に募集している場合において，契約形態で条件が異なるにもかか
わらず，報酬や手当等の条件を明確に書き分けずに表示した場合は，的確表示義務（誤解表示禁
止）に違反すると考えられる。なお，政省令等パブコメ回答3-1-19は，求人若しくは労働者の募
集に関する情報について，労働者の募集と，業務委託契約による受注者の募集が混同されるように
表示されている場合には，労働者の募集等に関する規律である職安法の指針違反となる可能性があ
るとしているが，正確には職安法5条の4違反であろう（職安法の指針は，職安法の内容，解釈，
運用等を具体的にするものであって，当該指針自体は法的拘束力を有しない）。

第12条（募集情報の的確な表示）　203

正を繰り返し依頼したにもかかわらず他の事業者が訂正しなかった場合，特定業務委託事業者は本条違反となるものではない（指針第2の3(3)）。このように，他の事業者に広告等による募集を委託した場合においては，的確表示義務（誤解表示禁止）の内容は，誤解表示認識後の（繰り返しの）訂正依頼・確認義務（作為義務）となると解される[11]。

　なお，後記5のとおり，広告等により募集することを他の事業者に委託した場合であっても，特定業務委託事業者が誤解表示の禁止の規制を潜脱する意図をもって第三者を介在させる等したときには，本条違反となる可能性がある。

5　「広告等により前項の情報を提供するときは，正確かつ最新の内容に保たなければならない」（法12条2項）

　特定業務委託事業者は，特定受託事業者の募集に関する情報を正確かつ最新の内容に保つにあたっては，下表に掲げる措置を講ずる等適切に対応しなければならない（指針第2の4）。

- 特定受託事業者の募集を終了した場合又は募集の内容を変更した場合には，当該募集に関する情報の提供を速やかに終了し，又は当該募集に関する情報を速やかに変更すること
- 広告等により募集することを他の事業者に委託した場合には，当該事業者に対して当該情報の提供を終了するよう依頼し，又は当該情報の内容を変更するよう依頼するとともに，他の事業者が当該情報の提供を終了し，又は当該情報の内容を変更したかどうか確認を行わなければならない。なお，情報の変更等を繰り返し依頼したにもかかわらず他の事業者が変更等をしなかった場合，特定業務委託事業者は本条違反となるものではない。

11　そのため，他の事業者に広告等による募集を委託した場合における的確表示義務（誤解表示禁止）違反は，虚偽表示禁止違反の場合と同様に，①特定業務委託事業者が他の事業者における誤解表示を認識していたこと，②当該認識後，特定業務委託事業者が他の事業者に対し，繰り返しの誤解表示の訂正若しくはその訂正の確認を行っていないことが認められた場合に成立すると考えられる（なお，上記②との関係で，誤解表示の訂正依頼を行ったが，1回しか行っていない場合も，繰り返し依頼したとまではいえないため，的確表示義務違反が成立する可能性がある）。

204　第3章　特定受託業務従事者の就業環境の整備

・特定受託事業者の募集に関する情報を提供するにあたっては，当該情報の時点
を明らかにすること

　もっとも，これらの方法はあくまで例示であり，これらの方法によらない措
置を講ずることも可能である（政省令等パブコメ回答3-1-23）。例えば，短時間の
CMなどのように，時点の表示をわざわざ挿入することが困難である場合には，
時点の表示がなかったことをもって的確表示義務違反となるわけではなく，募
集情報が更新された場合にCMの内容を更新する等，上記例示以外の方法で，
募集情報を正確かつ最新の内容に保つことで足りると考えられる（政省令等パブ
コメ回答3-1-23）。

　なお，広告等により募集することを他の事業者に委託した場合であっても，
特定業務委託事業者が本条の規制を潜脱する意図をもって第三者を介在させる
等したとき（例えば，特定業務委託事業者と他の事業者が結託したり，特定業
務委託事業者が事業者としての実態のない第三者（わら人形）を介在させたり
して，本条の規制を不当に逃れるような方法を行ったとき）には，具体的な事
実関係によるものの，実態として，特定業務委託事業者自身の行為として，虚
偽表示や誤解表示を行っていると評価でき，本条違反となるものと考えられる[12]。

第3 実務対応

1　的確表示義務の遵守体制の整備

　企業においては，募集情報の提供は事業の一環として事業部が行い，契約書

12　政省令等パブコメ回答3-1-21においては，「特定業務委託事業者と他の事業者が結託したり，特
　定業務委託事業者が事業者としての実態のない第三者（わら人形）を介在させたりして，本法12
　条の規制を不当に逃れるという方法」について，「御指摘のような特定業務委託事業者が本法第12
　条の規制を潜脱する意図をもってした行為については，適切に対応してまいります」と述べるにと
　どまるが，このような場合には，実態として，特定業務委託事業者自身の行為として，的確表示義
　務違反を行ったものと評価できる場合もあると考えられる。

の作成は法務部が行うという分業体制が取られている場合も少なくない。その場合，法務部としては，そもそも事業部が事前に募集情報を提供していたこと（そして，提供した募集情報と事業部から法務部へ依頼のあった契約条件が異なること）を認知せずに，募集情報と異なる契約条件で契約書を作成し，事業部に渡すような事態が生じ得る。その結果，的確表示義務に係るリーガルチェックを受けないままに，事業部がその契約書で特定受託事業者との間で契約締結を行ってしまう場合も想定される。

　このような事象は，事業部と法務部との間で適切な情報共有がなされなかったために生じるものであるため，実務上は，組織的に的確表示義務の履行が確保されるよう，企業内で的確表示義務の遵守体制を整備することが重要である[13]。

　具体的には，募集情報の提供を行う場合に，事前にその提供内容を法務部及び事業部の各責任者で確認し，決裁するというプロセスを設けることが考えられる[14]。特に法務部が確認・決裁を行うプロセスとする場合は，各事業部からの確認・決裁依頼の内容が統一されていないと，法務部における確認作業が煩雑になるため，所定の様式（確認依頼シート）を設け，その様式に必要事項を記載の上で確認・決裁依頼を行わせるという運用が考えられる。この確認依頼シートには，例えば，以下の記載欄を設けることが考えられる。

13　なお，特定受託事業者から厚生労働大臣に募集情報と実際の取引条件が異なっているなどの申出があった場合，各都道府県労働局において，掲載されている募集情報の確認のほか，必要に応じて特定業務委託事業者に対するヒアリング等を行い，違反が認められる場合は助言，指導等により是正を図ることが想定されている（第211回国会参議院内閣委員会第12号（令和5年4月27日）の後藤茂之国務大臣（新しい資本主義担当）の答弁）。また，募集情報の的確表示の問題にとどまらず，これが取引条件明示義務の違反（法3条）あるいは報酬の不払（法4条）など，適正な取引の阻害に当たるような場合については，公正取引委員会が助言等を行うなど，厚生労働省（都道府県労働局）と公正取引委員会が連携をして特定受託事業者の保護を図ることが想定されている（第211回国会参議院内閣委員会第12号（令和5年4月27日）の後藤茂之国務大臣（新しい資本主義担当）の答弁）。このように，法12条違反である旨の申出を契機として，都道府県労働局による同条違反の助言指導のみならず，公正取引委員会による法3条・4条違反の助言指導にも発展する可能性がある。

14　なお，後記4のとおり，確実な情報とまではいえない（暫定的な内容である）ものであっても，募集時にできる限り網羅的に契約内容等を示す必要がある場合の実務対応についても，特定の部署（法務部等）又は事業部の責任者が指示・管理する体制を設けておくことが考えられる。

① 募集情報の内容（**前記第2の3**の的確表示義務の対象事項や**後記3**のチェックリストを踏まえ，募集情報の事項を細分化して記載させる形式）

② 募集媒体（自社ホームページ，掲載予定のデジタルプラットフォーム名などを記載）

③ 募集情報の期間

④ 事業部の担当者と連絡先

⑤ 希望する確認・決裁の締切

⑥ 募集情報の内容の確定の有無（**後記4**との関係で確実な情報とまではいえない（暫定な内容である）ものか否かを申告させるもの）

⑦ 特記事項など

なお，やや機動性には欠けるものの，この確認・決裁依頼をする際には，**後記2**との関係で，併せて契約書の確認依頼を行うことも望ましい。

また，このような確認・決裁が実効的になるよう，定期的に研修（対面・オンライン研修やeラーニング）を実施し，的確表示義務を含む本法の教育・指導を行うことが考えられる。研修の頻度は，6か月又は1年に1回程度とし，その方法としては，例えば本法に精通している専門家を講師に呼び，実際に企業において的確表示義務違反が発生した事案や行政官庁からの指摘を受けた事案を紹介してもらうような形も考えられる。

2 事前の契約書の確定作業

特定受託事業者との間で業務委託契約を締結する段階で，契約内容と募集内容が異なっているとして，遡って募集内容が虚偽の表示又は誤解を生じさせる表示であったとの疑義を発生させないよう，契約内容と募集内容に離齬がないようにする必要がある。

そのため，**前記1**の的確表示義務の遵守体制の下，募集に先立ち，締結予定の業務委託契約書の内容を確定しておくことが適切である。なお，仮に募集後に締結予定の業務委託契約書の内容を変更する必要が発生した場合には，募集

第12条（募集情報の的確な表示）　207

に応じた者に対し，なるべく早く変更内容を明示することが望ましい。遡って
募集内容が虚偽の表示又は誤解を生じさせる表示であったとの疑義を発生させ
ないといった意義のほか，募集に応じた者がよく確認せずに業務委託契約書に
サインし，その後にトラブル（民事紛争）に発展することを回避するといった
意義があると考えられる。

3　チェックリストによる的確表示の確認作業

　特定受託事業者に業務委託をすることが想定される募集を行う場合，企業担
当者のその都度の感覚で的確表示義務を果たしているかを確認していたのでは，
その確認が属人的になり，的確表示義務を果たせていない募集を行ってしまう
ケースも生じ得る。

　そのため，的確表示義務の確実な履行を担保する観点からは，前記1の的確
表示義務の遵守体制の下，的確表示の対象となる事項について，あらかじめ
チェックリストを作成の上，特定受託事業者に業務委託をすることが想定され
る募集を行う際には，その都度，チェックリストにより的確表示義務を果たし
ているか確認するという運用を行うことが適切である。

　なお，前記第2の4のとおり，他の事業者に広告等による募集を委託した場
合であって他の事業者が虚偽・誤解を生じさせる表示をしていることを認識し
た場合，他の事業者に対し，情報の訂正を依頼するとともに，他の事業者が情
報の訂正をしたかどうか確認を行わなければならず，情報の訂正を繰り返し依
頼したにもかかわらず他の事業者が訂正しなかった場合は，特定業務委託事業
者は法12条違反となるものではないとされている（指針第2の2⑶・3⑶）。その
ため，他の事業者に広告等による募集を委託した場合であっても，募集内容に
ついて同事業者任せにするのではなく，業務委託を行おうとする事業者側でも，
チェックリストを用いて，同事業者作成の募集内容が的確表示義務を果たすも
のであるかを確認すべきである。

4　募集内容の粒度

　前記第2の3のとおり，的確表示義務は，3条通知（法3条）とは異なり，広告等により広く特定受託事業者の募集に関する情報を提供する場合に，虚偽の表示を禁止する等の的確表示を求めるものである。そのため，対象となる募集情報を必ず明示しなければならないものではなく，対象となる募集情報のうち特定の事項を表示「しない」ことが，的確表示義務違反となるものではない（政省令等パブコメ回答3-1-6，11〜16）。指針第2の5においては，的確表示の対象となる事項を「可能な限り含めて提供することが望ましい」とされているが，あくまで募集情報を提供するときに望ましい措置にすぎない。

　そのため，特定受託事業者に業務委託をすることが想定される募集を行うに際しては，未確定の情報を無理に示す必要はなく，前記2の事前の契約書の確定作業との関係で，確実な情報のみを示すことでよい（政省令等パブコメ回答3-1-13〜16）。

　もちろん，特定受託事業者を確保するためには，確実な情報とまではいえない（暫定的な内容である）ものであっても，募集時にできる限り網羅的に契約内容等を示すことが必要なケースも考えられる。前記第2の4⑴のとおり，両当事者が通常の契約交渉過程を経て，実際の契約条件を変更する場合のように，当事者間の合意に基づき，募集情報から実際の契約条件を変更することとなった場合は虚偽表示には該当しないことを踏まえれば（指針第2の2⑵，政省令等パブコメ回答3-1-18），募集時の契約内容とは異なる内容で契約締結すること自体が直ちに的確表示義務違反となるものではない。もっとも，後から見たときに遡って的確表示義務違反であったとの指摘を受けることを可及的に回避する観点からは，以下のような運用を図ることが望ましい[15]。

15　なお，一般的には，特定業務委託事業者において募集情報から実際の契約条件を変更することが常態化している場合は，募集情報が的確に表示されていない可能性が高いと考えられるため（政省令等パブコメ回答3-1-18），募集時の契約内容とは異なる内容で契約締結するようなケースが頻繁に発生することのないように留意する必要がある。

第12条（募集情報の的確な表示）　209

・募集時の情報が暫定的とはいえその時点では実際に特定業務委託事業者におい
　て想定していた契約内容であったことを記録として残しておく（例えば募集時
　点の契約書案とそれを社内で共有する際のメールなど）
・募集に応じた者に対し，募集時の事項を変更する場合にはその変更内容を明示
　し（指針第2の5），特定受託事業者が納得できる程度に十分な説明，交渉を
　行った上で，契約を締結する

5　募集情報管理表による管理

　募集情報を正確かつ最新に保つ上では，募集終了時や募集情報の変更時に速
やかに掲載済みの募集情報を更新ないし削除する必要がある。そのため，募集
情報の掲載後，管理表（Excel 等）により各募集情報の状況を管理することが
適切である。

　例えば，管理表においては，以下の事項に係る欄を設けることが考えられる。

---

① 　募集情報の内容・掲載日時・掲載場所
② 　更新ごとの各更新内容・各更新日時
③ 　応募状況
④ 　募集終了の有無・終了日時・掲載削除の有無
⑤ 　特記事項など

6　デジタルプラットフォームで募集を行う場合の留意点

　特定受託事業者に業務委託をすることが想定される募集を行うに際しては，
自社のホームページのほか，クラウドソーシングサービス等が提供されるデジ
タルプラットフォームにおいて行うことも多い。

　この場合，デジタルプラットフォーム側も法対応の仕様（的確表示の対象と
なる募集情報の事項に沿ったもの）で募集内容のフォームを設けていることが

210 第3章 特定受託業務従事者の就業環境の整備

見込まれるが，特に業務内容については，具体的な記入を求められる仕様であることが想定される。そのため，募集内容のフォームに業務内容を入力する際は，的確表示義務を果たすよう入力しなければならないことには留意する必要がある。その際にも，特に前記3のチェックリストにより的確表示義務を果たしているかの確認を実施することが適切である。

（妊娠，出産若しくは育児又は介護に対する配慮）

第十三条　特定業務委託事業者は，その行う業務委託（政令で定める期間以上の期間行うもの（当該業務委託に係る契約の更新により当該政令で定める期間以上継続して行うこととなるものを含む。）に限る。以下この条及び第十六条第一項において「継続的業務委託」という。）の相手方である特定受託事業者からの申出に応じて，当該特定受託事業者（当該特定受託事業者が第二条第一項第二号に掲げる法人である場合にあっては，その代表者）が妊娠，出産若しくは育児又は介護（以下この条において「育児介護等」という。）と両立しつつ当該継続的業務委託に係る業務に従事することができるよう，その者の育児介護等の状況に応じた必要な配慮をしなければならない。

2　特定業務委託事業者は，その行う継続的業務委託以外の業務委託の相手方である特定受託事業者からの申出に応じて，当該特定受託事業者（当該特定受託事業者が第二条第一項第二号に掲げる法人である場合にあっては，その代表者）が育児介護等と両立しつつ当該業務委託に係る業務に従事することができるよう，その者の育児介護等の状況に応じた必要な配慮をするよう努めなければならない。

第1　本条の趣旨

　本条は，特定受託事業者の多様な働き方に応じて，特定業務委託事業者が柔軟に配慮を行うことにより，特定受託事業者が，育児介護等と両立しながら，その有する能力を発揮しつつ業務を継続できる環境を整備することを目的として設けられたものである。

　現行の労働関係法令では，特定受託事業者について，就業を継続しながら育児介護等を行うための保護はなされていない。そのため，特定受託事業者が育児介護等を理由として業務を制限せざるを得なくなった場合，業務委託の遂行に直接の影響が出る一方，特定業務委託事業者との力関係により，育児介護等

212　第3章　特定受託業務従事者の就業環境の整備

を理由とする業務の調整等を申し出ることが難しいという実態がある。一方，特定受託事業者の働き方は多様であり，これに応じた育児介護等との両立の仕方も様々であることから，一律に出産前後の就業禁止規定を設けたり，育児介護等のための休業の保障をすることが必ずしも特定受託事業者の働き方に馴染まない場合もある。このような実情を踏まえ，本条は，当事者間の関係性に応じた柔軟な対応が可能となるよう，特定業務委託事業者に対し，特定受託事業者の希望，特定受託事業者が提供する役務の性質，特定業務委託事業者の状況等に応じた育児介護等への配慮の実施を義務づけている。

　なお，本条は，業務委託の期間（継続性）によって，配慮義務（1項）と配慮の努力義務（2項）とに分かれているが，これは，一定期間継続して取引をしている特定業務委託事業者に対しては，特定受託事業者の業務における依存度が高まるといえ，特定受託事業者が育児介護等と両立して業務に従事するためには，当該特定業務委託事業者から，業務について適切な配慮が行われることがより重要になると考えられるためである[16]。

第2 | 条文解説

1 「継続的業務委託」（法13条1項）

　本条の「業務委託」は，「政令で定める期間以上の期間行うもの（当該業務委託に係る契約の更新により当該政令で定める期間以上継続して行うこととなるものも含む。）」とされている。このような，政令で定める期間以上継続して

16　一方で，継続的業務委託以外の業務委託では，委託を受ける業務の量を調整することで，時間を柔軟に活用し，育児介護等との両立を図ることがより容易であるという側面もあるものの，業種や職種によってはそのような調整が困難な場合も想定しうる。そのような中，継続的業務委託以外の業務委託であっても育児介護等を抱える特定受託事業者が働き続けられるようにするためには，特定受託事業者との継続的な関係の有無で，配慮すべきか否かを切り分けるのではなく，それぞれ可能な範囲での配慮に向けて取り組むことが，特定受託事業者取引市場全体の受け皿ともなり得る。そのため，本法は，継続的業務委託以外の業務委託に関しても，特定業務委託事業者は「配慮をするように努めなければならない」という形で努力義務を課している。

第13条（妊娠，出産若しくは育児又は介護に対する配慮）　213

行われる業務委託について，本条１項は「継続的業務委託」と定義している[17]。

「政令で定める期間」は，法施行令３条において，６か月と定められている。そのため，「政令で定める期間以上の期間行うもの」とは，「６か月以上の期間行う業務委託」又は「当該業務委託に係る契約の更新により６か月以上の期間継続して行うこととなる業務委託」を指す（指針第３の１⑶）。さらに具体的に言えば，「６か月以上の期間行う業務委託」又は「当該業務委託に係る契約の更新により６か月以上の期間継続して行うこととなる業務委託（①契約の当事者が同一であり，その給付又は役務の提供の内容が少なくとも一定程度の同一性を有し，かつ，②前の業務委託に係る契約又は基本契約が終了した日の翌日から，次の業務委託に係る契約又は基本契約を締結した日の前日までの期間の日数が１か月未満であるものに限る。）」をいうこととなる（解釈ガイドライン第３部２）。

◆法施行令

（法第十三条第一項の政令で定める期間）
第三条　法第十三条第一項の政令で定める期間は，六月とする。

期間の始期及び終期，「契約の更新により……継続して行うこととなる」の要件（同一性要件及び空白期間要件）[18]については，法５条の継続的な業務委託の場合（解釈ガイドライン第２部第２の２⑴）と同じであることから（指針第３の１⑶，解釈ガイドライン第３部２），詳細は法５条の**「第２　条文解説」**を参照されたい（本条と法５条とで異なるのは「政令で定める期間」の長さ（適用対象となる業務委託の期間の長さ）のみである）。

17　なお，「継続的業務委託」の概念は，本条のほか，法16条（解除等の予告）の適用対象として用いられている。

18　また，本法は，業務委託をすることについて本法施行後に合意をした業務委託に適用されるものであり，本法施行前に合意をした業務委託は，本法施行後に給付を受領し，又は役務の提供を受ける場合であっても，本法の適用はないこと（Q＆A問33回答，政省令等パブコメ回答4-14〜18）を踏まえると，法５条と同様，本法施行前に合意した業務委託の期間は算入されないと解される。

214 第3章 特定受託業務従事者の就業環境の整備

2 「継続的業務委託……の相手方である特定受託事業者」（法13条1項）

　継続的業務委託の相手方である特定受託事業者とは，業務委託をした日から6か月以上を経過した特定受託事業者に限るものではなく，6か月を経過せずとも始期から終期までの期間が6か月以上であることが見込まれる特定受託事業者をいうものと解されている（指針第3の1(3)）。

　そのため，単一の業務委託に係る契約や基本契約を締結している場合で，これらの業務委託の期間が6か月以上である場合は，これらの契約を締結した日から本条が適用されることとなる。また，契約の更新により継続して業務委託を行う場合については，更新により6か月以上の期間継続して業務委託を行うこととなる場合における，更新後の契約の締結日から本条が適用されることとなる。

3 「特定受託事業者からの申出に応じて」（法13条1項・2項）

　育児介護等の事情は特定受託事業者のプライバシーに関わることであり，かつ，特定受託事業者自身が望む働き方も様々である。また，特定業務委託事業者側においても，すべての特定受託事業者について，育児介護等の事情を抱えているのかを把握することは現実的ではない。

　このような事情を踏まえると，育児介護等に関する配慮は，特定受託事業者からの申出を契機にして行われることが適当であり，この点を明確にするため，本条では，「特定受託事業者からの申出に応じて」配慮を行うことが規定されている[19]。

　なお，本条の規定に基づき育児介護等に対する配慮の申出ができる者は，特定業務委託事業者と業務委託に係る契約を締結し，育児介護等と両立しつつ業務に従事する特定受託事業者であるが，現に育児介護等を行う者でなくとも，

19　例えば，育介法においても，育児休業や介護休業は労働者が事業主に申し出ることにより休業をすることができる（育介法5条，11条）。

第13条（妊娠，出産若しくは育児又は介護に対する配慮）　215

育児介護等を行う具体的な予定のある者も含まれる（指針第3の1(6)）。

4 「育児」（法13条1項）

「育児」とは，小学校就学の始期に達するまでの子を養育することを指し，「子」とは，特定受託事業者と法律上の親子関係がある子（育介法2条1号に規定する「子」と同様に，養子に加え，養子縁組里親である特定受託事業者に委託されている児童等を含む）をいう（指針第3の1(4)）[20]。

5 「介護」（法13条1項）

「介護」とは，要介護状態（負傷，疾病又は身体上若しくは精神上の障害により，2週間以上にわたり常時介護を必要とする状態）にある特定受託事業者の家族（育介法2条4号に規定する「対象家族」と同様に，配偶者（婚姻の届出をしていないが，事実上婚姻関係と同様の事情にある者を含む。以下同じ），父母，子，配偶者の父母，祖父母，兄弟姉妹又は孫をいう）の介護その他の世話を行うことをいう（指針第3の1(5)）[21]。

6 「育児介護等の状況に応じた必要な配慮」（法13条1項・2項）

(1) 配慮の内容

「育児介護等の状況に応じた必要な配慮」の具体的な内容は，①配慮の申出の内容等の把握，②配慮の内容又は取り得る選択肢の検討，③配慮の内容の伝達及び実施，④配慮の不実施の場合の伝達・理由の説明と解されている（指針第3の2(1)）。

特定業務委託事業者は，特定受託事業者が育児介護等と両立しつつ，業務委

20　かかる要件に該当する限り，本条は同性カップル等の場合も対象となり得る（政省令等パブコメ回答3-2-4～9）。

21　なお，契約時に介護に係る事情を伝えていなかったとしても，契約後であっても申出をすることによって本条は適用されると解されている（第211回国会参議院内閣委員会第11号（令和5年4月25日）政府参考人宮本悦子（内閣官房新しい資本主義実現本部事務局フリーランス取引適正化法制準備室次長兼厚生労働省大臣官房審議官））。

216 第3章 特定受託業務従事者の就業環境の整備

託に係る業務に従事することができるよう[22]，特定受託事業者が継続的業務委託の相手方である場合（法13条1項）には，①から④までの配慮をしなければならず（配慮義務），当該特定受託事業者が継続的業務委託以外の業務委託の相手方である場合（法13条2項）には，①から④までの配慮をするよう努めなければならない（努力義務）（指針第3の2(1)）。なお，配慮義務は，一般的に，特定の結果が生じることに向けた配慮に取り組むことが求められるが，特定の結果が生じることまでを求められるものではないものと解されている。特定受託事業者が希望する育児介護等の配慮を必ず実現しなければならないというものではなく，①から④のとおり，配慮の内容や選択肢について十分に検討した結果，やむを得ず必要な配慮を行うことができない場合には，配慮不実施の旨を伝達し，その理由について説明すれば，本条違反となるものではない（Q&A問94回答）。そのため，結果的に特定受託事業者の希望に添えなかったとしても，実際に必要な配慮に取り組んでいれば，本条1項違反（配慮義務違反）にはならないものと解される。

①から④の具体的な内容は，以下のとおりである（指針第3の2(1)イ～ニ）。

① 配慮の申出の内容等の把握（指針第3の2(1)イ）

特定受託事業者から育児介護等に対する配慮の申出を受けた場合には，話合い等を通じ，当該特定受託事業者が求める配慮の具体的な内容及び育児介護等の状況を把握することが必要である。なお，申出の内容等には特定受託事業者のプライバシーに属する情報もあることから，当該情報の共有範囲は必要最低限とするなど，プライバシー保護の観点に留意することも必要となる[23]。

---

22 労働者の場合，育介法に基づき育児休業等を取得し，かつ，雇用保険から休業期間中の育児休業給付等の支給を受けることができ，一定の生活保障の下で休業することができるが，特定受託事業者の場合はそのような社会保障がなく，また，継続的業務委託に係る業務を履行できないと，収入がないことはもちろん，その収入源たる継続的業務委託契約を解除されてしまう要因にもなり得るため，本条は「育児介護等……と両立しつつ当該継続的業務委託に係る業務に従事することができる」ような配慮を求める形（あくまで業務を継続することを前提とする配慮を求める形）で定められている。

第13条（妊娠，出産若しくは育児又は介護に対する配慮）　217

②　配慮の内容又は取り得る選択肢の検討（指針第3の2⑴ロ）

特定受託事業者の希望する配慮の内容，又は希望する配慮の内容を踏まえたその他の取り得る対応について行うことが可能か十分に検討することが必要となる。

③　配慮の内容の伝達及び実施（指針第3の2⑴ハ）

具体的な配慮の内容が確定した際には速やかに申出を行った特定受託事業者に対してその内容を伝え，実施することが必要となる。なお，特定受託事業者の希望する配慮の内容とは異なるものの，特定受託事業者が配慮を必要とする事情に照らし，取り得る対応が他にもある場合，特定受託事業者との話し合いを行うなどにより，その意向を十分に尊重した上で，特定業務委託事業者が，より対応しやすい方法で配慮を行うことは差し支えない。

④　配慮の不実施の場合の伝達・理由の説明（指針第3の2⑴ニ）

特定受託事業者の希望する配慮の内容やその他の取り得る対応を十分に検討した結果，業務の性質や実施体制等に照らして困難である場合や，当該配慮を行うことにより，業務のほとんどが行えず，契約目的が達成できなくなる場合など，やむを得ず必要な配慮を行うことができない場合には，特定受託事業者に対して配慮を行うことができない旨を伝達し，その理由について，必要に応じ，書面の交付や電子メールの送付により行うことも含め，わかりやすく説明することが必要となる。

なお，育児介護等に対する配慮が円滑に行われるようにするためには，特定受託事業者が，速やかに配慮の申出を行い，具体的な調整を開始することができるようにすることが必要であり，そのためには，特定受託事業者が申出をしやすい環境を整備しておくことが重要である。具体的には，①配慮の申出が可能であることや，配慮を申し出る際の窓口・担当者，配慮の申出を行う場合の

23　なお，情報の共有範囲について特定受託事業者と協議するよう求めることは特定業務委託事業者の過重な負担となり，円滑な配慮の実施を妨げるおそれがあるため，情報の共有範囲を確定するにあたり特定受託事業者と協議することは必須ではないと考えられる（政省令等パブコメ回答3-2-30）。

218　第3章　特定受託業務従事者の就業環境の整備

【配慮の具体的な流れ】

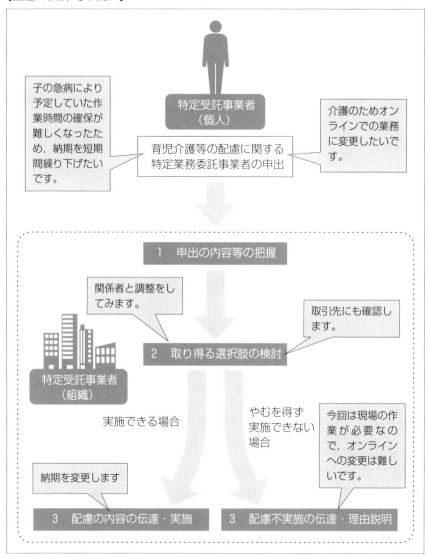

〈出典〉内閣官房新しい資本主義実現本部事務局・公正取引委員会・中小企業庁・厚生労働省特定受託事業者に係る取引の適正化等に関する法律（フリーランス・事業者間取引適正化等法）【令和6年11月1日施行】説明資料（令和6年7月3日更新）14頁をもとに編著者作成

第13条（妊娠，出産若しくは育児又は介護に対する配慮）　219

手続等を周知すること，②育児介護等に否定的な言動が頻繁に行われるといった配慮の申出を行いにくい状況がある場合にはそれを解消するための取組みを行うこと等の育児介護等への理解促進に努めることが望ましい。

【配慮の具体的な内容と法違反となる例（Q&A 問93回答）】

	配慮の具体的な内容	法違反となる例
①配慮の申出の内容等の把握	特定受託事業者から申出があった場合に，その内容を十分に把握すること。 ※申出の内容を共有する者の範囲は必要最低限にするなど，プライバシーの保護に留意が必要。	申出があったにもかかわらず，特定受託事業者の申出内容を無視する。
②配慮の内容又は取り得る選択肢の検討	特定受託事業者の希望する配慮や，取り得る対応を十分に検討すること。	特定受託事業者から申出のあった配慮について実施可能か検討しない。
③配慮の内容の伝達及び実施，④配慮の不実施の場合の伝達・理由の説明	・具体的な配慮の内容が確定した際には速やかに申出を行った特定受託事業者に対してその内容を伝え，実施すること。 ・配慮の内容や選択肢について十分に検討した結果，業務の性質・実施体制等を踏まえると難しい場合や，配慮を行うと業務のほとんどができない等契約目的の達成が困難な場合など，やむを得ず必要な配慮を行うことができない場合には，不実施の旨を伝達し，その理由について，必要に応じ，書面の交付・電子メールの送付等によりわかりやすく説明すること。	・配慮不実施としたにもかかわらず，その理由を説明しない。 ・業務の性質や実施体制上対応することは可能であるにもかかわらず，調整が面倒と考え，実施しない。

220 第3章 特定受託業務従事者の就業環境の整備

(2) 配慮を実施する場合の具体例

　特定受託事業者からの配慮の申出に対し，特定業務委託事業者が配慮を実施する場合の具体例として，以下の内容が挙げられる（指針第3の2(2)）。

・妊婦健診がある日について，打合せの時間を調整してほしいとの申出に対し，調整した上で特定受託事業者が打合せに参加できるようにすること
・妊娠に起因する症状により急に業務に対応できなくなる場合について相談したいとの申出に対し，そのような場合の対応についてあらかじめ取決めをしておくこと
・出産のため一時的に特定業務委託事業者の事業所から離れた地域に居住することとなったため，成果物の納入方法を対面での手渡しから宅配便での郵送に切り替えてほしいとの申出に対し，納入方法を変更すること
・子の急病等により作業時間を予定どおり確保することができなくなったことから，納期を短期間繰り下げることが可能かとの申出に対し，納期を変更すること
・特定受託事業者からの介護のために特定の曜日についてはオンラインで就業したいとの申出に対し，一部業務をオンラインに切り替えられるよう調整すること

　ただし，申出や配慮の内容は，個々の特定受託事業者の状況や業務の性質，特定業務委託事業者の状況等に応じて異なるものであり，多様かつ個別性が高いものであるから，記載されている例はあくまでも例示であり，実際に特定受託事業者から申出があった場合には，**前記(1)**の配慮の内容に基づき個別に対応を検討することが必要となる（指針第3の2(2)）。

　なお，特定受託事業者が元委託事業者（他の事業者から業務委託を受けた特定業務委託事業者が，当該業務委託に係る業務の全部又は一部について特定受託事業者に再委託をした場合における他の事業者をいう。以下同じ）の事業所において業務を行う場合には，特定受託事業者からの申出内容について当該元委託事業者に対して調整を依頼することも必要な対応に含まれる（指針第3の2

第13条（妊娠，出産若しくは育児又は介護に対する配慮）　221

(2)）。

(3)　特定業務委託事業者による望ましくない取扱い

　本条における申出及び配慮の趣旨を踏まえ，以下のとおり，特定業務委託事業者が，①特定受託事業者からの申出を阻害すること，及び②特定受託事業者が申出をしたこと又は配慮を受けたことのみを理由に契約の解除その他の不利益な取扱いを行うことは望ましくない取扱いであるとされている（指針第3の3）[24]。

　なお，望ましくない取扱いについては，本条違反にはならないが，労働局による調査・助言の対象となり得ることには留意が必要である（政省令等パブコメ回答3-2-33）。

　①　特定受託事業者からの申出を阻害すること

　望ましくない取扱いのうち，「特定受託事業者からの申出を阻害すること」については，以下のような具体例が挙げられる（指針第3の3イ）。

・申出に際して，膨大な書類を提出させる等の特定受託事業者にとって煩雑又は過重な負担となるような手続を設けること

・特定業務委託事業者の役員又は労働者が，申出を行うことは周囲に迷惑がかかるといった申出をためらう要因となるような言動をすること

---

　②　特定受託事業者が申出をしたこと又は配慮を受けたことのみを理由に契約の解除その他の不利益な取扱いを行うこと

　望ましくない取扱いのうち，「契約の解除その他の不利益な取扱い」となる

---

[24]　このように，あくまで指針において「望ましくない取扱い」という位置付けで不利益取扱いを行わないことを促すものであり，本条の規制として不利益取扱いの禁止が定められているわけではない。これは，事業者間取引においては，取引自由の原則の下，取引内容そのものへの行政の介入は最小限にとどめるべきとの観点から，不利益取扱いを禁止することはしなかったものとされている（第211回国会参議院本会議第17号（令和5年4月21日）の後藤茂之国務大臣（新しい資本主義担当）の答弁）。

222 第3章 特定受託業務従事者の就業環境の整備

行為について，特定受託事業者が申出をしたこと又は配慮を受けたことのみを
理由として，例えば，次に掲げるものを行うことが該当する（指針第3の3ロ）。

- 契約の解除を行うこと
- 報酬を支払わないこと又は減額を行うこと
- 給付の内容を変更させること又は給付を受領した後に給付をやり直させること
- 取引の数量の削減
- 取引の停止
- 就業環境を害すること

　不利益な取扱いに該当するかを判断するために，申出をしたこと又は配慮を
受けたこととの間に因果関係[25]がある行為であることを要すると解されており，
不利益な取扱いに該当すると認められる事例及び該当しないと認められる事例

25　なお，育介法上の育児休業等の申出・取得等を理由とする不利益取扱い（育介法10条，16条，16
条の4，16条の7，16条の10，18条の2，20条の2，23条の2）の要件である「理由として」につ
いても，育児休業等の事由と不利益取扱いとの間に「因果関係」があることを要すると解されてい
るところ（子の養育又は家族の介護を行い，又は行うこととなる労働者の職業生活と家庭生活との
両立が図られるようにするために事業主が講ずべき措置等に関する指針（平成21年厚生労働省告示
509号）第2の11(1)），育児休業等の事由を「契機として」不利益取扱いを行った場合は（「契機と
して」については，基本的に育児休業の申出又は取得をしたことと時間的に近接して当該不利益取
扱いが行われたか否かをもって判断される），原則として因果関係があるものとして「理由として」
に当たるが，①円滑な業務運営や人員の適正配置の確保などの業務上の必要性から支障があるため
当該不利益取扱いを行わざるを得ない場合において，その業務上の必要性の内容や程度が，育介法
10条の趣旨に実質的に反しないものと認められるほどに，当該不利益取扱いにより受ける影響の内
容や程度を上回ると認められる特段の事情が存在すると認められるとき，又は，②当該労働者が当
該取扱いに同意している場合において，当該育児休業及び当該取扱いにより受ける有利な影響の内
容や程度が当該取扱いにより受ける不利な影響の内容や程度を上回り，当該取扱いについて事業主
から労働者に対して適切に説明がなされる等，一般的な労働者であれば当該取扱いについて同意す
るような合理的な理由が客観的に存在するときは，この限りではないと解されており（「育児休業，
介護休業等育児又は家族介護を行う労働者の福祉に関する法律の施行について」（平成28年職発
0802第1号：最終改正令和5年4月28日雇均発0428第3号）第2の39(3)），特定受託事業者への不
利益取扱いとの関係でも参考になる。また，均等法上の妊娠・出産等を理由とする不利益取扱い
（均等法9条3項）の要件である「理由として」についても同様である（労働者に対する性別を理
由とする差別の禁止等に関する規定に定める事項に関し，事業主が適切に対処するための指針（平
成18年厚生労働省告示614号）第4の3(1)，「改正雇用の分野における男女の均等な機会及び待遇の
確保等に関する法律の施行について」（平成18年10月11日雇児発第1011002号：最終改正令和2年2
月10日雇均発0210第2号）第2の4(5)）。

第13条（妊娠，出産若しくは育児又は介護に対する配慮）　223

は以下のとおりである（指針第3の3ロ，Q&A問96回答）。なお，これらは限定列
挙ではない（指針第3の3ロ）。

（不利益な取扱いに<u>該当する</u>と認められる例）

・介護のため特定の曜日や時間の業務を行うことが難しくなったため，配慮の申
　出をした特定受託事業者について，別の曜日や時間は引き続き業務を行うこと
　が可能であり，契約目的も達成できることが見込まれる中，配慮の申出をした
　ことを理由として，契約の解除を行うこと

・特定受託事業者が育児，出産に関する配慮を受けたことを理由として，現に役
　務を提供しなかった業務量に相当する分を超えて報酬を減額すること

・特定受託事業者が育児や介護に関する配慮を受けたことにより，特定業務委託
　事業者の労働者が繰り返し又は継続的に嫌がらせ的な言動を行い，当該特定受
　託事業者の能力発揮や業務の継続に悪影響を生じさせること

（不利益な取扱いに<u>該当しない</u>と認められる例）

・妊娠による体調の変化によりイベントへの出演ができなくなった特定受託事業
　者から，イベントの出演日を変更してほしいとの申出があったが，イベントの
　日程変更は困難であり，当初の契約目的が達成できないことが確実になったた
　め，その旨を特定受託事業者と話し合いの上，契約の解除を行うこと

・育児等のためこれまでよりも短い時間で業務を行うこととなった特定受託事業
　者について，就業時間の短縮により減少した業務量に相当する報酬を減額する
　こと

・配慮の申出を受けて話し合いをした結果，特定受託事業者が従来の数量の納品
　ができないことがわかったため，その分の取引の数量を削減すること

　なお，報酬の支払期日までに報酬を支払わなかった場合や，特定受託事業者
の責めに帰すべき事由がないのに報酬の額を減ずること等があった場合には，
不利益な取扱いに該当し得るほか，別途，法4条（報酬の支払期日等）又は法
5条（特定業務委託事業者の遵守事項）の規定に違反し得ることに留意が必要
である（指針第3の3ロ）。

224 第3章 特定受託業務従事者の就業環境の整備

7 「継続的業務委託以外の業務委託の相手方である特定受託事業者」(法13条2項)

本条1項に定める継続的業務委託(前記1)以外の業務委託の相手方である特定受託事業者をいう。

前記6(1)のとおり，当該特定受託事業者との関係では，その申出に応じて，前記6(1)①から④までの配慮をするよう努めなければならないとされており(指針第3の2(1))，本条1項(配慮義務)とは異なり，努力義務とされている。

第3 実務対応

以上のとおり，特定業務委託事業者は，継続的業務委託の相手方である特定受託事業者の申出に応じて，育児介護等の状況に応じた必要な配慮を行う義務があることから，その前提として，かかる義務を履行するために適切な体制を整備することが必要となる。

以下では，かかる体制整備を行う上で，実務上対応が必要と考えられる事項について解説する。

1 申出の受付

(1) 受付方法

育児介護等の状況に応じた必要な配慮を行うための体制整備を進めるにあたり，まずは，特定業務委託事業者の中で，誰が特定受託事業者の配慮の申出を受け付けるのかという点を決定する必要がある。法や指針では，申出の受付方法について特段言及されていないが，特定業務委託事業者の規模や組織等を踏まえて，適切に機能する受付方法を採用することが必要となる。

具体的には，まず，部署横断の統一的な窓口を設け，申出の受付については当該窓口で一括して対応するという方法が考えられる。仮にこのような方法を採用する場合は，総務部や人事部など，特定業務委託事業者における管理部門

第13条（妊娠，出産若しくは育児又は介護に対する配慮）　225

で窓口対応を引き受けることが想定されるが，特定受託事業者による申出や配慮の内容は多様かつ個別性が高いものであり，事業部等の特定受託事業者へ業務を委託する部署（以下「**委託部署**」という）の協力なくしては，適切な配慮の内容を決定することはできない。そのため，統一的な窓口を設けるとともに，委託部署と迅速に連携が取れるような体制も整備する必要がある。

　一方で，統一的な窓口を設けるのではなく，特定受託事業者と直接やりとりをしている委託部署で特定受託事業者からの申出を受け付けるという方法も考えられる。結局のところ，具体的な配慮内容の決定は特定受託事業者に対する業務委託の状況を最も良く理解している委託部署が中心になって検討する必要があるし，統一的な窓口を設けることで生じる業務負担も無視できないことから，申出の受付から具体的な配慮内容の決定，実施までを委託部署で一貫して対応することも合理的である。ただし，その前提としては，後述するとおり，委託部署において法や指針に則った適切な対応がなされる必要があり，本法に関する委託部署の知識やノウハウを向上させることが必須となる。また，このような受付方法を採用した場合には，委託部署で特定受託事業者と直接やり取りを実施する担当者へ申出がなされるケースも想定される。もっとも，申出を受け付けた担当者がその場で判断して対応した結果，合理的な配慮が実施されないなど，不適切な対応がなされた場合には，当局による行政指導の対象にもなり得ることに鑑みれば，担当者の自己判断で対応がなされることは，基本的には避けることが望ましい。このような事態を避けるためには，後記2(2)のとおり，法や指針で求められる事項についてケーススタディ等を用いた研修を実施し，基本的な対応方法に関するレクチャーを行ったり，マニュアルを策定するなどすべきである。また，申出を受け付けた担当者は適時に上長へ申出内容を報告するとともに，配慮内容の検討にあたっては，上長や，判断が難しい場合には必要に応じて管理部門等と相談して対応することをルール化するなどして，担当者個人の判断で申出への対応がなされないような運用を構築することも重要である。

226　第3章　特定受託業務従事者の就業環境の整備

(2)　受付対象

　前記第2の2のとおり，特定業務委託事業者にとって，育児介護等の状況に応じた配慮義務が課せられている対象は，継続的業務委託の相手方である特定受託事業者である。

　そのため，受付段階で当該特定受託事業者との契約関係が継続的業務委託に該当するかを正確に判断し，継続的業務委託に該当しない場合には申出を受け付けないという対応も考えられなくはない。しかし，実際上は継続的業務委託に該当するか否かをただちに明確に判断できない場合もあり得る。また，継続的業務委託に該当しない場合も，必要な配慮をする努力義務があることを踏まえると（法13条2項），実務上は，特定受託事業者からの育児介護等の申出に対しては契約期間を問うことなく受け付けた上で，契約期間に関しては，配慮内容を決定する際の考慮要素とするような取扱いが現実的と考えられる。

2　配慮内容の決定，伝達及び実施

(1)　対応フローの整理及び周知

　申出を受け付ける体制が決まれば，次に，申出の内容を十分に把握した上で，配慮の内容を決定し，かかる決定に従って当該配慮を伝達・実施する必要がある（配慮が実施できない場合には，その旨の伝達及び理由の説明をする必要がある）。

　この点に関し，指針において，「申出の内容等には特定受託事業者のプライバシーに属する情報もあることから，当該情報の共有範囲は必要最低限とするなど，プライバシー保護の観点に留意すること」とされていること（指針第3の2(1)イ）を踏まえると，不用意に対応する人員が拡散しないよう，あらかじめ，申出を受け付けてから配慮を実施するまでの対応フロー図を作成するなどして，どのタイミングで，どの部署の人員が，何をすべきかを整理しておくことが重要である。このような整理を行うことは，指針にて望ましいとされている「配慮の申出が可能であることや，配慮を申し出る際の窓口・担当者，配慮の申出を行う場合の手続等を周知すること」（指針第3の2(1)ニ）との関係でも，特定

受託事業者への周知の前提として実施すべき作業になる。なお，かかる特定受託事業者への周知を行う際，その周知の方法について指針では特段言及されていないが，一般的には，電子メールや文書での通知，（特定受託事業者がアクセス可能な場合には）社内イントラネットへの掲載といった簡易な方法で行うことが考えられる。

(2) 研修の実施，マニュアルの策定

どのような対応フローを策定するにせよ，具体的な配慮内容の決定は委託部署が中心になって検討する必要があるから，言うまでもなく，委託部署において，法や指針の内容を適切に理解し，実践できる状態となることが重要になる。

指針には，前記第2の6(2)のとおり具体的な配慮の例が挙げられているが（指針第3の2(2)），実際上は，申出の具体的な内容や特定受託事業者の状況，業務委託の性質・内容等を踏まえた個別具体的な判断が必要になる。そのため，委託部署が法や指針の内容を十分に理解し，個別の申出に応じた適切な対応を実施することができるように，特定業務委託事業者において発生し得る特定受託事業者との取引内容を踏まえたケーススタディ等を用いて研修を行ったり，マニュアルを策定して周知するような対応を実施することが重要である。

3 望ましくない取扱いの防止

指針では，前記第2の6(3)のとおり特定業務委託事業者による望ましくない取扱いについての例も挙げられている（指針第3の3）。かかる取扱いについても行政指導の対象になり得ることを踏まえると，前記2(2)の研修実施やマニュアル策定に際しては，望ましくない取扱いに関する説明も織り込んだ内容とすることが必要である。

一方で，こういった対応をとったとしても，実際には望ましくない取扱いが行われてしまう可能性は否定できないため，定期的に特定受託事業者にアンケート調査を実施し，特定受託事業者に対する望ましくない取扱いが行われていないか確認することも検討に値する[26]。その上で，仮に望ましくない取扱い

228　第3章　特定受託業務従事者の就業環境の整備

が行われていたことが確認された場合には，事後的に是正措置を行ったり，同種事案が発生することを防ぐために，望ましくない取扱いが行われていたことや（プライバシーにも配慮した上で）その内容を社内で周知したり，マニュアルに過去事例として盛り込むなどし，注意喚起するといった対応をとることもあり得る対応である。なお，このような対応は，望ましい対応として指針にて言及されている「育児介護等に否定的な言動が頻繁に行われるといった配慮の申出を行いにくい状況がある場合にはそれを解消するための取組を行うこと等の育児介護等への理解促進に努めること」（指針第3の2(1)二）との関係でも有効な手段と考えられる。

26　また，好事例を収集するという観点から，望ましくない取扱いに加え，良かった取扱いを質問することもよいだろう。

（業務委託に関して行われる言動に起因する問題に関して講ずべき措置等）

第十四条　特定業務委託事業者は，その行う業務委託に係る特定受託業務従事者に対し当該業務委託に関して行われる次の各号に規定する言動により，当該各号に掲げる状況に至ることのないよう，その者からの相談に応じ，適切に対応するために必要な体制の整備その他の必要な措置を講じなければならない。

　一　性的な言動に対する特定受託業務従事者の対応によりその者（その者が第二条第一項第二号に掲げる法人の代表者である場合にあっては，当該法人）に係る業務委託の条件について不利益を与え，又は性的な言動により特定受託業務従事者の就業環境を害すること。

　二　特定受託業務従事者の妊娠又は出産に関する事由であって厚生労働省令で定めるものに関する言動によりその者の就業環境を害すること。

　三　取引上の優越的な関係を背景とした言動であって業務委託に係る業務を遂行する上で必要かつ相当な範囲を超えたものにより特定受託業務従事者の就業環境を害すること。

2　特定業務委託事業者は，特定受託業務従事者が前項の相談を行ったこと又は特定業務委託事業者による当該相談への対応に協力した際に事実を述べたことを理由として，その者（その者が第二条第一項第二号に掲げる法人の代表者である場合にあっては，当該法人）に対し，業務委託に係る契約の解除その他の不利益な取扱いをしてはならない。

第1　本条の趣旨

　本条1項は，業務委託の際に行われる特定受託業務従事者へのいわゆるハラスメント行為について，特定業務委託事業者に対し，特定受託業務従事者からの相談に対応するための体制整備その他これらの問題の発生の防止及び改善のために必要な措置を講じることを，現行の労働関係法令（均等法11条1項，11条の3第1項，労推法30条の2第1項）と同様の枠組みの下で義務づけるものである。

　特定受託業務従事者は労働者ではないことから，現行の労働関係法令による

保護の対象にはならないが，特定受託業務従事者は，特定業務委託事業者との契約関係に入ることで，特定業務委託事業者及びその従業員との間で一定の人的関係が生じ，当該関係に起因して，ハラスメントを受けやすい立場に置かれることになる。こうした場合，特定受託業務従事者は，従業員を有さず，役務提供の主体が本人であることから，所属組織からの保護がなく特定業務委託事業者からのハラスメントを直接受ける立場にある上，ハラスメントを受けても代わりがいないことから被害が深刻化しやすい。

他方で，特定業務委託事業者としては，何らの強制力もない中で自らの従業員に対するハラスメント対策と同程度の措置を講じる動機には乏しいという実態があるため，本条は，特定受託業務従事者がその有する能力を発揮しつつ業務を継続することができるよう，その就業環境を整備する観点から，特定業務委託事業者に対し，業務委託におけるハラスメントに係る各種措置を講じることを義務づけたものである。

また，本条2項は，特定受託業務従事者が，特定業務委託事業者から不利益な取扱いを受けることをおそれて相談を躊躇するような事態にならないよう，特定受託業務従事者が相談を行ったこと又は相談対応に協力した際に事実を述べたことを理由として特定受託業務従事者（その者が法人の代表者である場合は当該法人）に対して不利益な取扱いを行うことを禁止するものであるが，同様の規定は労働関係法令においてもみられるところである（均等法11条2項，11条の3第2項，労推法30条の2第2項等）。

第2 | 条文解説

1 「その行う業務委託に係る特定受託業務従事者」

ハラスメントは個人（自然人）に対する行為であることから，その対象については，「特定受託事業者」（法2条1項）ではなく，「特定受託業務従事者」（法2条2項）と規定されている。

2 「業務委託に関して行われる」

「業務委託に関して行われる」とは、法による勧告・公表の対象となるハラスメントの成立範囲を画する概念である。すなわち、労働関係法令においては、雇用主が従業員に対して負う安全配慮義務の一環としてハラスメントに対応すべきであるという観点から、「職場において行われる」行為であるかどうかによってハラスメントの成立範囲を画しているのに対し（均等法11条1項、11条の3第1項、労推法30条2第1項）、本条1項は、「業務委託に関して行われる」か否かにより、ハラスメントの成立範囲を画している。

また、「業務委託に関して行われる」とは、特定受託業務従事者が当該業務委託に係る業務を遂行する場所又は場面で行われるものをいい、当該特定受託業務従事者が通常業務を遂行している場所以外の場所であっても、実際に業務が遂行されている場所であれば、これに含まれると解されている（指針第4の1(4)）。そのため、例えば、取引先の事務所、取引先と打ち合わせをするための飲食店、顧客の自宅等であっても、特定受託業務従事者が当該業務委託に係る業務を遂行する場所又は場面と認められる場合であれば、「業務委託に関して行われる」の要件に該当する（政省令等パブコメ回答3-3-6・47）。また、業務を遂行する時間以外の「懇親の場」（同じ業務を遂行する関係者の打ち上げなど）、業務を遂行する場所への移動中等であっても、実質上、業務遂行の延長と考えられるものは「業務委託に関して行われるもの」に該当するが、その判断に当たっては、業務との関連性や参加者など、参加や対応の目的や性質を考慮して個別に行う必要がある（Q&A 問98回答）。さらには、特定受託業務従事者と電話やメールで連絡をする場合には、場所を問わず、「業務委託に関して行われるもの」であると認められる可能性がある（Q&A 問98回答）。

3 ハラスメントの概念

以下の(1)～(3)のとおり、業務委託におけるハラスメントの内容は、本条1項各号にそれぞれ定められている。

232　第3章　特定受託業務従事者の就業環境の整備

　なお，報酬の支払期日までに報酬を支払わなかった場合や，特定受託事業者の責めに帰すべき事由がないのに報酬の額を減ずること等があった際に，以下の(1)〜(3)の言動を伴う場合，業務委託におけるハラスメントに該当することがあるほか，別途，法4条（報酬の支払期日等）又は法5条（特定業務委託事業者の遵守事項）の規定に違反し得る場合もあることに留意が必要である（指針第4の1(5)）。

(1)　業務委託におけるセクシュアルハラスメント（法14条1項1号）

　本条1項1号は，業務委託における，いわゆるセクシュアルハラスメントの概念を規定するものである。

　業務委託におけるセクシュアルハラスメントは，業務委託に関して行われる性的な言動に対する特定受託業務従事者の対応により当該特定受託業務従事者（その者が法人の代表者である場合は当該法人）がその業務委託の条件につき不利益を受けるもの（以下「**対価型セクシュアルハラスメント**」という）と，当該性的な言動により特定受託業務従事者の就業環境が害されるもの（以下「**環境型セクシュアルハラスメント**」という）に分類される（指針第4の2(1)）。以下では，本号の具体的な文言の解釈について解説する。

　ア　「性的な言動」（指針第4の2(2)）

　「性的な言動」とは，性的な内容の発言及び性的な行動を指し，この「性的な内容の発言」には，性的な事実関係を尋ねること，性的な内容の情報を意図的に流布すること等が，「性的な行動」には，性的な関係を強要すること，必要なく身体に触ること，わいせつな図画を配布すること等が，それぞれ含まれると解されている（指針第4の2(2)）。

　なお，当該言動を行う者には，特定業務委託事業者（その者が法人である場合にあってはその役員。以下同じ）又はその雇用する労働者（以下「**特定業務委託事業者等**」という）に限らず，業務委託に係る契約を遂行するにあたり関係性が発生する者（例えば，元委託事業者を含む特定業務委託事業者の取引先

第14条（業務委託に関して行われる言動に起因する問題に関して講ずべき措置等）　233

等の他の事業者（その者が法人である場合にあってはその役員。以下同じ）又
はその雇用する労働者，業務委託に係る契約上協力して業務を遂行することが
想定されている他の個人事業者（以下「**他の事業者等**」という），顧客等）も
該当し得る（指針第4の2(2)）[27]。

　また，当該言動は，同性に対するものであっても業務委託におけるセクシュ
アルハラスメントに該当し得るものであり，被害を受けた者の性的指向又は性
自認にかかわらず，本号の対象となる（指針第4の2(1)）。

　イ　「性的な言動に対する特定受託業務従事者の対応によりその者に係る業務委託
　　　の条件について不利益を与え」（対価型セクシュアルハラスメント）（指針第4
　　　の2(3)）

　「性的な言動に対する特定受託業務従事者の対応によりその者に係る業務委
託の条件について不利益を与え」るとは，いわゆる「対価型セクシュアルハラ
スメント」について定めたものである。

　「対価型セクシュアルハラスメント」とは，業務委託に関して行われる特定
受託業務従事者の意に反する性的な言動への対応により，当該特定受託業務従
事者が契約の解除，報酬の減額，取引数量の削減，取引の停止等の不利益を受
けることをいう（指針第4の2(3)）。その状況は多様であるが，指針では，典型
的な例として，次のような内容が挙げられている（指針第4の2(3)）。

・特定業務委託事業者が特定受託業務従事者に対して性的な関係を要求したが，
　拒否されたため，当該特定受託業務従事者との契約を解除すること
・特定業務委託事業者の雇用する労働者が事業所内において日頃から特定受託業
　務従事者に係る性的な事柄について公然と発言していたが，抗議されたため，
　当該特定受託業務従事者の報酬を減額すること

27　一方で，業務委託におけるパワーハラスメント及び業務委託における妊娠，出産等に関するハラ
　　スメントに関しては，特定業務委託事業者又はその雇用する労働者以外の第三者からの言動は措置
　　義務の対象となっていない（政省令等パブコメ回答3-3-58）。

234　第3章　特定受託業務従事者の就業環境の整備

ウ　「性的な言動により特定受託業務従事者の就業環境を害すること」（環境型セクシュアルハラスメント）（指針第4の2⑷）

　「性的な言動により特定受託業務従事者の就業環境を害する」とは，いわゆる「環境型セクシュアルハラスメント」について定めたものである。

　「環境型セクシュアルハラスメント」とは，業務委託に関して行われる特定受託業務従事者の意に反する性的な言動により特定受託業務従事者の就業環境が不快なものとなったため，能力の発揮に重大な悪影響が生じる等，当該特定受託業務従事者が就業する上で看過できない程度の支障が生じることである（指針第4の2⑷）。その状況は多様であるが，指針では，典型的な例として，次のような内容が挙げられている（指針第4の2⑷）。

・就業場所において特定業務委託事業者の雇用する労働者が特定受託業務従事者の腰，胸等に度々触ったため，当該特定受託業務従事者が苦痛に感じてその就業意欲が低下していること
・元委託事業者の雇用する労働者が当該元委託事業者の事業所において就業する特定受託業務従事者に係る性的な内容の情報を意図的かつ継続的に流布したため，当該特定受託業務従事者が苦痛に感じて仕事が手につかないこと

⑵　業務委託における妊娠，出産等に関するハラスメント（法14条1項2号）

　本条1項2号は，業務委託における妊娠，出産等に関するハラスメントの概念を規定するものである（いわゆるマタニティハラスメント）。

　「妊娠又は出産に関する事由であって厚生労働省令で定めるもの」は，厚労省関係法施行規則2条において以下のように定められている。

◆厚労省関係法施行規則

（法第十四条第一項第二号の厚生労働省令で定める妊娠又は出産に関する事由）
第二条　法第十四条第一項第二号の厚生労働省令で定める妊娠又は出産に関する事由は，次のとおりとする。

第14条（業務委託に関して行われる言動に起因する問題に関して講ずべき措置等）　235

> 一　妊娠したこと。
> 二　出産したこと。
> 三　妊娠又は出産に起因する症状により業務委託に係る業務を行えないこと若しくは行えなかったこと又は当該業務の能率が低下したこと[28]。
> 四　妊娠又は出産に関して法第十三条第一項若しくは第二項の規定による配慮の申出をし，又はこれらの規定による配慮を受けたこと。

　指針は，以下のとおり，業務委託における妊娠，出産等に関するハラスメントを「状態への嫌がらせ型」（厚労省関係法施行規則2条1号〜3号）と「配慮申出等への嫌がらせ型」（厚労省関係法施行規則2条4号）の2つの類型に整理している。なお，業務分担や安全配慮等の観点から，客観的にみて，業務上の必要性に基づく言動によるものについては，業務委託における妊娠，出産等に関するハラスメントには該当しないと解されている（指針第4の3(1)）。

> ①　特定受託業務従事者が，妊娠したこと，出産したこと，妊娠又は出産に起因する症状により業務委託に係る業務を行えないこと若しくは行えなかったこと又は当該業務の能率が低下したこと（以下「妊娠したこと等」という）に関する言動により就業環境が害されるもの（以下「状態への嫌がらせ型」という）
> ②　特定受託業務従事者が，妊娠又は出産に関して法13条1項若しくは2項の規定による配慮の申出（以下「配慮の申出」という）をしたこと又はこれらの規定による配慮を受けたこと（以下「配慮を受けたこと」という）に関する言動により就業環境が害されるもの（以下「配慮申出等への嫌がらせ型」という）

　ア　「状態への嫌がらせ型」（厚労省関係法施行規則2条1号〜3号）

　「状態への嫌がらせ型」の典型的な例として，指針では，次の(ア)及び(イ)の例が挙げられている（指針第4の3(2)イ・ロ）。なお，これらは限定列挙ではないこ

---

[28]　例えば，妊娠に伴うつわり等の症状により業務委託に係る業務を行えないこと等は，これに当たる（政省令等パブコメ回答3-3-20）。

236 第3章 特定受託業務従事者の就業環境の整備

とに留意が必要である（指針第4の3(2)）。

　(ｱ)　妊娠したこと等のみを理由として嫌がらせ等をするもの

　客観的にみて，言動を受けた特定受託業務従事者の能力の発揮や継続就業に重大な悪影響が生じる等，当該特定受託業務従事者が就業する上で看過できない程度の支障が生じるようなものが該当する（指針第4の3(2)イ）。

　例えば，特定受託業務従事者が妊娠したこと等により，特定業務委託事業者等が当該特定受託業務従事者に対し，繰り返し又は継続的に嫌がらせ等（嫌がらせ的な言動又は契約に定められた業務に従事させないことをいう。以下同じ）をすること（当該特定受託業務従事者がその意に反することを当該特定業務委託事業者等に明示しているにもかかわらず，さらに言うことを含む）がこれに該当する（指針第4の3(2)イ）。

　(ｲ)　妊娠したこと等のみを理由として契約の解除その他の不利益な取扱いを
　　　示唆するもの

　特定業務委託事業者等が特定受託業務従事者に対し，妊娠したこと等のみを理由として，業務委託に係る契約の解除，報酬の減額，取引数量の削減，取引の停止等の不利益な取扱いを示唆することが該当する（指針第4の3(2)ロ）。

　例えば，妊娠を報告しただけで，業務委託に係る契約の解除を示唆したり，報酬の減額を示唆したりすることは不利益な取扱いの示唆に該当するが，一方で，妊娠又は出産に起因する症状（例えば，妊娠に伴うつわりの症状など）により役務の提供を休止した場合に，実際に役務の提供を休止した分の報酬の減額について話し合いをすることは，業務委託における妊娠，出産等に関するハラスメントには該当しない（指針第4の3(2)ロ）。

　イ　「配慮申出等への嫌がらせ型」（厚労省関係法施行規則2条4号）

　「配慮申出等への嫌がらせ型」の典型的な例として，指針では，次の(ｱ)～(ｳ)の例が挙げられている（指針第4の3(3)イ・ロ・ハ）。なお，これらは限定列挙ではないことに留意が必要である（指針第4の3(3)）。

第14条（業務委託に関して行われる言動に起因する問題に関して講ずべき措置等）　237

(ア)　配慮の申出を阻害するもの

　次に掲げる例のように，客観的にみて，言動を受けた特定受託業務従事者の配慮の申出が阻害されるものが該当する（指針第4の3(3)イ）。なお，特定業務委託事業者が配慮の申出内容を無視する，申出のあった配慮について実施可能か検討しないなどの場合には，法13条の育児介護等の配慮義務に違反することとなることにも留意が必要である（Q&A問99回答）。

- ・特定受託業務従事者が配慮の申出をしたい旨を業務委託に係る契約担当者に相談したところ，当該申出をしないよう言うこと
- ・特定受託業務従事者が配慮の申出をしたところ，業務委託に係る契約担当者が，当該特定受託業務従事者に対し，当該申出を取り下げるよう言うこと
- ・特定受託業務従事者が配慮の申出をしたい旨を特定業務委託事業者の雇用する労働者に伝えたところ，繰り返し又は継続的に申出をしないよう言うこと（当該特定受託業務従事者が その意に反することを当該労働者に明示しているにもかかわらず，更に言うことを含む）
- ・特定受託業務従事者が配慮の申出をしたところ，特定業務委託事業者の雇用する労働者が，繰り返し又は継続的に当該申出を取り下げるよう言うこと（当該特定受託業務従事者がその意に反することを当該労働者に明示しているにもかかわらず，さらに言うことを含む）

(イ)　配慮を受けたことにより嫌がらせ等をするもの

　客観的にみて，言動を受けた特定受託業務従事者の能力の発揮や継続就業に重大な悪影響が生じる等，当該特定受託業務従事者が就業する上で看過できない程度の支障が生じるようなものが該当する（第4の3(3)ロ）。

　例えば，特定受託業務従事者が配慮を受けたことにより，特定業務委託事業者等が当該特定受託業務従事者に対し，繰り返し又は継続的に嫌がらせ等をすること（当該特定受託業務従事者がその意に反することを当該特定業務委託事業者又はその雇用する労働者に明示しているにもかかわらず，さらに言うことを含む）がこれに該当する（第4の3(3)ロ）。

238 第3章 特定受託業務従事者の就業環境の整備

(ウ) 配慮の申出等のみを理由として契約の解除その他の不利益な取扱いを示
唆するもの

特定受託業務従事者が，配慮の申出をしたい旨を特定業務委託事業者に相談
したこと，配慮の申出をしたこと，配慮を受けたことのみを理由として，特定
業務委託事業者等が当該特定受託業務従事者に対し，業務委託に係る契約の解
除，報酬の減額，取引数量の削減，取引の停止等の不利益な取扱いを示唆する
ことがこれに該当する（指針第4の3(3)ハ）。

例えば，配慮を受けても業務量が変わらないにもかかわらず，報酬の減額を
示唆することや，実際に業務量が減少した分以上の報酬の減額を示唆すること
は，不利益な取扱いの示唆に該当するが，一方で，配慮を受けたことにより実
際に業務量が減少した分の報酬の減額について話し合いをすることは，業務委
託における妊娠，出産等に関するハラスメントには該当しない（指針第4の3(3)
ハ）。不利益な取扱いの示唆に該当する典型的な例としては，妊娠や出産に関
する配慮の申出を業務委託に係る契約担当者に相談したところ，契約担当者が
「配慮の申出をするなら契約を解除する」，「配慮の申出をするなら，これまで
の報酬を減額する」と言われた場合である（Q&A問100回答）。

(3) 業務委託におけるパワーハラスメント（法14条1項3号）

本条1項3号は，業務委託における，いわゆるパワーハラスメントの概念を
規定するものである。

本号が定める業務委託におけるパワーハラスメントとは，業務委託に関して
行われる，①取引上の優越的な関係を背景とした言動であって，②業務委託に
係る業務を遂行する上で必要かつ相当な範囲を超えたものにより，③特定受託
業務従事者の就業環境が害されるものであり，①から③までの要素をすべて満
たすものをいう（指針第4の4(1)）。なお，客観的にみて，業務委託に係る業務
を遂行する上で必要かつ相当な範囲で行われる適正な指示及び通常の取引行為
としての交渉の範囲内の話し合いについては，業務委託におけるパワーハラス
メントには該当しない（指針第4の4(1)）。

第14条（業務委託に関して行われる言動に起因する問題に関して講ずべき措置等）　239

ア　「取引上の優越的な関係を背景とした」（指針第4の4(2)）

　「取引上の優越的な関係を背景とした」言動とは，業務委託に係る業務を遂行するに当たって，当該言動を受ける特定受託業務従事者が当該言動の行為者とされる者（以下「行為者」という）に対して抵抗又は拒絶することができない蓋然性が高い関係を背景として行われるものを指し，例えば，以下のもの等が含まれる（指針第4の4(2)）。

・特定業務委託事業者による言動

・業務委託に係る契約担当者，事業担当者又は業務委託に係る成果物の確認若しくは検収を行う者による言動

・特定業務委託事業者の雇用する労働者による言動であって，当該者の協力を得なければ業務の円滑な遂行を行うことが困難であるもの

・特定業務委託事業者の雇用する労働者からの集団による行為で，これに抵抗又は拒絶することが困難であるもの

イ　「業務委託に係る業務を遂行する上で必要かつ相当な範囲を超えた」（指針第4の4(3)）

　「業務委託に係る業務を遂行する上で必要かつ相当な範囲を超えた」言動とは，社会通念に照らし，当該言動が明らかに特定業務委託事業者の業務委託に係る業務を遂行する上で必要性がない，又はその態様が相当でないものを指し，例えば，以下のもの等が含まれる（指針第4の4(3)）。

---

①　業務の遂行上明らかに必要性のない言動

②　業務の目的を大きく逸脱した言動

③　業務を遂行するための手段として不適当な言動

④　当該行為の回数，行為者の数等，その態様や手段が社会通念に照らして許容される範囲を超える言動

　この判断にあたっては，様々な要素（当該言動の目的，当該言動を受けた特

240 第3章 特定受託業務従事者の就業環境の整備

定受託業務従事者の責めに帰すべき事由の有無や内容・程度を含む当該言動が行われた経緯や状況，業種・業態，業務の内容・性質，当該言動の態様・頻度・継続性，行為者との関係性，通常の取引行為と照らした当該言動の妥当性等）を総合的に考慮することが適当であるとされている（指針第4の4⑶）。また，個別の事案についてその該当性を判断するにあたっては，これら事項のほか，当該言動により特定受託業務従事者が受ける身体的又は精神的な苦痛の程度等を総合的に考慮して判断することが必要であるとされている（指針第4の4⑸）。

ウ 「就業環境を害する」（指針第4の4⑷）

「就業環境を害する」とは，当該言動により特定受託業務従事者が身体的又は精神的に苦痛を与えられ，特定受託業務従事者の就業環境が不快なものとなったため，能力の発揮に重大な悪影響が生じるなど，当該特定受託業務従事者が就業する上で看過できない程度の支障が生じることを指すとされている（指針第4の4⑷）。

この判断にあたっては，「平均的な特定受託業務従事者の感じ方」，すなわち，同様の状況で当該言動を受けた場合に，社会一般の特定受託業務従事者が，就業する上で看過できない程度の支障が生じたと感じるような言動であるかどうかを基準とすることが適当であるとされている（指針第4の4⑷）。

エ 業務委託におけるパワーハラスメントの類型（指針第4の4⑸）

業務委託におけるパワーハラスメントの具体的な内容や態様は多様であり，個別の言動が業務委託におけるパワーハラスメントに該当するかは，前記ア～ウの観点から個別に判断するほかないが，指針では，業務委託におけるパワーハラスメントに該当する代表的な言動の類型として，以下の①から⑥までのものが示されている（指針第4の4⑸イ～ヘ）。また，指針では，当該言動の類型ごとに，典型的に業務委託におけるパワーハラスメントに該当し，又は該当しないと考えられる例も示されている（いずれも，取引上の優越的な関係を背景として行われたものであることが前提である）（指針第4の4⑸イ～ヘ）。なお，個

第14条（業務委託に関して行われる言動に起因する問題に関して講ずべき措置等）　241

別の事案の状況等によって判断が異なる場合もあり得ること，これらの例は限定列挙ではないことに留意する必要がある（指針第4の4(5)）。

① 身体的な攻撃（暴行・傷害）

（該当すると考えられる例）
・殴打・足蹴りを行うこと
・相手に物を投げつけること

（該当しないと考えられる例）
・誤ってぶつかること

② 精神的な攻撃（脅迫・名誉棄損・侮辱・ひどい暴言・執拗な嫌がらせ）

（該当すると考えられる例）
・人格を否定するような言動を行うこと（相手の性的指向・性自認に関する侮辱的な言動を行うことを含む）
・業務の遂行に関する必要以上に長時間にわたる厳しい叱責を繰り返し行うこと
・他の労働者[29]や事業者の面前における大声での威圧的な叱責を繰り返し行うこと
・相手の能力を否定し，罵倒するような内容の電子メール等を当該相手を含む複数の関係者宛てに送信すること
・契約内容に基づき成果物を納品したにもかかわらず正当な理由なく報酬を支払わないこと又は減額することを，度を超して繰り返し示唆する又は威圧的に迫ること

---

29 「他の労働者」とは，特定業務委託事業者が雇用する労働者をいう（政省令等パブコメ回答3 - 3 - 29・30）

242　第3章　特定受託業務従事者の就業環境の整備

（該当しないと考えられる例）

・業務委託に係る契約に定める内容が適切に実施されず，再三注意してもそれが改善されない特定受託業務従事者に対して一定程度強く注意をすること

・業務委託に係る契約の内容や性質等に照らして重大な問題行動を行った特定受託業務従事者に対して，一定程度強く注意をすること

・事業者間の通常の取引行為の一環として，取引条件の変更について協議を行うこと

③　人間関係からの切り離し（隔離・仲間外し・無視）

（該当すると考えられる例）

・1人の特定受託業務従事者に対して，特定業務委託事業者の雇用する労働者が集団で無視をし，事業所で孤立させること

（該当しないと考えられる例）

・通常，他の特定受託事業者と同じ場所で業務を遂行する特定受託業務従事者に対し，業務委託に係る契約を適切に遂行できるよう短期間集中的に別室で当該業務委託の内容に関する研修等を実施すること

④　過大な要求（業務委託に係る契約上明らかに不要なことや遂行不可能なことの強制・仕事の妨害）

（該当すると考えられる例）

・業務委託に係る契約上予定されていない肉体的・精神的負荷の高い作業を強要すること

・特定受託業務従事者に業務委託に係る業務とは関係のない私的な雑用の処理を強制的に行わせること

・明確な検収基準を示さずに嫌がらせのために特定受託事業者[30]の給付の受領を何度も拒み，やり直しを強要すること

第14条（業務委託に関して行われる言動に起因する問題に関して講ずべき措置等）　243

（該当しないと考えられる例）
・業務の繁忙期に，業務委託に係る契約の範囲内で，通常時よりも一定程度多い業務の処理を行わせること
・検収基準を明らかにして指示しているにもかかわらず，当該基準に達しない給付を行う特定受託業務従事者に対し，当該基準に達しない部分を示してやり直しを指示すること

⑤　過少な要求（合理的な理由なく契約内容とかけ離れた程度の低い仕事を命じることや仕事を与えないこと）

（該当すると考えられる例）
・気に入らない特定受託業務従事者に対して嫌がらせのために業務委託に係る契約上予定されていた業務や役割を与えないこと

（該当しないと考えられる例）
・当初予定していた成果物の発注数が減少したため，業務委託に係る契約の範囲内で，特定受託業務従事者に依頼する業務量を減らすこと

⑥　個への侵害（私的なことに過度に立ち入ること）

（該当すると考えられる例）
・特定受託業務従事者を事業所外でも継続的に監視したり，私物の写真撮影をしたりすること
・特定受託業務従事者の性的指向・性自認や病歴，不妊治療等の機微な個人情報について，当該特定受託業務従事者の了解を得ずに他の労働者に暴露すること

30　指針においては，ここであえて，「特定受託業務従事者」ではなく，「特定受託事業者」と記載されている（指針第4の4(5)ニ③）。契約上の行為に係るものであるため，あえて「特定受託事業者」という文言を使っているとも思えたが，他の例においては，契約上の行為に係るものであっても「特定受託業務従事者」という文言を使っており，この例のみ「特定受託事業者」という文言を使っている理由は定かではない（「給付」という文言との関係では，「特定受託業務従事者」と表記するのに違和感があったものとも推察される）。

244　第3章　特定受託業務従事者の就業環境の整備

（該当しないと考えられる例）

・特定受託業務従事者への育児介護等の配慮を目的として，特定受託業務従事者
　の家族の状況等についてヒアリングを行うこと

・特定受託業務従事者の了解を得て，当該特定受託業務従事者の性的指向・性自
　認や病歴，不妊治療等の機微な個人情報について，必要な範囲で業務委託に係
　る契約を遂行する上で関係する者に伝達し，配慮を促すこと。なお，プライバ
　シー保護の観点から，機微な個人情報を暴露することのないよう，労働者に周
　知・啓発する等の措置を講ずることが必要である

4　「その者からの相談に応じ，適切に対応するために必要な体制の整備その他の必要な措置を講じなければならない」（法14条1項柱書）

(1)　概要

　特定受託業務従事者に対するハラスメントは，その能力の発揮を妨げるととも
に，当事者の対等なやりとりなど適正な取引そのものを歪めることにつなが
る。また，このようなハラスメントは，特定受託事業者による市場参加を躊躇
わせ，取引の機会を失わせるものであることから，未然の防止対策及び仮にハ
ラスメント行為が行われてしまった際の改善を図ることが重要である。

　このため，本条は，特定受託業務従事者に対するハラスメントの防止・改善
を目的として，特定受託業務従事者からの相談に応じ，適切に対応するために
必要な体制の整備その他の必要な措置を講ずることを特定業務委託事業者に義
務付けている。具体的には，**後記(2)ア～エの措置を講じなければならない**とさ
れている（指針第4の5）[31][32]。

第14条（業務委託に関して行われる言動に起因する問題に関して講ずべき措置等）　245

【業務委託におけるハラスメントの体制整備 早見表（Q&A 問101回答参照）】

方針の明確化及びその周知・啓発（後記⑵ア）	業務委託におけるハラスメントの内容，ハラスメントを行ってはならない旨の方針を明確化し，業務委託に係る契約担当者等を含む労働者に周知・啓発すること。 （後記⑵ア㋐）
	業務委託におけるハラスメントの行為者は，厳正に対処する旨の方針・対処の内容を就業規則等の文書に規定し，業務委託に係る契約担当者等を含む労働者に周知・啓発すること。 （後記⑵ア㋑）

31　なお，これらは，発注事業者が，別に雇用主として労働関係法令（労推法，均等法等）に基づき講じることとされている労働者のハラスメント対策と同様の内容である。そのため，相談窓口の設置方法としては，特定受託業務従事者向けのハラスメントの相談窓口を新たに設置する方法のほか，労働関係法令に基づき既に設置している自社の労働者向けの相談窓口について，本条に基づく措置義務の内容を満たすものとなっているか確認した上で，特定受託業務従事者にも利用可能とするといった方法も考えられる（Q&A 問103回答）。政府側の国会答弁でも「個人であるフリーランスを保護する観点から，ハラスメント対策などの就業環境の整備に関する措置を盛り込んでいますが，発注事業者が雇用主の立場として既に講じている措置と同様の内容を求めるものであり，発注事業者に対し新たに大きな負担を迫るものではないと考えています」と答弁されており（第211回国会参議院本会議第17号（令和5年4月21日）後藤茂之国務大臣（新しい資本主義担当）），むしろ本条への対応として，労働関係法令に基づき整備した社内の相談体制やツール等を活用することを想定しているものと考えられる。

32　なお，文化庁（文化芸術分野の適正な契約関係構築に向けた検討会議）「文化芸術分野の適正な契約関係構築に向けたガイドライン（検討のまとめ）」（令和6年10月29日改訂）8頁では，制作や実演の現場において「暴言等による精神的な攻撃や演出等を理由とした性的な言動などパワーハラスメントやセクシュアルハラスメントに関する問題」なども生じていることに言及した上で，「事故防止や作業環境の整備などの観点から，現場の安全衛生に関する責任体制の確立のため，芸術家等の安全衛生管理を行う者を置くことが望ましい」と示しており，参考になる。制作や実演の現場においては，演者やプロデューサー，演出家，監督，照明・音響等スタッフなど様々な分野の立場の者が関わるため，そのような特殊性を踏まえ，一般的なハラスメント対策とは異なる配慮も必要であると考えられる。また，総務省「放送コンテンツの製作取引適正化に関するガイドライン改訂版（第8版）」（令和6年10月18日）63頁においては，放送コンテンツ製作の現場に沿って，ハラスメント対策として望ましいと考えられる事例が示されており，参考になる。

246　第3章　特定受託業務従事者の就業環境の整備

相談に応じ、適切に対応するために必要な体制の整備（後記(2)イ）	相談窓口をあらかじめ定め、特定受託業務従事者に周知すること。 （後記(2)イ(ア)）
	相談窓口担当者が、内容や状況に応じ適切に対応できるようにすること。ハラスメントが現実に生じている場合だけでなく、発生のおそれがある場合や、ハラスメントに該当するか否か微妙な場合であっても、広く相談に対応すること。 （後記(2)イ(イ)）
業務委託におけるハラスメントへの事後の迅速かつ適切な対応（後記(2)ウ）	事実関係を迅速かつ正確に確認すること。 （後記(2)ウ(ア)）
	事実関係の確認ができた場合には、速やかに被害者に対する配慮のための措置を適正に行うこと。 （後記(2)ウ(イ)）
	事実関係の確認ができた場合には、行為者に対する措置を適正に行うこと。 （後記(2)ウ(ウ)）
	再発防止に向けた措置を講ずること。 （後記(2)ウ(エ)）
併せて講ずべき措置（後記(2)エ）	相談者・行為者等のプライバシーを保護するために必要な措置を講じ、労働者及び特定受託業務従事者に周知すること。 （後記(2)エ(ア)）
	相談したこと、事実関係の確認に協力したこと、都道府県労働局に申出をしたことを理由として、契約の解除その他の不利益な取扱いをされない旨を定め、特定受託業務従事者に周知・啓発すること。 （後記(2)エ(イ)）

(2)　体制整備の内容（指針第4の5）

　ア　特定業務委託事業者の方針等の明確化及びその周知・啓発（指針第4の5(1)）

　　特定業務委託事業者は、業務委託におけるハラスメントに対する方針の明確

化，労働者に対するその方針の周知・啓発として，**後記(ア)及び(イ)**の措置を講じなければならない（指針第4の5(1)）。

なお，この周知・啓発にあたっては，業務委託におけるハラスメントの防止の効果を高めるため，その発生の原因や背景について，関係者の理解を深めることが重要であり，以下の事項について留意することが必要であるとされている（指針第4の5(1)）。

- 業務委託におけるセクシュアルハラスメントの発生の原因や背景には，性別役割分担意識に基づく言動もあると考えられ，こうした言動をなくしていくことがセクシュアルハラスメントの防止の効果を高める上で重要であること
- 業務委託における妊娠，出産等に関するハラスメントの発生の原因や背景には，(i)妊娠，出産等に関する否定的な言動（不妊治療に対する否定的な言動を含め，他の労働者や特定受託業務従事者の妊娠，出産等の否定につながる言動（当該者に直接行わない言動も含む）をいい，単なる自らの意思の表明を除く。以下同じ）が頻繁に行われるなど，配慮の申出がしにくい就業場所の雰囲気や，(ii)配慮の申出ができることに関する関係者への周知が不十分であること等も考えられる。このため，これらを解消していくことが業務委託における妊娠，出産等に関するハラスメントの防止の効果を高める上で重要であること
- 業務委託におけるパワーハラスメントの発生の原因や背景には，特定受託事業者が取引の構造上 弱い立場にあること等を背景として，通常の取引行為から逸脱した言動が行われやすい状況もあると考えられ，そうした状況を解消していくことが業務委託におけるパワーハラスメントの防止の効果を高める上で重要であること

(ア)　業務委託におけるハラスメントを行ってはならない旨の方針等の明確化及び社内（業務委託に係る契約担当者等）への周知・啓発

特定業務委託事業者は，業務委託におけるハラスメントの内容及び業務委託におけるハラスメントを行ってはならない旨の方針を明確化し，業務委託に係る契約担当者・事業担当者，成果物の確認・検収を行う者，特定受託業務従事

248 第3章 特定受託業務従事者の就業環境の整備

者と協力して業務を行う者を含め，その労働者に周知・啓発することが必要である（指針第4の5(1)イ）。

　具体的には，以下のような対応は，特定業務委託事業者の方針等を明確化し，労働者に周知・啓発していると認められるとされている（指針第4の5(1)イ）。

・就業規則その他の職場における服務規律等を定めた文書において，業務委託におけるハラスメントを行ってはならない旨の方針を規定し，当該規定と併せて，業務委託におけるハラスメントの内容を労働者に周知・啓発すること
・社内報，パンフレット，社内ホームページ等広報又は啓発のための資料等に業務委託におけるハラスメントの内容及び業務委託におけるハラスメントを行ってはならない旨の方針について記載し，配布等すること
・業務委託におけるハラスメントの内容及び業務委託におけるハラスメントを行ってはならない旨の方針を労働者に対して周知・啓発するための研修，講習等を実施すること

　(イ)　ハラスメント行為者に対しては厳正に対処する旨の方針を就業規則などに規定すること

　特定業務委託事業者は，業務委託におけるハラスメントに係る言動を行った者については，厳正に対処する旨の方針及び対処の内容を就業規則その他の職場における服務規律等を定めた文書に規定し，業務委託に係る契約担当者・事業担当者，成果物の確認・検収を行う者，特定受託業務従事者と協力して業務を行う者を含め，その労働者に周知・啓発することが必要である（指針第4の5(1)ロ）。

　具体的には，以下のような対応は，ハラスメント行為者に対する対処方針を定め，労働者に周知・啓発していると認められるとされている（指針第4の5(1)ロ）。なお，就業規則の規定例については，後記第3の1(1)を参照されたい。

・就業規則その他の職場における服務規律等を定めた文書において，業務委託におけるハラスメントに係る言動を行った者に対する懲戒規定を定め，その内容

を労働者に周知・啓発すること
・業務委託におけるハラスメントに係る言動を行った者は，現行の就業規則その他の職場における服務規律等を定めた文書において定められている懲戒規定の適用の対象となる旨を明確化し，これを労働者に周知・啓発すること

イ　相談に応じ，適切に対応するために必要な体制の整備（指針第4の5(2)）

特定業務委託事業者は，特定受託業務従事者からの相談（苦情を含む。以下同じ）に対し，その内容や状況に応じ適切かつ柔軟に対応するために必要な体制の整備として，次の(ア)及び(イ)の措置を講じなければならない（指針第4の5(2)）。

(ア)　相談窓口を設置し，特定受託業務従事者に周知すること

特定業務委託事業者は，相談への対応のための窓口（以下「相談窓口」という）をあらかじめ定め，特定受託業務従事者に周知することが必要である（指針第4の5(2)イ）。なお，相談窓口の設置については，新たに業務委託におけるハラスメントの専用の窓口を定めるほかに，均等法11条1項から3項までに規定する職場におけるセクシュアルハラスメント，同法11条の3第1項及び2項に規定する職場における妊娠，出産等に関するハラスメント又は労推法30条の2第1項及び2項に規定する職場におけるパワーハラスメントに係る相談窓口を業務委託におけるハラスメントについても活用可能とすることでも差し支えない（指針第4の5(2)イ）。

具体的には，以下のような対応は，相談窓口をあらかじめ定めている，又は相談窓口を特定受託業務従事者に周知していると認められる（指針第4の5(2)イ）。

（相談窓口をあらかじめ定めていると認められる例）
・外部の機関[33]に相談への対応を委託すること

33　「外部の機関」とは，例えば，相談対応に係る業務を受託することができる自社以外の機関を指す（政省令等パブコメ回答3-3-40）。一例として，外部の相談窓口を弁護士に依頼することも一般に行われている。

250 第3章 特定受託業務従事者の就業環境の整備

・相談に対応する担当者をあらかじめ定めること

・相談に対応するための制度を設けること

※ なお，専用アプリやメール等の対面以外の方法により相談を受け付ける場合には，相談を行った特定受託業務従事者にとって，当該相談が受け付けられたことを確実に認識できる仕組みとすることが必要である

（相談窓口を特定受託業務従事者に周知していると認められる例）[34]

・業務委託契約に係る書面やメール等に業務委託におけるハラスメントの相談窓口の連絡先を記載すること

・特定受託業務従事者が定期的に閲覧するイントラネット等において業務委託におけるハラスメントの相談窓口について掲載すること

(イ) 相談窓口の担当者が，相談に対して適切に対応できるようにすること

特定業務委託事業者は，相談窓口の担当者が，相談に対し，その内容や状況に応じ適切に対応できるようにすることが必要である（指針第4の5⑵ロ）。また，相談窓口においては，被害を受けた特定受託業務従事者（以下「被害者」という）が萎縮するなどして相談を躊躇する例もあること等を踏まえ，業務委託におけるハラスメントが現実に生じている場合だけではなく，その発生のおそれがある場合や，業務委託におけるハラスメントに該当するか否か微妙な場合（例えば，放置すれば就業環境を害するおそれがある場合等）であっても広く相談に対応し，適切な対応を行うようにすることが必要である（指針第4の5⑵ロ）。

具体的には，以下のような対応は，相談窓口の担当者が適切に対応することができるようにしていると認められる（指針第4の5⑵ロ）。

---

34 これら以外でも，単に閲覧可能というのみならず，特定受託業務従事者に確実に周知できる方法であれば，その他の手段で相談窓口を周知することも可能であるとされている（政省令等パブコメ回答3-3-50）。

第14条（業務委託に関して行われる言動に起因する問題に関して講ずべき措置等）　251

> ・相談窓口の担当者が相談を受けた場合，その内容や状況に応じて，相談窓口の
>   担当者と人事部門や契約担当部門とが連携を図ることができる仕組みとするこ
>   と
> ・相談窓口の担当者が相談を受けた場合，あらかじめ作成した留意点などを記載
>   したマニュアルに基づき対応すること
> ・相談窓口の担当者に対し，相談を受けた場合の対応についての研修[35]を行うこ
>   と

ウ　業務委託におけるハラスメントに係る事後の迅速かつ適切な対応（指針第4
　　の5⑶）

　特定業務委託事業者は，業務委託におけるハラスメントに係る相談の申出が
あった場合において，その事案に係る事実関係の迅速かつ正確な確認及び適正
な対処として，次の㋐から㋓の措置を講じなければならない（指針第4の5⑶）。

㋐　事案に係る事実関係を迅速かつ正確に把握すること

　特定業務委託事業者は，相談のあった事案に係る事実関係を迅速かつ正確に
把握することが必要である（指針第4の5⑶イ）。なお，業務委託におけるセク
シュアルハラスメントについては，性的な言動の行為者とされる者が，他の事
業者等である場合には，必要に応じて，他の事業者等に事実関係の確認への協
力を求めることも必要な対応に含まれる（指針第4の5⑶イ）。

　具体的には，以下のような対応は，事案に係る事実関係を迅速かつ正確に確
認していると認められる（指針第4の5⑶イ）。

> ・相談窓口の担当者，人事部門又は専門の委員会等が，相談を行った特定受託業
>   務従事者（以下「**相談者**」という）及び業務委託におけるハラスメントに係る
>   言動の行為者とされる者（以下「**行為者**」という）の双方から事実関係を確認

35　研修の内容としては，「相談に対し，その内容や状況に応じ適切に対応できるようにすること」
　という目的のために有効な研修が行われることが想定されている（政省令等パブコメ回答3-3-40）。

252　第3章　特定受託業務従事者の就業環境の整備

すること。また，相談者と行為者との間で事実関係に関する主張に不一致があり，事実の確認が十分にできないと認められる場合には，第三者[36]からも事実関係を聴取する等の措置を講ずること。事実関係の確認の状況について，共有することが適切な場合には，伝達可能な範囲で相談者に共有すること

・事実関係を迅速かつ正確に確認しようとしたが，確認が困難な場合などにおいて，中立な第三者機関[37]に紛争処理を委ねること

(イ)　速やかに被害者に対する配慮のための措置を適正に行うこと

　特定業務委託事業者は，前記(ア)の措置により，業務委託におけるハラスメントが生じた事実が確認できた場合には，速やかに被害者に対する配慮のための措置を適正に行うことが必要である（指針第4の5⑶ロ）。

　具体的には，以下のような対応は，被害者に対する配慮のための措置を適正に行っていると認められる（指針第4の5⑶ロ）。

・事案の内容や状況に応じ，被害者と行為者の間の関係改善に向けての援助，被害者と行為者を引き離すための被害者の就業場所の変更又は行為者の配置転換，行為者の謝罪，被害者の取引条件上の不利益の回復，事業場内産業保健スタッフ等による被害者のメンタルヘルス不調への相談対応等の措置を講ずること

・中立な第三者機関の紛争解決案に従った措置を被害者に対して講ずること

(ウ)　行為者に対する措置を適正に行うこと

　特定業務委託事業者は，前記(ア)の措置により，業務委託におけるハラスメントが生じた事実が確認できた場合には，行為者に対する措置を適正に行うこと

36　この「第三者」とは，例えば，相談者と行為者との間で事実関係に関する主張に不一致があり，事実の確認が十分にできないと認められる場合に聴取するものであり，事実関係の確認を迅速・正確に行うために適当な者が想定される（政省令等パブコメ回答3-3-52）。

37　「中立9な第三者機関」とは，例えば，裁判外紛争解決手続を行う事業者などが想定される（政省令等パブコメ回答3-3-40）。

が必要である（指針第4の5(3)ハ）。

具体的には，以下のような対応は，行為者に対する措置を適正に行っていると認められる（指針第4の5(3)ハ）。

・就業規則その他の職場における服務規律等を定めた文書における業務委託におけるハラスメントに関する規定等に基づき，行為者に対して必要な懲戒その他の措置を講ずること。あわせて，事案の内容や状況に応じ，被害者と行為者の間の関係改善に向けての援助，被害者と行為者を引き離すための被害者の就業場所の変更又は行為者の配置転換，行為者の謝罪等の措置を講ずること
・中立な第三者機関の紛争解決案に従った措置を行為者に対して講ずること

(エ)　再発防止に向けた措置を講ずること

特定業務委託事業者は，業務委託におけるハラスメントが生じた事実が確認できた場合には，改めて業務委託におけるハラスメントに関する方針を周知・啓発する等の再発防止に向けた措置を講ずることが必要である（指針第4の5(3)ニ）。また，業務委託におけるハラスメントが生じた事実が確認できなかった場合にも，同様の措置を講ずることが必要である（指針第4の5(3)ニ）。

なお，業務委託におけるセクシュアルハラスメントについては，性的な言動の行為者とされる者が他の事業者等である場合には，必要に応じて，他の事業者等に再発防止に向けた措置への協力を求めることも必要な対応に含まれる（指針第4の5(3)ニ）。

具体的には，以下のような対応は，再発防止に向けた措置を講じていると認められる（指針第4の5(3)ニ）。

・業務委託におけるハラスメントを行ってはならない旨の方針及び業務委託におけるハラスメントに係る言動を行った者について厳正に対処する旨の方針を，社内報，パンフレット，社内ホームページ，特定受託業務従事者が閲覧するイントラネット等広報又は啓発のための資料等に改めて掲載し，配布等すること

254　第3章　特定受託業務従事者の就業環境の整備

・業務委託における妊娠，出産等に関するハラスメントについて，法13条の配
　慮の申出ができる旨を，社内報，パンフレット，社内ホームページ，特定受託
　業務従事者が閲覧するイントラネット等広報又は啓発のための資料に改めて掲
　載し，配布等すること
・特定業務委託事業者の雇用する労働者に対して業務委託におけるハラスメント
　に関する意識を啓発するための研修，講習等を改めて実施すること

　エ　前記アからウの措置と併せて講ずべき措置（指針第4の5⑷）

　特定業務委託事業者は，**前記アからウ**までの措置を講ずるに際しては，併せ
て次の⑺**及び**⑷の措置を講じる必要がある（指針第4の5⑷）。

　⑺　プライバシー保護措置と周知

　業務委託におけるハラスメントに係る相談者・行為者等の情報は当該相談
者・行為者等のプライバシーに属するものであることから，相談への対応又は
当該ハラスメントに係る事後の対応にあたっては，相談者・行為者等のプライ
バシーを保護するために必要な措置を講ずるとともに，その旨を労働者及び特
定受託業務従事者に対して周知することが必要である（指針第4の5⑷イ）。

　なお，相談者・行為者等のプライバシーには，性的指向・性自認や病歴，不
妊治療等の機微な個人情報も含まれるから，この点にも留意が必要である（指
針第4の5⑷イ）。

　具体的には，以下のような対応は，相談者・行為者等のプライバシーを保護
するために必要な措置を講じていると認められる（指針第4の5⑷イ）。

・相談窓口においては相談者・行為者等のプライバシーを保護するために必要な
　措置を講じていることを，特定受託業務従事者に対する業務委託に係る契約の
　内容を記した書面やメール等（以下「**業務委託契約に係る書面やメール等**」と
　いう）において記載すること，特定受託業務従事者が定期的に閲覧するイント
　ラネット等において掲載すること，社内報，パンフレット，社内ホームページ

第14条（業務委託に関して行われる言動に起因する問題に関して講ずべき措置等）　255

等広報又は啓発のための資料等に掲載し，配布等すること
・相談者・行為者等のプライバシーの保護のために必要な事項をあらかじめマ
　ニュアルに定め，相談窓口の担当者が相談を受けた際には，当該マニュアルに
　基づき対応するものとすること
・相談者・行為者等のプライバシーの保護のために，相談窓口の担当者に必要な
　研修を行うこと

　(イ)　不利益取扱いの禁止と周知・啓発
　特定業務委託事業者は，本条２項及び法17条１項の規定を踏まえ，特定受託
業務従事者が業務委託におけるハラスメントに関する相談をしたこと又は事実
関係の確認等の特定業務委託事業者の講ずべき措置に協力したこと，厚生労働
大臣（都道府県労働局）に対して申出をし，適当な措置をとるべきことを求め
たこと（以下「**業務委託におけるハラスメントの相談等**」という）を理由とし
て，業務委託に係る契約の解除その他の不利益な取扱いをされない旨を定め，
特定受託業務従事者に周知・啓発することが必要である（指針第４の５(4)ロ）。
　具体的には，以下のような対応は，不利益な取扱いをされない旨を定め，特
定受託業務従事者にその周知・啓発することについて措置を講じていると認め
られる（指針第４の５(4)ロ）。

・業務委託契約に係る書面やメール等において，業務委託におけるハラスメント
　の相談等を理由として，特定受託業務従事者が契約の解除等の不利益な取扱い
　をされない旨を記載し，特定受託業務従事者に周知・啓発をすること
・特定受託業務従事者が定期的に閲覧するイントラネット等に業務委託における
　ハラスメントの相談等を理由として，特定受託業務従事者が契約の解除等の不
　利益な取扱いをされない旨を掲載すること

(3)　望ましい取組（指針第４の６・７）
　特定業務委託事業者は，前記(2)の措置のほかに，業務委託におけるハラスメ

256　第3章　特定受託業務従事者の就業環境の整備

ントに関して，次の**ア及びイ**のような取組を行うことが望ましいとされている
（指針第4の6・7）。

ア　業務委託に係る契約交渉中の者に対する言動に関し特定業務委託事業者が行
　　うことが望ましい取組の内容[38]

　特定業務委託事業者は，**前記(2)ア(ア)**の業務委託におけるハラスメントを行っ
てはならない旨の方針の明確化等を行う際に，その行う業務委託に係る特定受
託業務従事者に対する言動のみならず，当該業務委託に係る契約交渉中の者
（当該業務委託に係る具体的な取引条件の交渉を現に行っている者，当該業務
委託に係る業務を受託するために特定業務委託事業者に接触した者及び特定業
務委託事業者が当該業務委託をするために接触した者をいう）に対する特定業
務委託事業者等による言動についても，同様の方針を併せて示すことが望まし
いとされている（指針第4の6）。

　また，当該業務委託に係る契約交渉中の者から業務委託におけるハラスメン
トに類すると考えられる相談があった場合には，その内容を踏まえて，**前記(2)**
の措置も参考にしつつ，必要に応じて適切な対応を行うように努めることが望
ましいとされている（指針第4の6）。

イ　他の事業者等からの特定受託業務従事者へのハラスメントや顧客等からの著
　　しい迷惑行為に関し特定業務委託事業者が行うことが望ましい取組の内容[39]
㈠　他の事業者等からのハラスメントや顧客等からの著しい迷惑行為に関し
　　行うことが望ましい取組の内容
　前記3⑴アのとおり，業務委託におけるセクシュアルハラスメントでは，特

---

[38]　業務委託に係る契約締結前の者は本条の措置義務の対象にはならないと解されるが，業務委託に
　　係る契約締結前であっても，当該業務委託に係る契約交渉中の者については，組織たる特定業務委
　　託事業者との間で交渉力等の格差が生じやすく，取引上弱い立場に置かれる蓋然性が高いと考えら
　　れるため，そのような者に対してもハラスメントへの対策措置を講じることが望ましいとされてい
　　る（政省令等パブコメ回答3-3-59）。なお，すでに業務委託契約を締結している場合に，次の契約
　　締結に関連して行う言動について，業務委託におけるハラスメントになり得ることには留意が必要
　　である（政省令等パブコメ回答3-3-60）。

第14条（業務委託に関して行われる言動に起因する問題に関して講ずべき措置等）　257

定業務委託事業者又はその雇用する労働者以外の他の事業者等からの行為も措置義務の対象とされている。

　一方で，特定業務委託事業者としては，他の事業者等からのパワーハラスメント及び妊娠，出産等に関するハラスメント，顧客等からの著しい迷惑行為（暴行，脅迫，ひどい暴言，著しく不当な要求等）により，特定受託業務従事者が就業環境を害されることのないよう，例えば，以下の①及び②の取組を行うことが望ましい（指針第4の7(1)）。また，以下の③のような取組を行うことも，特定受託業務従事者が被害を受けることを防止する上で有効であると考えられる（指針第4の7(1)）。

　①　相談に応じ，適切に対応するために必要な体制の整備

　特定業務委託事業者は，他の事業者等からのパワーハラスメントや妊娠，出産等に関するハラスメント，顧客等からの著しい迷惑行為に関する特定受託業務従事者からの相談に対し，その内容や状況に応じ適切かつ柔軟に対応するために必要な体制の整備として，前記(2)イの例も参考にしつつ，次の取組を行うことが望ましい（指針第4の7(1)イ）。

　また，あわせて，特定受託業務従事者が当該相談をしたことを理由として，契約の解除その他の不利益な取扱いを行ってはならない旨を定め，特定受託業務従事者に周知・啓発することが望ましい（指針第4の7(1)イ）。

・相談先（業務委託に係る契約を遂行する上で特定受託業務従事者に指示等を行う立場にある者，相談担当者等）をあらかじめ定め，これを特定受託業務従事者に周知すること
・相談を受けた者が，相談に対し，その内容や状況に応じ適切に対応できるようにすること

39　業務委託におけるセクシュアルハラスメントとは異なり，業務委託におけるパワーハラスメント及び業務委託における妊娠，出産等に関するハラスメントに関しては，特定業務委託事業者又はその雇用する労働者以外の第三者からの言動は措置義務の対象となっていないが，望ましい措置として示されたものである（政省令等パブコメ回答3-3-58・63）。

258　第3章　特定受託業務従事者の就業環境の整備

②　被害者への配慮のための取組

特定業務委託事業者は，相談者から事実関係を確認し，他の事業者等からのパワーハラスメントや妊娠，出産等に関するハラスメント，顧客等からの著しい迷惑行為が認められた場合には，速やかに被害者に対する配慮のための取組を行うことが望ましい（指針第4の7(1)ロ）。なお，指針では，被害者への配慮のための取組例としては，以下のようなものが示されている（指針第4の7(1)ロ）。

- 事案の内容や状況に応じ，被害者のメンタルヘルス不調への相談対応，著しい迷惑行為を行った者に対する対応が必要な場合に1人で対応させない等の取組を行うこと
- 元委託事業者の雇用する労働者が当該元委託事業者の事業所において就業する特定受託業務従事者に対しパワーハラスメントや妊娠，出産等に関するハラスメントを行っている場合，当該元委託事業者に対し，事実確認やハラスメントの防止の申入れを行ったり，同様の条件の他の業務委託に切り替えをしたりすること

---

③　他の事業主等からのパワーハラスメントや妊娠，出産等に関するハラスメント，顧客等からの著しい迷惑行為による被害を防止するための取組

前記①及び②の取組のほか，他の事業者等からのパワーハラスメントや妊娠，出産等に関するハラスメント，顧客等からの著しい迷惑行為から特定受託業務従事者が被害を受けることを防止する上では，特定業務委託事業者が，こうした行為への対応に関するマニュアルの作成や研修の実施等の取組を行うことも有効であると考えられる（指針第4の7(1)ハ）。

また，業種・業態等によりその被害の実態や必要な対応も異なると考えられることから，業種・業態等における被害の実態や業務の特性等を踏まえて，それぞれの状況に応じた必要な取組を進めることも，被害の防止にあたっては効果的である（指針第4の7(1)ハ）。

第14条（業務委託に関して行われる言動に起因する問題に関して講ずべき措置等）　259

㈡　他の事業者等からのハラスメントや顧客等からの著しい迷惑行為に関し元委託事業者等との関係において行うことが望ましい取組の内容

　特定受託業務従事者が，業務委託に係る契約を遂行するにあたって，例えば，元委託事業者の事業所で就業する場合や，特定の現場において他の事業者の雇用する労働者や他の個人事業者等と協力して業務を遂行する場合など，特定業務委託事業者等以外の者と関係性が生じる場合があるが，このような場合には，特定業務委託事業者は，元委託事業者等においても特定受託業務従事者に対するハラスメント対策が重要であることの理解を求めるとともに，当該元委託事業者等と連携してハラスメント対策を行うことが効果的であり，例えば，以下のような特定受託業務従事者に対するハラスメント対策を行うことが望ましい（指針第4の7(2)）。

・特定受託業務従事者が元委託事業者の事業所で就業する場合において，特定業務委託事業者と元委託事業者との間の契約において，元委託事業者も特定受託業務従事者に対するハラスメント対策（ハラスメント防止に関する措置やハラスメントが発生した場合の連絡窓口の設定，事実確認等の協力等）を行う旨を規定しておくこと
・重層的な業務委託に係る契約であって多数の契約当事者が存在する場合において，特定受託業務従事者が就業する場所において特定受託業務従事者に対するハラスメント対策を効果的に行うことができると認められる事業者に対し，直接的又は間接的に協力を求めること（契約や覚書においてハラスメント対策に係る内容を盛り込むことを含む）

　具体的な対応例としては，例えば以下のような対応が考えられる（Q&A問104回答）。

・映画制作の現場や建設現場など重層的な業務委託関係がある現場において，特定業務委託事業者から元委託事業者に対して，現場におけるハラスメント対策の実施を要望し，それを受けて元委託事業者が，元請事業者に依頼し，元請事

260 第3章 特定受託業務従事者の就業環境の整備

業者が現場の関係者に対し，ハラスメント防止研修を実施する。
・エンジニアが取引先に常駐して就業する場合など特定受託業務従事者が元委託事業者が管理する現場で就業する場合において，相談窓口の担当者が特定受託業務従事者から相談を受けた場合には現場の管理者（元委託事業者の従業員）と連携して事実確認等を行うこと等の内容を，特定業務委託事業者と元委託事業者との間の契約に盛り込む。

5 「特定受託業務従事者が前項の相談を行ったこと又は特定業務委託事業者による当該相談への対応に協力した際に事実を述べたことを理由として」（法14条2項）

「理由として」という要件は，禁止される不利益取扱いの範囲を画する概念であるが，指針ではその具体的な内容は定められていない。

もっとも，同様の規定を定める労働関係法令（パワーハラスメントについて労推法30条の2第2項，セクシュアルハラスメントや妊娠，出産等に関するハラスメントについて均等法11条2項，11条の3第2項）において，「理由として」とは，労働者が相談を行ったことや事業主の相談対応に協力して事実を述べたことが，事業主が当該労働者に対して不利益な取扱いを行うことと因果関係があることをいうと解釈されている[40]。このことを踏まえると，これらの労働関係法令と基本的にパラレルの内容を定める本条2項の「理由として」についても，同様に，特定受託業務従事者が相談を行ったことや特定業務委託事業者の相談対応に協力して事実を述べたことが，特定業務委託事業者が当該特定受託業務従事者に対して不利益な取扱いを行うことと因果関係があることという解釈が当てはまるもの

40　パワーハラスメントについては「労働施策の総合的な推進並びに労働者の雇用の安定及び職業生活の充実等に関する法律第8章の規定等の運用について」（令和2年2月10日雇均発0210第1号）第1の1(1)ロ，セクシュアルハラスメントや妊娠，出産等に関するハラスメントについては「改正雇用の分野における男女の均等な機会及び待遇の確保等に関する法律の施行について」（平成18年10月11日雇児発第1011002号：最終改正令和2年2月10日雇均発0210第2号）第3の1(1)ロ，第3の2(1)ロ

第14条（業務委託に関して行われる言動に起因する問題に関して講ずべき措置等）　261

と解される。

6　「業務委託に係る契約の解除その他の不利益な取扱いをしてはならない」（法14条2項）

　本条2項で禁止される「業務委託に係る契約の解除その他の不利益な取扱い」について，指針では具体的な内容が示されていないが，同様の規定を定める労働関係法令（パワーハラスメントについて労推法30条の2第2項，セクシュアルハラスメントや妊娠，出産等に関するハラスメントについて均等法11条2項，11条の3第2項）においては「不利益な取扱い」が広く捉えられていること[41]を踏まえると，本条2項で禁止される「不利益な取扱い」の該当性も広く認定されるものと考えられる。少なくとも，法13条に関して，指針が「望ましくない取扱い」とした，「特定受託事業者が申出をしたこと又は配慮を受けたことのみを理由に契約の解除その他の不利益な取扱いを行うこと」において例示列挙された以下の取扱い（指針第3の3ロ）は，本条2項における「不利益な取扱い」にも該当すると考えられる。

41　これらの労働関係法令における「不利益な取扱い」の例として，①解雇すること，②期間を定めて雇用される者について，契約の更新をしないこと，③あらかじめ契約の更新回数の上限が明示されている場合に，当該回数を引き下げること，④退職又は正社員をパートタイム労働者等の非正規社員とするような労働契約内容の変更の強要を行うこと，⑤降格させること，⑥就業環境を害すること，⑦不利益な自宅待機を命ずること，⑧減給をし，又は賞与等において不利益な算定を行うこと，⑨昇進・昇格の人事考課において不利益な評価を行うこと，⑩不利益な配置の変更を行うこと，⑪派遣労働者として就業する者について，派遣先が当該派遣労働者に係る労働者派遣の役務の提供を拒むことが挙げられている（妊娠，出産等に関するハラスメントについては「労働者に対する性別を理由とする差別の禁止等に関する規定に定める事項に関し，事業主が適切に対処するための指針」（平成18年厚生労働省告示614号）第4の3(2)に列挙されており，パワーハラスメントについては「労働施策の総合的な推進並びに労働者の雇用の安定及び職業生活の充実等に関する法律第8章の規定等の運用について」（令和2年2月10日雇均発0210第1号）第1の1(1)ロ，セクシュアルハラスメントについては「改正雇用の分野における男女の均等な機会及び待遇の確保等に関する法律の施行について」（平成18年10月11日雇児発第1011002号：最終改正令和2年2月10日雇均発0210第2号）第3の1(1)ロが妊娠，出産等に関するハラスメントに係る「不利益な取扱い」の例を引用している）。

262　第3章　特定受託業務従事者の就業環境の整備

---

① 契約の解除を行うこと

② 報酬を支払わないこと又は減額を行うこと

③ 給付の内容を変更させること又は給付を受領した後に給付をやり直させること

④ 取引の数量の削減

⑤ 取引の停止

⑥ 就業環境を害すること

7　本条の法的効果

　本条1項の規定に定める特定業務委託事業者の業務委託におけるハラスメント防止措置義務について，国が特定業務委託事業者に課した公法上の義務と解すべきか，それとも特定受託業務従事者と特定業務委託事業者との私法上の関係を直接規律するものであるかについて，指針は立場を明確にしていない。

　もっとも，通説的には，労働関係法令（労推法30条の2第1項，均等法11条1項，11条の3第1項）に基づく事業主の職場におけるハラスメント防止措置義務は国が事業主に課した公法上の義務と解されており（すなわち，国がハラスメント問題に関する権限を行使する前提となる行政上のものであり），労働契約上又は不法行為法上の義務を課すものではないと解されていることに鑑みると[42]，これらの労働関係法令と基本的にはパラレルの内容を定める本条1項も，あくまで公法上の義務を定めたものであり，不法行為に基づく損害賠償請求権を直接基礎づけるものではないと解される。ただし，本条1項や指針に沿ってハラスメント防止措置が講じられていない場合には，特定受託業務従事者が特定業務委託事業者に対して行った安全配慮義務違反[43]に基づく損害賠償請求や使用者責任に基づく損害賠償請求において，特定業務委託事業者による安全配慮義

---

[42]　菅野和夫ほか『労働法〔第13版〕』（弘文堂，2024年）293頁，317頁，318頁，水町勇一郎『詳解労働法〔第3版〕』（東京大学出版会，2023年）292頁，293頁，296頁，荒木尚志ほか編『注釈労働基準法・労働契約法〔第3巻〕』（有斐閣，2024年）199頁，470頁

第14条（業務委託に関して行われる言動に起因する問題に関して講ずべき措置等）　263

務や不法行為上の注意義務の履行の有無を判断する際の一事情になると解される[44]。

　他方で，本条2項は相談を行ったこと等を理由とする不利益取扱いの禁止を定めたものであるが，これと同様の内容を定めた労働関係法令（均等法11条2項，11条の3第2項，労推法30条の2第2項）において，不利益取扱いの禁止に違反する行為は権利の濫用（民法1条3項，労契法3条5項）や公序良俗違反（民法90条）により私法上違法・無効になると解されていることに鑑みると[45]，本条に違反してなされた行為（例えば，相談がなされたことを理由とした契約の解除など）についても，個別具体的な事実関係によっては，権利の濫用（民法1条3項，労契法3条5項）や公序良俗違反（民法90条）により私法上違法・無効になるものと解される。また，当該行為により特定受託業務従事者に損害が生じた場合には，特定業務委託事業者に対する不法行為に基づく損害賠償請求等の対象となり得ると考えられる。

第3　実務対応

　以上のとおり，特定業務委託事業者は，特定受託業務従事者からのハラスメ

---

[43]　判例上，雇用契約関係にない当事者間であっても，「特別な社会的接触の関係に入った当事者間において……信義則上負う義務」として安全配慮義務を負うことが確認されている（陸上自衛隊八戸車両整備工場事件・最判昭和50年2月25日民集29巻2号143頁，三菱重工業神戸造船所事件・最判平成3年4月11日労判590号14頁）。近時の裁判例においても，エステティックサロンを経営する法人（被告法人）の代表者（被告代表者：男性）が，ウェブサイトの運用等に係る業務委託契約を締結していた美容ライター（原告：女性）に対して，性体験に関する質問をしたり，陰部に複数回触れるなど繰り返し性的な言動を行ったことや，報酬支払を正当な理由なく拒むという嫌がらせにより経済的な不利益を課したことについて，被告代表者によるこれらの行為が原告に対する不法行為に当たると判断され，さらに，被告法人についても安全配慮義務違反を理由とする債務不履行責任が肯定されたものがある（アムールほか事件・東京地判令和4年5月25日労判1269号15頁）。

[44]　労働関係法令に基づく事業主の職場におけるハラスメント防止措置義務について，菅野和夫ほか『労働法〔第13版〕』（2024，弘文堂）295頁，318頁，水町勇一郎『詳解労働法〔第3版〕』（2023年，東京大学出版会）293頁，荒木尚志ほか編『注釈労働基準法・労働契約法〔第3巻〕』（2024年，有斐閣）470頁

[45]　水町勇一郎『詳解労働法〔第3版〕』（東京大学出版会，2023年）301頁，荒木尚志ほか編『注釈労働基準法・労働契約法第3巻』（有斐閣，2024年）204頁，470頁

264　第3章　特定受託業務従事者の就業環境の整備

ントの相談に応じ，適切に対応するために必要な体制の整備その他必要な措置
を講ずる義務があるが，特定業務委託事業者は，既に，労推法30条の2（雇用
管理上の措置等），均等法11条（職場における性的な言動に起因する問題に関
する雇用管理上の措置等），同法11条の3（職場における妊娠，出産等に関す
る言動に起因する問題に関する雇用管理上の措置等）並びにこれらに基づき厚
生労働大臣によって定められた指針[46]により，事業主として，その労働者に対
するハラスメントの対応措置を講じる義務を負っている。

　本条によって取るべき体制整備や措置の内容は，労働者に対するハラスメン
トに関して講じるべきとされている体制整備や措置の内容と基本的にはパラレ
ルであるから，本条への対応方針としては，労働者に対するハラスメントに関
して既に実施している体制整備や措置の内容を，特定受託業務従事者に対する
ハラスメントについても同様に実施していくこと（横展開すること）で基本的
には問題ない。

　もっとも，対象が「社内の労働者」ではなく，「社外の特定受託業務従事者」
となる関係で，いくつか注意すべき点もあると考えられる。そこで，以下では，
労働者に対するハラスメントの場合と差異が生じる部分を中心に，特定受託業
務従事者に対するハラスメントに関して必要となる体制整備や措置につき，実
務上のポイントを記載する[47]。

46　事業主が職場における優越的な関係を背景とした言動に起因する問題に関して雇用管理上講ずべ
　き措置等についての指針（令和2年厚生労働省告示5号），事業主が職場における性的な言動に起
　因する問題に関して雇用管理上講ずべき措置等についての指針（平成18年厚生労働省告示615号），
　事業主が職場における妊娠，出産等に関する言動に起因する問題に関して雇用管理上講ずべき措置
　等についての指針（平成28年厚生労働省告示312号）
47　職場におけるハラスメントの防止に関する各種指針においては，自己が雇用する労働者の個人事
　業主に対する言動についても必要な注意を払うように配慮等することが望ましく，労働者以外の者
　に対する言動についても方針を示し，同様な対応をすることが望ましいとされていることから，か
　かる対応を行っている事業者にとっては，基本的な対応は既に完了していることになる。ただし，
　このような事業者においても，本法の施行を前に，当該体制が十分に機能しているか改めて確認し
　ておくことが適切である。

1 社内規程や社内資料の改定

(1) 就業規則の改定

　特定業務委託事業者は，指針に則り，就業規則等において業務委託における
ハラスメントに係る言動を行った者を厳正に対処する旨定め，これを周知・啓
発する必要がある。多くの企業では，労働者に対するハラスメントの対応措置
の一環として，就業規則にて，従業員に対するハラスメントの禁止を服務規律
の1つとして定めつつ，これに対する違反を懲戒処分の対象として規定してい
ると思われるが，本条への対応としては，これらの規定が，業務委託における
ハラスメントに係る言動についても適用されるものとなっているかを確認する
必要がある。そして，仮に業務委託におけるハラスメントに係る言動について
適用がない（あるいは適用が明確ではない）場合には，業務委託におけるハラ
スメントに係る言動も適用対象となるように，就業規則を改定することが必要
となる。規定の仕方は様々であるが，例えば，就業規則における服務規律にお
いて，従前の規定例から太字下線部を追記する形で以下のような条項を定め，
これらの条項への違反を懲戒事由として規定することが考えられる。

（職場のパワーハラスメントの禁止）

第●条　職務上の地位や人間関係などの職場内の優越的な関係を背景とした，業
　　務上必要かつ相当な範囲を超えた言動により，他の労働者**及び当社と取引関係**
　　がある事業者（委託先を含むがこれに限られない。また，当該事業者が法人の
　　場合はその代表者及び役職員を含む。）の就業環境を害するようなことをして
　　はならない。

（セクシャルハラスメントの禁止）

第●条の2　性的言動により，他の労働者**及び当社と取引関係がある事業者（委**
　　託先を含むがこれに限られない。また，当該事業者が法人の場合はその代表者
　　及び役職員を含む。）に不利益や不快感を与えたり，就業環境を害するような
　　ことをしてはならない。

266　第3章　特定受託業務従事者の就業環境の整備

（妊娠・出産・育児休業・介護休業等に関するハラスメントの禁止）

第●条の3　妊娠・出産等に関する言動及び妊娠・出産・育児・介護等に関する制度又は措置の利用に関する言動により，他の労働者及び当社と取引関係がある事業者（委託先を含むがこれに限られない。また，当該事業者が法人の場合はその代表者及び役職員を含む。）の就業環境を害するようなことをしてはならない。

　以上の規定例では，あえて「特定受託業務従事者」という用語は用いず，「特定受託業務従事者」よりも広い範囲の者に対するハラスメントを禁止する内容としている。懲戒処分を有効に実施するためには，あらかじめ就業規則において懲戒事由が定められた上で[48]，その懲戒事由に該当する事実が認定できること[49]が必要となるが，「特定受託業務従事者」への該当性判断には実際上困難を伴う場合もあると想定されることを踏まえると，ハラスメントの対象者は広めに設定しておくことが実務上便宜的と考えられる。

(2)　各種社内資料の改定

　前記第3柱書のとおり，特定業務委託事業者は，すでに労働関係法令において労働者に対するハラスメントの対応措置を実施する義務を負っており，かかる義務を適切に履践している場合には，以下のような社内資料を用意しているものと思われる。

---

[48]　懲戒処分を行うためには，あらかじめ就業規則において，いかなる場合に懲戒処分がなされるかを示す懲戒事由及びどのような種別の懲戒処分がありうるかを示す懲戒種別を定め，その就業規則を周知する必要がある（フジ興産事件・最判平成15年10月10日労判861号5頁）。

[49]　なお，懲戒処分を行うにあたっては，就業規則上の懲戒事由に該当した上で，その懲戒処分について社会的相当性（選択した懲戒種別が，労働者の非違行為の内容，程度等を踏まえ，重きに失しないこと）が認められることも必要である（労契法15条）。加えて，懲戒処分にあたっては適正な手続が求められる（就業規則等で，本人に対する弁明の機会の付与，賞罰委員会の開催，組合との事前協議等の手続規定が定められている場合には，その手続を遵守しなければならず，その手続に瑕疵があれば，その懲戒処分は無効となるおそれがある。また，就業規則等に懲戒処分の手続を定めていないとしても，本人に対する弁明の機会を何ら与えないような場合には，懲戒処分が無効となる場合がある）。

第14条（業務委託に関して行われる言動に起因する問題に関して講ずべき措置等）　267

> ■以下の事項などを記載した社内報，パンフレット，社内ホームページ等
> ・ハラスメントを行ってはならない旨の方針
> ・相談窓口においては相談者・行為者等のプライバシーを保護するために必要な措置を講じていること
> ・ハラスメントの相談等を理由として不利益な取扱いをされないこと
> ・ハラスメントに係る言動を行った者について厳正に対処する旨の方針
> ■ハラスメントの防止を目的とした従業員への研修・講習の資料
> ■相談窓口の担当者に対する研修・講習の資料及びハラスメントの相談があった際の対応に関する社内マニュアル

　本条への対応としては，業務委託におけるハラスメントに係る言動も意識した記載となるように，これらの資料を改定することが必要になる。そのためには，まず，自社でハラスメントへの対応に関連してどのような資料が用意され，現に利用されているのかを把握することが必要である。その上で，各資料において業務委託におけるハラスメントに係る改定を行い，各資料の改定が完了したタイミングで，改めて社内で当該資料の修正について周知するとともに，本法の施行により，今後は業務委託におけるハラスメントに係る言動についても適切な対応が必要となることを社内でアナウンスすることが必要になる。また，改定された資料をもとに，従業員や相談窓口担当者に対して，研修（6か月又は1年に1回程度）を実施することも有益である[50]。

2　相談窓口の設置及び周知

(1)　相談窓口の設置

　前記第2の4(2)イのとおり，相談窓口については，新たに業務委託におけるハラスメント専用の窓口を定めてもよいし，すでに自社の従業員向けに用意し

50　一般的に，社内のハラスメント研修については人事労務の専門家を講師として呼ぶことも少なくないことを踏まえると，上記研修についても，あわせて本法や人事労務に精通している専門家を講師とすることも検討し得るところである。

ている相談窓口を特定受託業務従事者が活用できるようにすることでも問題ない（指針第4の5⑵イ）。どのような相談窓口の体制とするかは，特定業務委託事業者の規模や組織，特定受託事業者との取引規模によってもケースバイケースであるが，例えば，業態として多くの特定受託事業者との契約があり，相当数の相談が寄せられることが予想される企業であれば，外部の弁護士に相談対応（外部窓口）を依頼することを前提として，自社の従業員向けに用意されている社内窓口とは分離した形で特定受託業務従事者向けの相談窓口を設けることも考えられる（自社の従業員向けに用意されている相談窓口も外部の弁護士に依頼している場合には，あわせて特定受託業務従事者向けの相談窓口も依頼することも考えられる）。

　また，前記第2の4⑵イのとおり，相談窓口の担当者は，特定受託業務従事者からの相談に対し，その内容や状況に応じ適切に対応できるようにすることが必要とされていることからも（指針第4の5⑵ロ），特定受託業務従事者が相談を躊躇わないような部署や者を相談窓口の担当者として設置すべきである。例えば，特定受託業務従事者がやりとりを行う部署の者が相談窓口の担当者を兼務する形にすると，今後の取引に鑑みて相談をしにくいといった場合や当該部署内で申告があったことをもみ消してしまう場合も想定されるため，他の部署の担当者とすることが考えられる。具体的には（特定受託業務従事者がやりとりを行う部署は基本的に事業部であると考えられるため）人事部や法務部等の管理部門の者を担当者とすることが考えられる。

⑵　相談窓口の周知

　相談窓口は特定受託業務従事者に周知される必要があり，周知方法には**前記第2の4⑵イ**のとおり様々な方法が認められているが（指針第4の5⑵イ），特定業務委託事業者としては，どのように周知すれば特定受託業務従事者への周知漏れを防ぐことができるかという観点から，適切な周知方法を検討する必要がある。

　例えば，特定受託事業者との業務委託に関して自社の契約ひな形を用いてい

第14条（業務委託に関して行われる言動に起因する問題に関して講ずべき措置等）　269

る場合であれば，当該契約ひな形に相談窓口の連絡先に関する条項を盛り込むことで，うっかり周知を漏らしてしまうような事態を防ぐことができると考えられる。また，特定受託業務従事者がアクセス可能なイントラネットを用意している場合であれば，当該イントラネットのわかりやすい場所に相談窓口の連絡先を掲載することも，個別の周知対応を省略するという観点では効果的である。

これに対して，メール等の手段で特定受託業務従事者に対して個別に相談窓口を周知する方法を採用する場合には，担当者の対応ミスで周知がなされない事態も起こり得る。そのため，仮に個別周知の方法を採用する場合には，メール等で個別に相談窓口に関する情報を伝達する必要があることをマニュアルに定めた上で，当該マニュアルの内容について定期的に研修や講習会を実施するなどして，遺漏なく周知対応がなされるよう対策する必要がある。

3　業務委託におけるハラスメントに係る事後の迅速かつ適切な対応

前記第2の4(2)ウのとおり，特定業務委託事業者は，業務委託におけるハラスメントに係る相談の申出があった場合には，事実関係を迅速かつ正確に把握し，業務委託におけるハラスメントが認められた場合には，被害者に対する配慮，行為者に対する措置，再発防止の措置等を実施する必要がある（指針第4の5(3)）。具体的にどのような対応を行うべきかはケースバイケースであるが，基本的には，自社の従業員からなされるハラスメント相談への対応と同様に対応することになると考えられる[51]。

なお，相談を受け付ける場面においては，相談者が「特定受託業務従事者」なのか（あるいは対応が望ましいとされている契約交渉中の者なのか）について，相談窓口では判断が付かない場合も多いと思われる。指針においては，被害を受けた特定受託業務従事者が委縮して相談を躊躇する場合もあること等を

51　ただし，特定業務委託事業者は，当該企業の従業員ではなく，当該企業における相談の仕方等を十分に理解していないことも考えられるため，より丁寧な対応が求められる場面も考えられる。

踏まえ，広く相談に対応し，適切な対応を行うことが必要とされていること（指針第4の5⑵ロ）を踏まえると，少なくとも相談の受付段階で「特定受託業務従事者」であることが明確とならないことをもって門前払いとするような対応は望ましくない。そのため，実務上は，「特定受託業務従事者」でないことが明確であるなど明らかに対象外となる相談でない限り，まずは相談内容を聞いた上で，その後の調査等に進むか否かを検討する形とすることが望ましい。

> （指針）
> 第十五条　厚生労働大臣は，前三条に定める事項に関し，特定業務委託事業者が
> 　適切に対処するために必要な指針を公表するものとする。

第1　本条の趣旨

　本条は，法12条から法14条までに定める事項に関し，特定業務委託事業者が
それぞれの義務に適切に対応することができるよう，厚生労働大臣が指針を定
め，公表することとしたものである。

　なお，本条のように，法で措置義務等を定め，その実効性を担保するため，
指針において法の具体的な義務内容等を示す例は，労働関係法令においてもみ
られるところである（均等法11条4項，11条の3第3項，労推法30条の2第3項，育介
法28条等）。

第2　条文解説

　指針の内容は，概要以下のとおりであるが，詳細については各条の「第2
条文解説」を参照されたい。

- 法12条（募集情報の的確な表示）に規定する特定業務委託事業者が特定受託事
業者に募集情報を提供する際の虚偽又は誤解を生じさせる表示に関する具体的
な留意事項等
- 法13条（妊娠，出産若しくは育児又は介護に対する配慮）に規定する特定業務
委託事業者の行う「必要な配慮」の内容等
- 法14条（業務委託に関して行われる言動に起因する問題に関して講ずべき措置
等）に規定するハラスメントの定義や考え方，特定業務委託事業者が講ずべき
措置の内容等

272　第3章　特定受託業務従事者の就業環境の整備

　なお，指針を策定すること自体は本条の要請ではあるものの，本条は法12条から法14条の要件・効果等を指針に定めることまでは委任していないため（本条は，法12条から法14条に定める義務内容に関し，特定業務委託事業者が「適切に対処するため」に必要な事項を定めることを要請したものにすぎない），講学上，本条に基づく指針（告示）の法的性格は「法規命令」ではなく「行政規則」に当たり[52]，法的拘束力を持つものではないと解される[53]。もっとも，実務上，裁判所が行政規則の内容を踏まえた判断を行うことは少なくなく，実際には，指針の考え方が訴訟の場面において考慮される可能性は否定できない[54]。

　いずれにしても，指針は，事業者が講じるべき措置の選択肢を幅広く認め，事業者の選択の下で漸進的な行動変容を促しつつ，行政官庁において柔軟な行政指導を行うために機能するものであるから，その役割の意義は大きい[55]。

---

[52]　塩野宏『行政法Ⅰ（第六版）』（有斐閣，2015年）111頁以下。なお，告示という形式であっても，法の要件・効果等についてその法の委任を受けているものについては，講学上「法規命令」に当たる（例として，労基法38条の3第1項1号が委任する労基則24条の2の2第2項6号は，専門業務型裁量労働制の適用要件（対象業務）を「労働基準法施行規則第二十四条の二の二第二項第六号の規定に基づき厚生労働大臣の指定する業務」（平成9年労働省告示第7号）に委任しており，この告示は，講学上「法規命令」に当たる）。

[53]　なお，指針の中でも，法12条から法14条までの規定の各文言の法解釈（行政解釈）を示す部分もあり，その法解釈の下で法12条から法14条に違反すれば，行政官庁との関係では法違反と認定され，事案に応じて，公表や命令といった行政処分（法19条）につながっていく場合があることには留意する必要がある。なお，行政解釈には法的拘束力がなく，裁判所を拘束しない（法解釈は裁判所の専権事項である）ため（塩野宏『行政法Ⅰ（第六版）』（有斐閣，2015年）114頁），例えば行政処分の取消訴訟や国家賠償請求訴訟において，行政解釈を争う（別の法解釈とともに，法違反がないことを主張する）ことは理論上可能である。

[54]　そのため，いずれにせよ，予防法務の観点からは，法及び指針を遵守し，適切に対応することが肝要である。

[55]　行政法学上，行政指導は行政処分ではない（任意の協力を求めるものにすぎない）ため，本来的には法令上の根拠は不要であり（行政官庁は自らの所管事項の範囲内で行政指導を行うことができる），法的拘束力のない指針の下で柔軟な助言・指導等を行うことができる。

（解除等の予告）

第十六条　特定業務委託事業者は，継続的業務委託に係る契約の解除（契約期間の満了後に更新しない場合を含む。次項において同じ。）をしようとする場合には，当該契約の相手方である特定受託事業者に対し，厚生労働省令で定めるところにより，少なくとも三十日前までに，その予告をしなければならない。ただし，災害その他やむを得ない事由により予告することが困難な場合その他の厚生労働省令で定める場合は，この限りでない。

2　特定受託事業者が，前項の予告がされた日から同項の契約が満了する日までの間において，契約の解除の理由の開示を特定業務委託事業者に請求した場合には，当該特定業務委託事業者は，当該特定受託事業者に対し，厚生労働省令で定めるところにより，遅滞なくこれを開示しなければならない。ただし，第三者の利益を害するおそれがある場合その他の厚生労働省令で定める場合は，この限りでない。

第1　本条の趣旨

　本条1項は，一定期間継続する取引において，特定業務委託事業者からの契約の中途解除や不更新を特定受託事業者にあらかじめ知らせることで，当該特定受託事業者が次の取引に円滑に移行できるようにすることを目的としたものである。

　特定受託事業者に係る取引についても契約自由の原則が妥当するが，特定受託事業者は，実際上個人として生計を立てていることから，特定の取引関係が継続すると，当該取引に自らの時間や役務の多くを投入するのが実情であり，当該取引への依存度が高まる傾向にある。そのため，特定受託事業者が業務委託に係る契約を突如として解除された場合には，当該特定受託事業者は，新たな取引先を探す間の時間的損失や経済的損失を被ることになる。また，契約が都度更新の形態で実施されていた場合にも，取引関係が継続することで当該取

274　第3章　特定受託業務従事者の就業環境の整備

引への依存度が高まるため，契約の中途解除の場合と同様，契約が不更新となった場合には，特定受託事業者は時間的及び経済的損失を被ることが懸念される。このような実態を背景に，本条1項は，特定業務委託事業者に対して，契約期間が一定期間以上である契約の解除や不更新について事前予告を義務づけている[56]。

　また，本条2項は，解除の予告を受けた特定受託事業者において，契約の存続に向けた交渉や別の取引に向けた自らの事業の見直しに取り組む必要性，あるいは特定業務委託事業者とのトラブルを回避する必要性があるところ，こうした取組みを円滑に実施することができるように，特定業務委託事業者において契約の解除理由の開示を義務付けるものである[57]。

第2 | 条文解説

1 「継続的業務委託に係る契約」（法16条1項）

　本条1項において解除の予告の対象となる契約は，「継続的業務委託に係る契約」であるが，「継続的業務委託」の意義は，法13条の継続的業務委託と同様であるから，その詳細については**法13条の「第2 条文解説」**を参照されたい。

　なお，基本契約を締結し，当該基本契約に基づいて業務委託を行う場合であって，当該基本契約が「継続的業務委託」に該当する場合においては，当該基本契約に基づく個別の業務委託に係る契約だけでなく，当該基本契約につい

---

[56]　労基法において，使用者は，労働者を解雇しようとする場合において少なくとも30日前にその予告をするか，30日前に予告をしない場合は，予告期間を短縮した日数分以上の平均賃金を支払う必要がある（労基法20条1項，2項）。これは，労働者が突然の解雇から被る生活の困窮を緩和するためのものであるとされている点で（厚生労働省労働基準局編『令和3年版 労働基準法上』（2022年，労務行政）295頁），本条の趣旨とも一部共通するが，一方で，契約自由の原則が前提にある本条とは趣旨を異にする部分もある。また，そもそも本条には解雇予告手当に相当する金銭補償の仕組みが存在しないなど，制度としても異なる部分がある。

[57]　民法上，委任契約はいつでも解除でき（民法651条1項），解除事由（理由）の開示は求められていないが，本条2項によりその理由の開示を求められることとなる。

第16条（解除等の予告） 275

【継続的業務委託の類型】

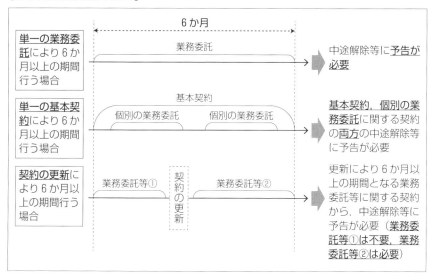

〈出典〉内閣官房新しい資本主義実現本部事務局・公正取引委員会・中小企業庁・厚生労働省特定受託事業者に係る取引の適正化等に関する法律（フリーランス・事業者間取引適正化等法）【令和6年11月1日施行】説明資料（令和6年7月3日更新）16頁をもとに編著者作成

ても業務委託に係る契約の一部をなしているものとして「継続的業務委託に係る契約」に含まれるとされているため、当該基本契約の解除・不更新も予告等の対象となる（解釈ガイドライン第3部4(1)）。

2 「契約の解除（契約期間の満了後に更新しない場合を含む…）をしようとする場合」（法16条1項）

(1) 「契約の解除」

特定業務委託事業者による「契約の解除」とは、特定業務委託事業者からの一方的な意思表示に基づく契約の解除をいう（解釈ガイドライン第3部4(2)）。そのため、以下のような場合は、「契約の解除」には含まれず、事前予告は不要となる（解釈ガイドライン第3部4(2)）[58]。

276　第3章　特定受託業務従事者の就業環境の整備

・特定受託事業者からの一方的な意思表示に基づく契約の解除
・特定業務委託事業者及び特定受託事業者の間の合意による契約の解除（ただし，契約の解除に関する合意に係る特定受託事業者の意思表示は，自由な意思に基づくものであることが必要であり，当該意思表示があったか否かは慎重に判断する必要がある）

　他方で，特定業務委託事業者と特定受託事業者の間で，あらかじめ一定の事由がある場合に事前予告なく契約を解除できると定めていた場合においても，ただちに本条の事前予告が不要となるものではない（解釈ガイドライン第3部4⑵）。後記5の例外事由に該当する場合を除き，あらかじめ定めた事由に該当するとして特定業務委託事業者からの一方的な意思表示に基づき契約を解除する場合であっても，本条1項における「契約の解除」に該当し，本条の適用を受けることとなる（解釈ガイドライン第3部4⑵）。

⑵　「契約期間の満了後に更新しない」

　「契約期間の満了後に更新しない」（以下「不更新」という）とは，継続的業務委託に係る契約が満了する日から起算して1か月以内に次の契約を締結しないことをいう（解釈ガイドライン第3部4⑵）。そして，この契約の不更新をしようとする場合とは，不更新をしようとする意思をもって当該状態になった場合をいい，該当すると考えられる例及び該当しないと考えられる例は，次のとお

58　なお，特定受託事業者が事前にアカウント登録した上で業務委託を行う場合において，業務の遂行にあたってアカウントの一時停止を行うことについて，一時停止となる理由や一時停止の理由に照らして適切な一時停止の予定期間，一時停止の解除条件など，一時停止であることが明らかである事由を特定受託事業者に明示した上で，アカウント利用等を一時停止とする場合は「契約の解除」に該当せず，予告義務等の対象にならないと解されており（Q&A問109回答），名実ともに「一時停止」といえるような場合には「契約の解除」に当たらない。なお，業務の遂行にあたってアカウントの一時停止を行う例としては，フードデリバリーサービスにおいて，配達員の身分証明書などの必要書類の更新が必要であることや，配達員の関与が疑われる業務中の事件や事故についての調査が必要であることなどを理由に，配達員のアカウント利用を一時的に停止し，一時的に特定受託事業者が個別契約を締結できないような状態にする場合（政省令等パブコメ回答3-4-28）などが想定される。

りである（解釈ガイドライン第3部4(2)）。

（契約の不更新をしようとする場合に該当すると考えられる例）

① 切れ目なく契約の更新がなされている又はなされることが想定される場合であって，当該契約を更新しない場合

② 断続的な業務委託であって，特定業務委託事業者が特定受託事業者との取引を停止するなど次の契約申込みを行わない場合

（契約の不更新をしようとする場合に該当しないと考えられる例）

① 業務委託の性質上1回限りであることが明らかである場合

② 断続的な業務委託であって，特定業務委託事業者が次の契約申込みを行うことができるかが明らかではない場合

※なお，上記②の場合について，次の契約の申込みを行わないことが明らかになった時点でその旨を伝達することが望ましい[59]

---

3 「厚生労働省令で定めるところにより」（法16条1項）

　契約の解除に関する事前予告の方法について，厚労省関係法施行規則3条では以下のとおり定められており，①書面を交付する方法，②ファクシミリを利用してする送信の方法，③電子メール等の送信の方法（特定受託事業者が当該電子メール等の記録を出力することにより書面を作成することができるものに限る）のいずれかの方法により事前予告を行うものとされている[60]。口頭による予告は認められていない。

---

[59] これは，契約期間満了日の30日前の段階で「断続的な業務委託であって，特定業務委託事業者が次の契約申込みを行うことができるかが明らかではない場合」であって，その後，「次の契約申込みを行わないことが明らかになった」場合には，契約期間満了日の30日前の予告義務を果たすことが困難であるため，「次の契約申込みを行わないことが明らかになった時点でその旨を伝達することが望ましい」としているものである（政省令等パブコメ回答3-4-30）。

[60] 特定業務委託事業者からの一方的な意思表示である解除については，トラブル防止の観点から，口頭ではなく書面によることが適当であるところ，ファクシミリや電子メール等についても，書面と同等の方法であるから，事前予告の方法として認められている（政省令等パブコメ回答3-4-32）。

278　第3章　特定受託業務従事者の就業環境の整備

◆厚労省関係法施行規則

> (法第十六条第一項の厚生労働省令で定める予告の方法)
> 第三条　法第十六条第一項の規定による予告は，次のいずれかの方法により行わ
> 　なければならない。
> 一　書面を交付する方法
> 二　ファクシミリを利用してする送信の方法
> 三　電子メール等の送信の方法（特定受託事業者が当該電子メール等の記録を
> 　出力することにより書面を作成することができるものに限る。第五条第一項
> 　第三号において同じ。)
> 2　前項第二号の方法により行われた予告は，特定受託事業者の使用に係るファ
> 　クシミリ装置により受信した時に，同項第三号の方法により行われた予告は，
> 　特定受託事業者の使用に係る通信端末機器等により受信した時に，それぞれ当
> 　該特定受託事業者に到達したものとみなす。

⑴　「電子メール等」（厚労省関係法施行規則3条1項3号）

　「電子メール等」とは，「電子メールその他のその受信をする者を特定して情報を伝達するために用いられる電気通信」（厚労省関係法施行規則1条）を指すが，これには，電子メールのほか，ショートメッセージサービス（SMS）やソーシャルネットワーキングサービス（SNS）のメッセージ機能等のうち，送信者が受信者を特定して送信することのできるものが含まれる（解釈ガイドライン第3部4⑶ア）。これらの方法についても，通常の事業者間取引で利用されている方法であるため，予告方法として認められることとなったものと考えられる[61]。

　他方で，特定受託事業者がインターネット上で開設しているブログやウェブページ等への書き込み等のように，特定の個人がその入力する情報を，電気通信を利用して第三者に閲覧させることに付随して，第三者が特定の個人に情報

---

[61]　政省令等パブコメ回答3-4-48。同回答は，直接的には本条2項において電子メールやSNSでの理由開示が認められる理由について，通常の事業者間取引で利用されている方法であることを述べるものであるが，本条1項において電子メールやSNSでの解除予告が認められる理由も，同様の事情によるものと考えられる。

第16条（解除等の予告）　279

を伝達することができる機能が提供されるものについては，「その受信する者を特定して情報を伝達するために用いられる電気通信」には含まれない（解釈ガイドライン第3部4⑶ア）。

⑵　「電子メールなどの記録を出力することにより書面を作成することができる」（厚労省関係法施行規則3条1項3号）

　「出力することにより書面を作成することができる」とは，当該電子メール等の本文又は当該電子メール等に添付されたファイルについて，紙による出力が可能であることを指し，特定業務委託事業者が送信した事前予告に係る事項の全文が出力される必要がある（解釈ガイドライン第3部4⑶イ）。

　なお，トラブルを防止する観点からは，記録に残すことができる方法で事前予告を行うことが重要であり，本文や添付ファイルが出力できるサービスを利用することが望ましいとされている（Q&A問113回答）。もっとも，SMSや自社アプリ等のファイル添付ができないサービスを利用するような取引実態がある場合には，このようなサービスを利用して事前予告を行うことも，予告された内容をスクリーンショット等の機能により保存できる方法で伝達するなどの方法であれば，例外的に要件を満たすものとされている（Q&A問113回答）。他方で，例えば，音声データの送付を用いた方法による予告やメッセージ消去機能を用いた方法による予告，何らかの機能制限によって随時の確認ができない方法による予告，スクリーンショット等の機能を制限した方法による予告など，記録に残すことができない方法による事前予告等は認められない（Q&A問113回答）。

⑶　「前項第二号の方法により行われた予告は，特定受託事業者の使用に係るファクシミリ装置により受信した時に，同項第三号の方法により行われた予告は，特定受託事業者の使用に係る通信端末機器等により受信した時に，それぞれ当該特定受託事業者に到達したものとみなす」（厚労省関係法施行規則3条2項）

　事前予告の到達時期については，ファクシミリを利用してする送信の方法に

280　第3章　特定受託業務従事者の就業環境の整備

よる解除の予告は特定受託事業者が使用するファクシミリ装置により受信した
時に，電子メール等の送信の方法による解除の予告は特定受託事業者が使用す
る通信端末機器等により受信した時に，それぞれ当該特定受託事業者に到達し
たものとみなされる（厚労省関係法施行規則3条2項）。

　この点に関し，例えば，ウェブメールサービス，クラウドサービス等のよう
に特定受託事業者の通信端末機器等に必ずしも到達しない方法による場合は，
通常であれば特定受託事業者がその内容を確認し得る状態となれば「通信端末
機器等により受信」したといえ，当該予告が特定受託事業者に到達したものと
みなされる（解釈ガイドライン第3部4(3)ウ）。

4　「少なくとも三十日前までに，その予告をしなければならない」（法16条1項）

(1)　解除予告義務の内容

　特定業務委託事業者は，契約を解除する日又は契約が満了する日から30日前
までに契約解除又は不更新を予告する必要がある（解除予告義務）。

　30日の数え方については，予告日（当日）から解除日の前日までの期間が30
日間確保されている必要があると解されている（Q&A問106回答）[62]。そのため，
例えば，8月31日に解除する場合には，8月1日までに予告する必要がある
（Q&A問106回答）。なお，予告期間は「1か月前」ではなく「30日前」であるた
め，例えば，9月30日に解除する場合には，8月31日までに予告する必要があ
る。

(2)　解除予告義務違反の効果（私法的効力の有無）

　本条に基づく解除予告義務は，その違反があった場合に厚生労働大臣（都道

---

[62]　これは，労基法20条1項の解雇予告義務における予告期間の数え方と同様である。労基法20条1
項に基づく解雇予告義務については，民法の一般原則により，解雇予告日は算入されず（初日不算
入），その翌日から計算され（民法140条），その期間の終了をもって期間満了となるため（民法141
条），解雇予告日の翌日から起算して30日目の終了をもって30日という予告期間が満了することと
されている。

府県労働局長）により，是正又は防止措置を講じるよう助言・指導又は勧告を受け，勧告に係る措置をとらなかったときは命令・公表が行われるものであることを踏まえると，公法上の義務であると解される。

　それでは，公法上の義務である解除予告義務について，その違反があった場合の契約解除は私法上無効となるのか（解除予告義務違反に私法的効力が認められるか）が問題となる。この点について，一定期間継続する契約においては，契約期間中の途中で即時解約することによって，特定受託事業者が次の契約先を探すまでの時間的余裕を失い，ただちに生活が困窮するおそれがあること，行政が勧告する措置は通常は予告を促すことにとどまることから，解除予告義務に反した即時解約は無効であると解することが適当であるとする見解（私法的効力肯定説）もある[63]。

　しかしながら，本条の立法経緯として，政府側の国会答弁において，特定受託事業者と発注事業者間の取引は事業者間取引であり，その契約関係の解消は取引自由の原則の中で契約当事者間に委ねられているものであることから，一般に取引法制において，解除事由によって解除を直接制限することは法制上の課題や発注控えのおそれなどの課題が多いと答弁されている[64][65]。加えて，結局のところ，本条においては，契約解除事由は特に制限されず，また，本条2項における契約解除の理由開示も正当な事由の開示をしなければならないといった制限が設けられていないことを踏まえると，本法の立法意思としては，本条によって契約解除の効力自体までは制限しないことを想定していると解される。また，行政解釈においても，本条1項は，6か月以上の期間行う業務委託に係る契約を解除する場合等の予告義務を定めているものであるため，解除

---

[63]　鎌田耕一ら編『フリーランスの働き方と法─実態と課題解決の方向性』（日本法令，2023年）175頁

[64]　第211回国会参議院内閣委員会第11号（令和5年4月25日）政府参考人宮本悦子（内閣官房新しい資本主義実現本部事務局フリーランス取引適正化法制準備室次長兼厚生労働省大臣官房審議官）

[65]　また，法パブコメ回答においても「本案は，業種・職種が多岐にわたるフリーランスについて，業種横断的に共通する必要最低限の規律を設け，その取引の適正化を進め，就業環境を整備するものです。よって，取引無効等，民事上の効果を生じさせるような規定は設けないことが適当と考えております。」と説明されている（法パブコメ回答3）。

282　第3章　特定受託業務従事者の就業環境の整備

等の効力は本法に基づいて判断されるものではなく，例えば契約の解除等の効力や解除に伴う損害賠償請求等については，民事上の争いとして司法による判断等により解決が図られるものであると解されている（Q&A問107回答）[66]。

　なお，労基法上，使用者は労働者を解雇しようとする場合において少なくとも30日前にその予告をするか，30日前に予告をしない場合は，予告期間を短縮した日数分以上の平均賃金（解雇予告手当）を支払う必要があり（労基法20条1項，2項），これに反した解雇は無効となることから（ただし，使用者が解雇に固執する趣旨でない限り，解雇の意思表示後に予告期間を経過した時又は予告期間に足りない日数分の解雇予告手当を支払った時に解雇の効力は生じる[67]），本条においても予告義務違反の解除を無効とすることも理論上あり得る。もっとも，労基法20条違反の場合に解雇が無効となるのは労働者が突然の解雇から被る生活の困窮を緩和するためであるとされており[68]，本条の趣旨とも一部共通する部分はあるものの，一方で，契約自由の原則への配慮が前提にある本条とは趣旨を異にする部分もある。労基法は労働者保護のために，各規定の違反自体に罰則も設けており（命令等の行政処分違反を経由した罰則という仕組みにはなっておらず，全体的に極めて強い規制である点で本法とは性質を異にする[69]），また，本条には解雇予告手当に相当する金銭補償の仕組みが存在しないなど制度としても異なる部分があることからも，本条の解除予告義務について，労基法上の解雇予告義務違反の効力（解雇無効）と同様の効力があると解することはできないと考えられる。

　このような本法の立法意思や類似制度との相違を踏まえると，本条1項の解

---

[66]　また，政省令等パブコメにおいても，解除や契約不更新自体の当否は，本法に基づいて判断するものではない旨が示されている（政省令等パブコメ回答3-4-23・37）。

[67]　細谷服装事件（最判昭和35年3月11日民集14巻4号403頁）

[68]　厚生労働省労働基準局編『令和3年版 労働基準法上』（労務行政，2022年）295頁

[69]　労基法は，憲法27条2項の「賃金，就業時間，休息その他の勤労条件に関する基準は，法律でこれを定める」という規定を受けて制定されたものであり（なお，労基法は戦前の鉱業法や工場法等を前身としたものである），労働条件の決定に関する基本原則を明らかにし，国際的水準を考慮して最低労働条件を設定したものであって，こうした規定によって戦前において労働関係に残存していた封建的遺制を一掃し，もって労使の力関係の不均衡を解消しようとしたものであり，「契約自由の原則への制約」というよりも「契約自由の原則の修正」といえよう。

第16条（解除等の予告）　283

除予告義務に違反して契約解除を行ったとしても，私法的効力として，契約解除が無効とされるものではないと解される（私法的効力否定説）。

5　「災害その他やむを得ない事由により予告することが困難な場合その他の厚生労働省令で定める場合」（法16条１項）

特定業務委託事業者は，継続的業務委託に係る契約の解除をしようとする場合には，当該契約の相手方である特定受託事業者に対し，少なくとも30日前までに，その予告をしなければならないが，例外として，「災害その他やむを得ない事由により予告することが困難な場合その他の厚生労働省令で定める場合」には，事前予告が不要とされている[70]。

「その他の厚生労働省令で定める場合」は，厚労省関係法施行規則４条において，以下のとおり定められている[71]。

---

[70]　契約において予告なく解除を可能とする事由を定めるか否かにかかわらず，解除の事前予告における例外事由に該当する場合には，本条１項の予告義務の対象外となる（Q&A 問108回答）。もっとも，契約において予告なく解除を可能とする事由（いわゆる無催告解除事由）を定めていない場合は，民法542条に基づく解除でない限り，無催告解除の私法上の効力は問題となり得ることには留意が必要である。

[71]　労基法では，解雇予告の例外事由として，「但し，天災事変その他やむを得ない事由のために事業の継続が不可能となつた場合又は労働者の責に帰すべき事由に基いて解雇する場においては，この限りではない」と規定されており，厚生労働省令で例外事由を定めることができる本条とは例外事由の取扱いが異なる。これは，契約の中途解約等は特定業務委託事業者の自由に属することから，本法において（解雇予告手当に相当するような金銭補償の仕組み等は設けず）予告手続のみを規定することとしたことに伴い，特定受託事業者の保護と特定業務委託事業者による予告の運用の双方のバランスをとるために，取引実態に応じて，予告を不要とする例外事由を柔軟に定められるようにする趣旨のものであると考えられる。

284　第3章　特定受託業務従事者の就業環境の整備

◆厚労省関係法施行規則

（法第十六条第一項の厚生労働省令で定める場合）

第四条　法第十六条第一項に規定する厚生労働省令で定める場合は，次に掲げる
　場合とする。

　一　災害その他やむを得ない事由により予告することが困難な場合

　二　他の事業者から業務委託を受けた特定業務委託事業者が，当該業務委託に
　　係る業務（以下この号において「元委託業務」という。）の全部又は一部に
　　ついて特定受託事業者に再委託をした場合であって，当該元委託業務に係る
　　契約の全部又は一部が解除され，当該特定受託事業者に再委託をした業務
　　（以下この号において「再委託業務」という。）の大部分が不要となった場合
　　その他の直ちに当該再委託業務に係る契約の解除（契約期間の満了後に更新
　　しない場合を含む。以下この条において同じ。）をすることが必要であると
　　認められる場合

　三　特定業務委託事業者が特定受託事業者と業務委託に係る給付に関する基本
　　的な事項についての契約（以下この条において「基本契約」という。）を締
　　結し，基本契約に基づいて業務委託を行う場合（以下この号において「基本
　　契約に基づいて業務委託を行う場合」という。）又は契約の更新により継続
　　して業務委託を行うこととなる場合であって，契約期間が三十日以下である
　　一の業務委託に係る契約（基本契約に基づいて業務委託を行う場合にあって
　　は，当該基本契約に基づくものに限る。）の解除をしようとする場合

　四　特定受託事業者の責めに帰すべき事由により直ちに契約の解除をすること
　　が必要であると認められる場合

　五　基本契約を締結している場合であって，特定受託事業者の事情により，相
　　当な期間，当該基本契約に基づく業務委託をしていない場合

⑴　災害その他やむを得ない事由により予告することが困難な場合（厚労省関
　　係法施行規則4条1号）

　厚労省関係法施行規則4条1号は，取引とは関係のない外的な要因により急

な解除をせざるを得ず，予告が困難な場合を事前予告の例外事由として定めるものである。そのため，「その他やむを得ない事由」とは，天災事変に準ずる程度に不可抗力に基づき，かつ，突発的な事由をいい，事業者として社会通念上とるべき必要な措置をもってしても通常対応することが難しい状況になったために特定受託事業者に対して予告することが困難である場合をいう（解釈ガイドライン第3部4⑷ア）[72]。

⑵　元委託業務の契約解除等により直ちに解除せざるを得ない場合（厚労省関係法施行規則4条2号）

厚労省関係法施行規則4条2号の「その他の直ちに当該再委託業務に係る契約の解除をすることが必要であると認められる場合」とは，元委託業務に係る契約の全部又は一部が解除され，不要となった再委託業務が一部であったとしても重要な部分であり，大部分が不要になった場合と同視できる程度にただちに当該再委託業務に係る契約の解除をすることが必要であると認められる場合をいう（解釈ガイドライン第3部4⑷イ）。

なお，本号に関しては，例えば元委託業務の発注者が事業者としての実態のない第三者を介在させて特定受託事業者と契約を締結すれば，法16条の規制を逃れることができるのではないかが問題となる。しかし，**法2条の「第2　条文解説」**のとおり，実質的に特定受託事業者に業務委託をしているといえる別の事業者が存在する場合には，当該事業者が「特定業務委託事業者」に該当することから（解釈ガイドライン第1部3，政省令等パブコメ回答3-4-36），上記のような事例では，元委託業務の発注者が「特定業務委託事業者」であるとして本条の規制を受けることとなると考えられる。

⑶　業務委託の期間が30日以下の場合（厚労省関係法施行規則4条3号）

厚労省関係法施行規則4条3号に定める事由は，具体的には以下の①又は②

72　例えば，特定の感染症の流行についても，個別具体的な事情によっては「その他やむを得ない事由」に該当する場合があると考えられている（政省令等パブコメ回答3-4-34）。

286 第3章 特定受託業務従事者の就業環境の整備

の場合をいう（解釈ガイドライン第3部4⑷ウ）。これは，業務委託の期間が30日
以下の場合には，解除に際して30日前までの予告を実施することが事実上困難
であるために例外的に事前予告を不要としたものと考えられる。

---

① 基本契約に基づいて業務委託を行う場合に，当該基本契約に基づく一の業務
委託に係る契約（いわゆる個別契約のことであり，契約期間が30日以下である
ものに限る）の解除をしようとする場合
② 契約の更新により継続して業務委託を行うこととなる場合に，一の業務委託
に係る契約（契約期間が30日以下であるものに限る）の解除をしようとする場
合

なお，「契約期間」の始期や終期の考え方は法5条と同様であるため（解釈ガ
イドライン第3部4⑷ウ），**法5条の「第2 条文解説」**を参照されたい。

⑷ 特定受託事業者の責めに帰すべき事由がある場合（厚労省関係法施行規則 4条4号）

「特定受託事業者の責めに帰すべき事由」とは，特定受託事業者の故意，過
失又はこれと同視すべき事由をいう（解釈ガイドライン第3部4⑷エ）。もっとも，
発注者の一方的な事情により例外事由が濫用されることを防ぐため，その判定
に当たっては，業務委託に係る契約の内容等を考慮の上，総合的に判断すべき
であるとされている（解釈ガイドライン第3部4⑷エ）。すなわち，「特定受託事業
者の責めに帰すべき事由」が本条の保護を与える必要のない程度に重大又は悪
質なものであり，したがって特定業務委託事業者に特定受託事業者に対し30日
前に解除の予告をさせることが当該事由と比較して均衡を失するようなものに
限ると解されている（解釈ガイドライン第3部4⑷エ，政省令等パブコメ回答3-4-38）。

このように「特定受託事業者の責めに帰すべき事由」は限定的に解釈されて
おり，催告によらない解除事由を定めた民法542条1項各号及び同条2項各号
に該当する場合であっても，ただちに「特定受託事業者の責めに帰すべき事
由」（厚労省関係法施行規則4条4号）に該当するものではなく，業務委託に係る

契約の内容等を考慮の上,「特定受託事業者の責めに帰すべき事由」が本条の保護を与える必要のない程度に重大又は悪質なものであるかを総合的に判断する必要があると解されている(政省令等パブコメ回答 3-4-47)[73]。

具体的に,いかなる事由が「特定受託事業者の責めに帰すべき事由」に該当するかについて,解釈ガイドラインでは次のような事例が該当例として挙げられているが,これらは限定列挙ではないことに留意が必要である(解釈ガイドライン第 3 部 4 (4) エ)[74]。

- 原則として極めて軽微なものを除き,業務委託に関連して盗取,横領,傷害等刑法犯等に該当する行為のあった場合,また一般的にみて極めて軽微な事案であっても,特定業務委託事業者があらかじめ不祥事件の防止について諸種の手段を講じていたことが客観的に認められ,しかもなお特定受託事業者が継続的に又は断続的に盗取,横領,傷害等の刑法犯等又はこれに類する行為を行った場合,あるいは業務委託と関連なく盗取,横領,傷害等刑法犯等に該当する行為があった場合であっても,それが著しく特定業務委託事業者の名誉もしくは信用を失墜するもの,取引関係に悪影響を与えるもの又は両者間の信頼関係を喪失させるものと認められる場合
- 賭博,風紀紊乱等により業務委託に係る契約上協力して業務を遂行する者等に悪影響を及ぼす場合。また,これらの行為が業務委託と関連しない場合であっても,それが著しく特定業務委託事業者の名誉もしくは信用を失墜するもの,取引関係に悪影響を与えるもの又は両者間の信頼関係を喪失させるものと認められる場合
- 業務委託の際にその委託をする条件の要素となるような経歴・能力を詐称した

---

[73] 特定受託事業者が,税金等の滞納や債権者による強制執行の申立て等により,破産や差し押さえを受けた場合であっても,「特定受託事業者の責めに帰すべき事由」に必ず該当するものではなく,個別の事案ごとに判断が必要となる(Q&A 問110回答)。例えば,破産や差し押さえ等により特定受託事業者の今後の業務遂行に重大な支障が出る場合や特定業務委託事業者に損害が生じる場合などには,事前予告の例外事由である「特定受託事業者の責めに帰すべき事由」に該当する可能性が高いと考えられる(Q&A 問110回答)。

[74] なお,「責めに帰すべき事由」の解釈や該当例については,労基法において解雇予告が例外的に不要になる場合である「労働者の責に帰すべき事由」に関する解釈等(昭和23年11月11日基発1637号,昭和31年3月1日基発111号)が一部参考にされていると考えられる。

288　第3章　特定受託業務従事者の就業環境の整備

場合及び業務委託の際，特定業務委託事業者の行う調査に対し，業務委託をしない要因となるような経歴・能力を詐称した場合
・特定受託事業者が，業務委託に係る契約に定められた給付及び役務を合理的な理由なく全く又はほとんど提供しない場合
・特定受託事業者が，契約に定める業務内容から著しく逸脱した悪質な行為を故意に行い，当該行為の改善を求めても全く改善が見られない場合

　なお，個別の判断が必要となるが，Q&Aでは，以下のような場合も「特定受託事業者の責めに帰すべき事由」に該当するとされている（Q&A問111回答，問112回答）。

・特定受託事業者が反社会的勢力との関係を有していることが発覚した場合。
・自動車等の運転を要する業務において，交通ルール等の遵守を周知しているにもかかわらず，危険運転を行うことやナンバープレートの表示などのルール等を遵守していない場合
・特定受託事業者が業務委託に関連し，暴力行為等に及んだ可能性がある場合であって，それに関する事件の調査協力を繰り返し行っているにもかかわらず調査の協力を拒む場合
・業務委託の取引先や顧客に対する暴言や嫌がらせ，暴力，詐取，性的な迷惑行為，業務遂行に際して取得した個人情報の目的外利用などの第三者の安全に支障を及ぼす又は第三者に損害を与える行為
・事前に特定受託事業者がアカウントを作成し，プラットフォームを介して業務委託を受ける場合において，登録時の経歴詐称，虚偽情報の登録，他の者とのアカウントの共有などを行っていた場合
・業務委託の前提となる特定受託事業者の運転免許証や在留カード等が有効期限切れの場合
・特定受託事業者が業務の遂行に必要な業法等における登録の失効・取消事由等に該当した場合又は当該事由により行政処分・罰則の適用を受けた場合
・配達を伴う業務において，事前に商品の取扱い等に関する社内ルールを周知し

第16条（解除等の予告）　289

ているにもかかわらず，配達中の商品を触ったり，配達時間や距離を偽って報
酬を多く得たりするなど，繰り返し当該ルールに反する行為を行う場合
・配達を伴う業務において商品を届けないなど，業務委託契約に定められた業務
の重要な部分を合理的な理由なく行わない場合
・特定受託事業者に契約違反の是正を書面等で求め，改善が見られなければ解除
することについて伝達してもなお契約違反が是正されない場合
・特定受託事業者が業務遂行の能力や資格等を喪失するなど，業務遂行ができな
くなる又は業務遂行に重大な支障が生じる場合

(5)　特定受託事業者の事情で相当な期間，基本契約に基づく個別契約が締結さ
　　れていない場合（厚労省関係法施行規則4条5号）

　特定受託事業者の事情により，相当な期間において基本契約に基づく業務委
託をしていない場合には，急な解除から特定受託事業者を保護する必要性が低
いため，事前予告の例外事由として定められているものと考えられる。

　「相当な期間」については，特定受託事業者の事情により個別に判断される
べきものであるが，継続的業務委託の期間が6か月以上であることを踏まえ，
概ね6か月以上と解される（解釈ガイドライン第3部4(4)オ）。

6　「前項の予告がされた日から同項の契約が満了する日までの間 において，契約の解除の理由の開示を特定業務委託事業者に請求 した場合」（法16条2項）

　本条2項によって特定業務委託事業者に義務付けられる理由の開示は，特定
受託事業者が，解除の予告日から対象となる契約の満了日までの間において，
契約の解除の理由の開示を特定業務委託事業者に請求したことを条件としてい
る。

　そのため，解除の予告の対象となった契約の満了する日（終期）の翌日又は
それ以降に特定受託事業者によって契約の解除の理由の開示に係る請求がなさ
れたとしても，当該請求を受けた特定業務委託事業者は，当該請求に対応する

290 第3章 特定受託業務従事者の就業環境の整備

義務を負わないものと解される。

なお,「契約が満了する日」とは,継続的業務委託に係る契約の終期であり,その考え方は法5条と同様であるので,詳細については**法5条の「第2 条文解説」**を参照されたい(解釈ガイドライン第3部4(6))。

7 「厚生労働省令で定めるところにより,遅滞なくこれを開示しなければならない」(法16条2項)

本条2項で特定業務委託事業者に義務付けられる契約の解除の理由の開示方法は,厚労省関係法施行規則5条において,以下のとおり定められている。

◆厚労省関係法施行規則

> (法第十六条第二項の厚生労働省令で定める開示の方法)
> 第五条 法第十六条第二項の規定による開示は,次のいずれかの方法により行わなければならない。
> 一 書面を交付する方法
> 二 ファクシミリを利用してする送信の方法
> 三 電子メール等の送信の方法
> 2 前項第二号の方法により行われた開示は,特定受託事業者の使用に係るファクシミリ装置により受信した時に,同項第三号の方法により行われた開示は,特定受託事業者の使用に係る通信端末機器等により受信した時に,それぞれ当該特定受託事業者に到達したものとみなす。

本条2項による理由の開示は,①書面を交付する方法(厚労省関係法施行規則5条1項1号),②ファクシミリを利用してする送信の方法(同項2号),③電子メール等の送信の方法(特定受託事業者が当該電子メール等の記録を出力することにより書面を作成することができるものに限る)(同項3号)のいずれかの方法により行われなければならないとされているが,その詳細は,本条1項(**前記3**)と同様である(解釈ガイドライン第3部4(5))[75]。

なお,本条2項の理由の開示は,予告がされた日から契約が満了する日まで

の間に請求することとなっており，特定委託業務事業者において解除の予告に関する義務があることを前提としているため，本条1項の事前予告の例外事由に該当する場合は，理由の開示の請求対象とならない（解釈ガイドライン第3部4⑹）。一方，特定業務委託事業者が本条1項による予告義務に違反する場合には，特定受託事業者は契約の解除の理由の開示を請求することができると解されている（解釈ガイドライン第3部4⑹）。

8 「ただし，第三者の利益を害するおそれがある場合その他の厚生労働省令で定める場合は，この限りでない」（法16条2項）

特定受託事業者が，予告がされた日から契約が満了する日までの間において，契約の解除の理由の開示を特定業務委託事業者に請求した場合には，当該特定業務委託事業者は，当該特定受託事業者に対し，遅滞なくこれを開示しなければならないが，本条2項は，「第三者の利益を害するおそれがある場合その他の厚生労働省令で定める場合」を理由開示の例外事由とする。

第三者の利益を害するおそれがある場合その他の厚生労働省令で定める場合については，厚労省関係法施行規則6条では以下のとおり定められている。

◆厚労省関係法施行規則

（法第十六条第二項の厚生労働省令で定める場合）

第六条　法第十六条第二項に規定する厚生労働省令で定める場合は，次に掲げる場合とする。

　一　第三者の利益を害するおそれがある場合

　二　他の法令に違反することとなる場合

75　なお，SNS等で理由開示をする場合には情報の保存期間が一定期間に限られている場合もあることから，特定業務委託事業者は特定受託事業者に対し，ファイルをダウンロードしておくなどして情報を保存するよう伝えることがトラブル防止のために有効であるとされている（政省令等パブコメ回答3-4-48）。特定業務委託事業者としても，理由開示の義務を果たしていることの証拠を残しておく（都道府県労働局が指導に入った際に義務履行の事実を説明できるようにする）観点から，送信したメッセージを別途保存しておくことが肝要である。

292　第3章　特定受託業務従事者の就業環境の整備

⑴　「第三者の利益を害するおそれがある場合」（厚労省関係法施行規則6条1号）

　「第三者の利益を害するおそれがある場合」とは，契約の解除の理由を開示することにより，特定業務委託事業者及び特定受託事業者以外の者の利益を害するおそれがある場合をいう（解釈ガイドライン第3部4⑹ア）。例えば，顧客からのクレームに基づき解約したことを告げた場合に，特定受託事業者に対して当該理由を開示すると，顧客への報復の蓋然性が高いと認められる場合などが想定される（Q&A問114回答）。

⑵　「他の法令に違反することとなる場合」（厚労省関係法施行規則6条2号）

　「他の法令に違反することとなる場合」とは，契約の解除の理由を開示することにより，例えば，法令上，守秘義務が課されている事業等を営む特定業務委託事業者が，解除の理由を開示することで法違反となる場合などをいう（解釈ガイドライン第3部4⑹イ，Q&A問114回答）。

第3　実務対応

　以上のとおり，継続的業務委託に係る契約の解除又は不更新をしようとする場合には，一定の例外事由がある場合を除き，30日前までの解除予告が必要となり，また，解除予告から契約満了日までの間に特定受託事業者からの請求があった場合には，契約解除の理由を開示する必要がある。以下では，このような義務を履行する上で実務上対応の必要があると考えられる事項について，いくつかの対応例を解説する。

1　契約書類の改定等

⑴　業務委託に係る契約書ひな形の改定

　30日前までの解除予告義務との関係では，特定業務委託事業者において，特定受託事業者に対する業務委託に関して利用している契約書ひな形の修正の要

否を確認する必要がある。

　まず，発注者側の都合により契約を一方的に解約できる，いわゆる中途解約条項を設けている場合には，解約の条件として，30日前までの解約通知が義務付けられているか確認する必要がある。仮に解約通知が義務づけられていない（あるいは30日未満の解約通知が義務づけられている）場合には，法16条1項ただし書に該当する場合を除き，30日前までの解約通知が必要となる旨の規定へと契約書ひな形を改定することも検討に値する[76]。

　また，一般的に，契約書ひな型では，契約上列挙された事由[77]が存在する場合には，何らの通知，催告を要することなく契約を解除することができる旨のいわゆる無催告解除条項が設けられている場合も多い。**前記第2の5(4)のとおり**，解釈ガイドラインでは，30日前の解除予告が必要にならない「特定受託事業者の責めに帰すべき事由」として，いくつかの事例が挙げられているが（解釈ガイドライン第3部4(4)エ），いずれも悪質性が高く，明らかに「特定受託事業者の責めに帰すべき事由」に該当する場合を例示的に列挙したものと考えられる。そのため，どこまでの事由が「特定受託事業者の責めに帰すべき事由」に該当するのかは，事例の集積がない現時点では明らかではなく，個別の事案に即して「特定受託事業者の責めに帰すべき事由」への該当性を判断しなければならない。こうした事情を踏まえると，契約書ひな形の改定という観点では，明らかに軽微な事由が含まれているといった事情がない限りは，無催告解除事由自体を修正する必要はないと考えられる[78]。

76　なお，前記第2の4(2)のとおり，本条1項の解除予告義務に違反して契約解除を行ったとしても，私法上の効力として，契約解除が無効とされるものではないと解される一方，契約条項として30日前の解除通知義務を定めた場合，30日前の解除通知を怠ると，その契約条項に違反するものとして，契約解除が無効になったり，債務不履行に基づく損害賠償義務が生じたりする可能性は否めない。しかしながら，特定業務委託事業者としては，いずれにせよ本条1項を遵守すべき立場にあるのだから，上記可能性はありつつも，特定業務委託事業者側の担当者が本条1項の存在を見過ごして30日前の予告なく中途解約してしまうことを避けるため，当該改定を行うというのも合理的な対応であると考えられる。

77　契約違反の状態が一定期間解消されない場合や，相手方の財産・信用状態に重大な問題が生じた場合等が列挙されることが通常である。

(2) 合意解除に係る書面

前記第2の2(1)のとおり、特定業務委託事業者と特定受託事業者との間で契約を合意解除する場合には30日前までの予告は不要であるが、この場合にも、合意解除に関する特定受託事業者の意思表示が自由な意思に基づく必要があるとされている（解釈ガイドライン第3部4(2)）。そのため、少なくとも、特定受託事業者との合意解除は書面で実施することが望ましく、また、かかる書面中に合意解除理由を記載する欄を設けることができれば、合意解除に関する特定受託事業者の意思表示が自由な意思に基づいてなされたものであることを一定程度担保することができると考えられる。さらに、合意解除に至った経緯が記載された特定受託事業者とのメール等のやり取りがあれば、これを合意解除の書面とともに社内で保存しておくことも、合意解除が特定受託事業者の自由な意思でなされたことを証明する1つの手段になると考えられる。

2 解除予告の要否に係る判断

30日前の解除予告が必要か否かに関しては、次のSTEP1からSTEP3までの検討が必要となる。

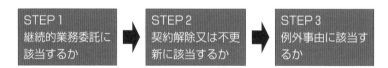

---

78 なお、特定業務委託事業者側の担当者が誤って、あるいは、漫然と無催告解除をしてしまうことを避ける観点から、例えば、無催告解除を定めた条項に、ただし書として「ただし、特定受託事業者に係る取引の適正化等に関する法律（令和5年法律第25号）16条1項に基づき発注者から受注者に対して30日前までの解除予告を要する場合にはその手続に従うものとする。」といった文言を追記することも考えられる。この点、前記第2の4(2)のとおり、本条1項の解除予告義務に違反して契約解除を行ったとしても、私法上の効力として、契約解除が無効とされるものではないと解される一方、契約条項として上記ただし書を定めた場合、30日前の解除通知を怠ると、（個別の事案において、ただし書が適用される事案であったとして）その契約条項に違反することを理由に、契約解除が無効になったり、債務不履行に基づく損害賠償義務が生じたりする可能性は否めない。しかしながら、特定業務委託事業者としては、いずれにせよ本条1項を遵守すべき立場にあるのだから、上記可能性はありつつも、特定業務委託事業者側の担当者に対する注意喚起の意味も込めて、あえて上記ただし書を記載しておくというのも合理的な対応であると考えられる。

第16条（解除等の予告）　295

　このうち，解除の対象となる契約が「継続的業務委託に係る契約」に該当するかについては，具体的に何が「継続的業務委託に係る契約」に該当するのか（STEP１）という点に関する判断が複雑である。また，30日前の解除予告が例外的に不要な場合もあるが（STEP３），具体的にどのような事象がこの例外事由に該当するかについても，事案ごとの個別事情を踏まえた法的判断が必要になる。

　もっとも，法律に関する専門知識を有しているとは限らない事業部門の者が，30日前の解除予告が必要か否かの判断を自律的に行うことは実際上困難な場合も多いといえる。そのため，例えば，特定受託事業者との契約解除に際しては，社内的に法務部門への相談が必要となることをルール化し，法務部門で30日前の解除予告が必要になるか否かの判断を代替することも考えられる。

　一方で，特定受託事業者との契約解除の件数が多数に上る場合には，法務部門が契約解除の全件について判断することは工数的に困難が生じ得る。そのため，解除予告の要否が容易に判定できるものについては事業部門での判断に任せ（例えば，個別契約において業務委託の期間が30日間以下である場合には解除予告が不要となるが，業務委託の期間が30日間以下であるかは個別契約に係る書面の記載から容易に判定できるため，わざわざ法務部門へ相談せずとも，事業部門において自ら判断することが可能である），解除予告の要否判定が容易でないものに限って法務部門への相談を必要とする運用もあり得る。その際には，どのような場合に解除予告が必要／不要となり，また，どのような場合に法務部門への相談が必要になるのかを記載したフローチャートを用意しておくことも有用だろう。

　さらに言えば，契約解除の都度，30日前の予告が必要なケースか否かを確認すること自体が煩雑である場合には，30日前の予告が必要なケースか否かを判断することなく，いずれにせよ特定受託事業者との契約を解除する場合には30日前の予告をするという対応を基本としつつ，即時解除すべきケースについてのみ，個別にSTEP１〜３の下で30日前の予告が必要か否かを判断するという運用とすることも考えられる。

3 「理由」の記載内容

　解釈ガイドラインでは，契約の解除の理由として，具体的にどの程度の記載が求められるのかについて特段の言及はない。もっとも，本条2項の趣旨が，解除予告を受けた特定受託事業者が契約の存続に向けた交渉や別の取引に向けて自らの事業の見直しに取り組むことができるようにすることなどにあることに鑑みれば，あまりに抽象的・概括的な理由を通知するだけでは，本条の義務を履行していないと評価される可能性もあると解される。そのため，少なくとも，特定受託事業者による契約の存続に向けた交渉や事業の見直しに資するような記載をすることが必要といえ，例えば，特定受託事業者の業務遂行方法に問題があったことを理由に契約を解除した場合には，どのような点に問題があったのかを一定程度具体的に特定した上で理由開示をすることが望ましい。

　なお，「契約の解除の理由」に係る文書等の作成を担当するのは，通常，解除理由を最も把握していると考えられる特定受託事業者へ業務委託を実施した事業部門になるだろう。この場合，（普段そういった文書等を作成していない）事業部門が「契約の解除の理由」に係る文書等を適切に作成できるようにするため，特定受託事業者との契約解除において典型的に想定される解除理由を踏まえた記載例を複数用意し，事業部門が参照するマニュアルに掲載するといった対応が有効と考えられる。また，マニュアルに掲載されている典型例には当てはまらない事情があり，記載に悩ましい点がある場合には，例えば法務部門で記載内容をレビューすることを社内ルールとして周知し，事業部門のみの判断で「契約の解除の理由」に係る文書等が作成されないようにすることも検討の余地がある。

（申出等）

第十七条　特定業務委託事業者から業務委託を受け，又は受けようとする特定受託事業者は，この章の規定に違反する事実がある場合には，厚生労働大臣に対し，その旨を申し出て，適当な措置をとるべきことを求めることができる。

2　厚生労働大臣は，前項の規定による申出があったときは，必要な調査を行い，その申出の内容が事実であると認めるときは，この法律に基づく措置その他適当な措置をとらなければならない。

3　第六条第三項の規定は，第一項の場合について準用する。

第1　本条の趣旨

　本条の趣旨は，本法における特定受託事業者の就業環境の整備の章（第3章）の規定に違反する行為について，特定受託事業者が厚生労働大臣に対する申出及び適当な措置の求めを行うことができることを規定するとともに，当該求めを行った特定受託事業者に対し，特定業務委託事業者が報復措置として不利益な取扱いを行うことを防止することにより，特定受託事業者による厚生労働大臣への情報提供を促し，第3章の規定に違反する行為の発見の端緒とするものである。

　なお，法23条の「第2　条文解説」のとおり，本条2項に規定する厚生労働大臣の権限は都道府県労働局長に委任されるため（法23条，厚労省関係法施行規則8条），実際の権限行使は都道府県労働局長（より具体的には都道府県労働局雇用環境・均等部（室））により行われる。

298　第 3 章　特定受託業務従事者の就業環境の整備

第 2 ｜条文解説

1 「特定業務委託事業者から業務委託を受け，又は受けようとする特定受託事業者」（法17条 1 項）

　本条 1 項の規定に基づく申出及び求めは，何人でもできるわけではなく，「特定業務委託事業者から業務委託を受け，又は受けようとする特定受託事業者」が行う必要がある。本条 3 項で本条 1 項の規定により申出及び求めをしたことを理由として不利益な取扱いを禁止していること，また，特定業務委託事業者から業務委託を受ける特定受託事業者以外から法に基づく措置の請求が行われることや当該特定受託事業者以外の者が不利益な取扱いを受けることは通常想定し難いことから，対象範囲が限定されている。

2 「この章の規定に違反する事実がある場合」（法17条 1 項）

　特定業務委託事業者において，法12条（募集情報の的確な表示），13条（妊娠，出産若しくは育児又は介護に対する配慮），14条（業務委託に関して行われる言動に起因する問題に関して講ずべき措置等），16条（解除等の予告）及び17条 3 項（不利益な取扱いの禁止）が遵守されていない場合，厚生労働大臣（都道府県労働局長）は特定業務委託事業者に対し，指導・助言，勧告又は命令を行うことができることから（法18条，19条[79]，22条），これらの規定に違反する事実がある場合に，特定受託事業者が厚生労働大臣（都道府県労働局長）に対し，申出をできることとしているものである。

---

[79]　なお，法13条（妊娠，出産若しくは育児又は介護に対する配慮）の違反については，法19条に基づく勧告の対象とされていない。

第17条（申出等）　299

3 「厚生労働大臣に対し，その旨を申し出て，適当な措置をとる べきことを求めることができる」（法17条1項）

　特定業務委託事業者から業務委託を受け，又は受けようとする特定受託事業者は，厚生労働大臣（都道府県労働局長）に対し，前記2記載の法違反の事実を申し出た上で，適当な措置を講じるよう求めることができる。申出の法的性質については，法6条の「第2 条文解説」を参照されたい。

　なお，法23条及び厚労省関係法施行規則8条は，本条1項の権限について，都道府県労働局長に委任していないことから，申出自体の名宛人は「厚生労働大臣」となると考えられるが，前記第1のとおり，本条2項に規定する厚生労働大臣の権限は都道府県労働局長に委任されていることとの関係で，実際の申出先（窓口）と申出に係る事務を担う機関は都道府県労働局雇用環境・均等部（室）になると考えられる[80]。

4 「必要な調査を行い，その申出の内容が事実であると認めると きは，この法律に基づく措置その他適当な措置をとらなければな らない」（法17条2項）

(1) 「必要な調査」

　「必要な調査」とは，申出の内容に係るような事実があったかどうかについて，関係当事者（特定受託事業者，特定業務委託事業者，特定業務委託事業者の取引先等）から事情を聴取し，又は法20条の規定に基づく報告徴収，立入検査等を行うことをいうと解される。

(2) 「適当な措置」

　「適当な措置」とは，調査の結果，申出の内容が事実であった場合に，このような状況を是正するために必要な措置を意味する。この「措置」の具体的内

80　厚生労働省組織規則（平成13年厚生労働省令1号）760条の2第13号，760条の3，776条の3第9号

容には，法律に基づく行政処分，行政指導が含まれるのはもちろんのこと，個別法に根拠を持たない政策の普及啓発活動といった事実上の施策やそのための予算措置等も含まれると解される。

5 「第六条第三項の規定は，第一項の場合について準用する」（法17条3項）

本条1項の場合について，法6条3項の規定が準用され，特定受託事業者が本条1項の規定による申出をしたことを理由として，当該特定受託事業者に対し，取引の数量の削減，取引の停止その他の不利益な取扱いをしてはならないことを定めるものである。法6条と同様，特定受託事業者による申告及び求めが法執行の重要な端緒となることに鑑み，これらを妨げる行為を禁止するものである。

第3 ┃ 実務対応

本条3項は，法6条3項を準用したものであるから，法6条の「第3 実務対応」において述べた対応が，本条3項においても妥当する。詳細は法6条の「第3 実務対応」を参照されたい。

（勧告）

第十八条　厚生労働大臣は，特定業務委託事業者が第十二条，第十四条，第十六条又は前条第三項において準用する第六条第三項の規定に違反していると認めるときは，当該特定業務委託事業者に対し，その違反を是正し，又は防止するために必要な措置をとるべきことを勧告することができる。

第1　本条の趣旨

　本条は，特定業務委託事業者による法12条（募集情報の的確な表示），法14条（業務委託に関して行われる言動に起因する問題に関して講ずべき措置等），法16条（解除等の予告）又は法17条（申出等）3項において準用する法6条（申出等）3項の規定に違反する行為について，厚生労働大臣が，当該特定業務委託事業者に対し，命令という処分に至る前に，その行為の自発的是正を促し，その是正の機会を付与するという，行政指導の一環たる勧告をすることができる権限を規定するものである。

　なお，法23条の「第2　条文解説」のとおり，本条に規定する厚生労働大臣の勧告権限は都道府県労働局長に委任されるため（法23条，厚労省関係法施行規則8条），実際の権限行使は都道府県労働局長（より具体的には都道府県労働局雇用環境・均等部（室））により行われることとなる。

第2　条文解説

　厚生労働大臣（都道府県労働局長）は，特定業務委託事業者による法12条（募集情報の的確な表示），法14条（業務委託に関して行われる言動に起因する問題に関して講ずべき措置等），法16条（解除等の予告）又は法17条（申出等）3項において準用する法6条（申出等）3項の規定に違反する行為があったと認めるときは，当該特定業務委託事業者に対し，その違反を是正し，又は防止

302　第 3 章　特定受託業務従事者の就業環境の整備

するために必要な措置をとるべきことを勧告することができる。なお，法13条
（妊娠，出産若しくは育児又は介護に対する配慮）の違反については，本条に
基づく勧告の対象とされていない。

　「必要な措置」については，各義務違反の解消のほか，同様の行為を行わな
いという一定の不作為や再発防止措置が想定される。

　勧告は行政指導（任意の協力を求めるもの）の一環であるが[81]，勧告に従わ
ない場合には，法19条に基づく命令や公表が予定されている。

第3　実務対応

1　勧告の取扱い

　本法の勧告の取扱いの詳細は今後の事案の集積を待つこととなるが，都道府
県労働局における均等法や労推法に係る勧告の実務を参考にすると，本法にお
いて想定される勧告の取扱いは下表の手順と同様と考えられる。

　均等法や労推法を所管している都道府県労働局雇用環境・均等部（室）にお
いては，均等法や労推法違反があった場合，基本的には，下表の手順を踏んで，
行政指導が行われることとなる[82]。一方，法違反ではないものの，不適切な取
扱いがあるなど改善が望ましい場合には，基本的に助言（口頭）[83]のみが行わ

---

[81]　そのため，勧告自体は行政処分ではなく，行政手続法第 3 章の不利益処分に係る手続の対象には
　　ならず，また，行政不服審査法に基づく審査請求や行政事件訴訟法に基づく取消訴訟の対象にはな
　　らない。他方で，行政手続法第 4 章の行政指導に係る規定の適用はある。

[82]　法令上は助言，指導，勧告という手順を踏むことが定められているわけではなく，実務運用上そ
　　のような対応がなされている。

[83]　なお，均等法違反の場合の「助言」は均等法29条に基づくものであるが（本法における本条に相
　　当），均等法違反ではない場合の「助言」は事業主の自主的な取組を促すためのものであり，均等
　　法14条に基づくものと考えられる（「改正雇用の分野における男女の均等な機会及び待遇の確保等
　　に関する法律の施行について」（平成18年10月11日雇児発第1011002号：最終改正令和 2 年 2 月10日
　　雇均発0210第 2 号）第 4 の 3 参照。なお，本法に均等法14条に相当する規定はない）。また，育介
　　法も同様の構造である（育介法56条，30条，「育児休業，介護休業等育児又は家族介護を行う労働
　　者の福祉に関する法律の施行について」（平成28年職発0802第 1 号：最終改正令和 5 年 4 月28日雇
　　均発0428第 3 号）第10の 1 (4)参照）。

助言（口頭）	軽微な法違反の場合において，労働局への呼び出し，担当官の事業所訪問，電話等により，法違反の是正について助言を行う[84]。
指導（指導書）	法違反により被害が生じ，又は生じ得る状況にある場合や，助言を受けたにもかかわらず，法違反の是正が行われない場合は，指導書を交付し，一定期日までに法違反を是正の上で是正報告書を提出するよう指導を行う。
勧告（勧告書）	指導書が交付された後，一定期日までに是正されない場合（是正報告書が提出されない場合）は，勧告書を交付し，一定期日までに法違反を是正の上で是正報告書を提出するよう勧告を行う。

れる。

2　勧告に対する対応

前記第2のとおり，本条による勧告に従わない場合には，法19条に基づく命令や公表に移行する可能性があるから[85]，特定業務委託事業者が勧告を受けた場合，速やかに当該勧告に係る措置をとることが肝要である。

特に，法22条に基づく助言・指導ではなく，本条に基づく勧告に至っているということは，法22条に基づく助言・指導に従っていないケースが想定されることから，少なくとも勧告を受けた場合には，公表や命令を回避するためにも，都道府県労働局に是正を求められた具体的事項に対し，真摯に向き合って速やかに是正を行い，都道府県労働局にその報告を行うべきである。

84　なお，助言（口頭）の場合も，書面により是正を確認する必要のある事項については是正報告書を提出させる。

85　なお，公正取引委員会の「特定受託事業者に係る取引の適正化等に関する法律第2章違反事件に係る公正取引委員会の対応について」（令和6年10月1日）において，公正取引委員会は，第2章違反に係る勧告を行った場合，「事業者名」，「違反事実の概要」，「勧告の概要」等を公表するとしている。厚生労働大臣（都道府県労働局長）が第3章違反について同様の運用を行うかは不透明であるが，行政実務運用の横並びの観点から，第3章違反についても同様の運用が行われる可能性も否定できない。仮に，勧告に伴って公表がなされた場合には，これにより事業者に与える影響が大きい以上，平時より，本法の違反が生じないよう社内の法遵守体制を徹底するとともに，法22条に基づく指導・助言が行われた場合は，厚生労働省大臣（都道府県労働局長）に是正を求められた具体的事項に対し，真摯に向き合って速やかに是正・改善を行うなど，勧告に至らないような対応を心掛ける必要がある。

304 第3章 特定受託業務従事者の就業環境の整備

（命令等）

第十九条 厚生労働大臣は，前条の規定による勧告（第十四条に係るものを除く。）を受けた者が，正当な理由がなく，当該勧告に係る措置をとらなかったときは，当該勧告を受けた者に対し，当該勧告に係る措置をとるべきことを命ずることができる。

2 厚生労働大臣は，前項の規定による命令をした場合には，その旨を公表することができる。

3 厚生労働大臣は，前条の規定による勧告（第十四条に係るものに限る。）を受けた者が，正当な理由がなく，当該勧告に係る措置をとらなかったときは，その旨を公表することができる。

第1 本条の趣旨

　本条は，特定受託業務従事者の就業環境の整備を図るため，厚生労働大臣が，正当な理由なく，法18条に基づく勧告（法14条の規定に違反する行為に係るものを除く）について，正当な理由がなく勧告に係る措置をとらなかった特定業務委託事業者に対し，当該勧告に係る措置をとるべき旨の命令を行うとともに（本条1項），命令した旨を公表できること（本条2項），また，特定業務委託事業者が，法18条に基づく勧告（法14条の規定に違反する行為に係るものに限る）について，正当な理由がなく勧告に係る措置をとらなかった場合，その旨を公表できることを規定するもの（本条3項）である。

　なお，法23条の「第2 条文解説」のとおり，本条に規定する厚生労働大臣の命令・公表権限は都道府県労働局長に委任されるため（法23条，厚労省関係法施行規則8条），実際の権限行使は都道府県労働局長（より具体的には都道府県労働局雇用環境・均等部（室））により行われることとなる。

　また，法9条に基づく公正取引委員会による命令については，公取委関係法施行規則7条から9条に送達や更正決定に関する規定が定められているが，本

第19条（命令等）　305

条に基づく厚生労働大臣の命令については，厚労省関係法施行規則にそのような規定は置かれていない。

第2　条文解説

1　「前条の規定による勧告（第十四条に係るものを除く。）を受けた者」（法19条1項）

　法18条に基づく勧告を受けた特定業務委託事業者を指すが，本条1項の命令の対象となる「勧告」から法14条（業務委託に関して行われる言動に起因する問題に関して講ずべき措置等）が除かれている。これは，法12条（募集情報の的確な表示），16条（解除等の予告），17条（申出等）3項が作為義務及び遵守事項を課す行為規範であるのに対し，法14条が特定業務委託事業者における就業環境の整備という企業内部の事項に関する義務を課すものであること等から，あくまで勧告による自主的な整備を行わせることが適当であり，命令という行政処分で強制することには馴染まないためであると解される。もっとも，後記5のとおり，法14条について，勧告に係る措置をとらなかったときは，本条3項による公表が予定されている。

2　「正当な理由がなく」（法19条1項）

　「正当な理由」か否かは，特定受託事業者の就業環境の整備等の観点から判断されるものと解される。

　この点につき，法9条の「正当な理由」と異なり[86]，法12条（募集情報の的確な表示），法16条（解除等の予告），法17条（申出等）3項については，現在の違反の是正よりも，将来の違反の防止に必要な措置（すなわち法違反が生じ

86　法9条の「正当な理由」としては，例えば，報酬代金の減額の事案で，減額相当額の支払を勧告した場合について，特定受託事業者が特定業務委託事業者に誤った口座番号を伝えていたため，特定業務委託事業者が減額相当額の振込みをできなかった場合等が考えられる。

306 第3章 特定受託業務従事者の就業環境の整備

ないよう体制整備すること）を勧告されることが多いと考えられる。そのため，就業環境の整備等の観点から，その体制整備を行わないことを正当化する理由は基本的に想定しにくいといえる（少なくとも経営上難しいであるとか，事業運営上難しいといった理由のみでは足りないといえる）。

3 「勧告に係る措置をとらなかったとき」（法19条1項）

「勧告に係る措置をとらなかったとき」とは，勧告に係る措置の実施を拒んだ場合や，措置の実施をいったんは応諾したとしても，厚生労働大臣（都道府県労働局長）において相当と認める一定期間内に当該措置が実施されず，又は実施することにつき誠意が見られなかった場合をいうと解される。換言すれば，勧告前と勧告後一定期間経過後も何ら状況に変化が認められない場合が挙げられる。

「勧告に係る措置をとらなかったとき」の判断については，ある程度の柔軟性は認められると解され，是正に向けた努力をしている場合には，是正に向けた取組みのためやむを得ないと認められる期間は猶予し，当該期間を経過してもなお是正されないときには，誠意がみられなかったとして命令・公表の対象になると考えられる。このように，厚生労働大臣（都道府県労働局長）には，「勧告に係る措置をとらなかったとき」に当たるかどうかの判断において，いわゆる要件裁量が与えられていると解される。

4 「当該勧告に係る措置をとるべきことを命ずることができる」（法19条1項）

行政処分として，勧告に係る措置を命じることができることを意味する。

条文上「できる」という文言をもって定められているため，厚生労働大臣（都道府県労働局長）においては，勧告に係る措置を命じるか否かについて，いわゆる効果裁量（命令を行うか否かの裁量）が与えられていると解される。そのため，前記3の「勧告に係る措置をとらなかったとき」に該当すると判断したとしても，各事案の具体的な事情を踏まえ，勧告に係る措置を命じないと

第19条（命令等）　307

いう判断を行うことも可能である。すなわち，「勧告に係る措置をとらなかったとき」に該当したとしても，過去の法違反や勧告への対応状況，事案の軽重等を踏まえ，今回の勧告との関係では，その勧告に係る措置を命じないという裁量判断を行うことも理論上は可能である。

　なお，本条1項に基づく命令は行政処分（行政手続法2条2号・4号の「不利益処分」，行政不服審査法1条2項の「処分」，行政事件訴訟法3条2項の「処分」）であるため，行政手続法第3章の不利益処分に係る手続の対象になるほか，行政不服審査法に基づく審査請求や行政不服審査法に基づく審査請求や行政事件訴訟法に基づく取消訴訟の対象になる。また，行政不服審査法82条や行政事件訴訟法46条に基づき，審査請求や取消訴訟を行うことができる旨，審査請求すべき行政庁や被告とすべき者，審査請求期間・出訴期間の教示が行われる（行政実務においては，書面で処分を通知する際に，その書面に行政不服審査法82条及び行政事件訴訟法46条に基づく教示文を記載することが一般的である）。

5 「前項の規定による命令をした場合には，その旨を公表することができる」（法19条2項）

　公表の方法については，本条において特に定められていないが，厚生労働省（都道府県労働局）において，官報掲載のほか，ホームページや新聞等に掲載をすることが考えられる。

　なお，本条1項に基づく命令と同様，条文上「できる」という文言をもって定められているため，厚生労働大臣（都道府県労働局長）には，公表を行うか否かについて，いわゆる効果裁量（公表を行うか否かの裁量）が与えられていると解される。公表は，一種の社会的制裁を加えるものであって，事業者の社会的信用に関わる問題となることから，その不利益性の大きさ（レピュテーションリスク）を踏まえると，厚生労働大臣（都道府県労働局長）の裁量判断は慎重になされるべきであると考えられる。仮に公表がなされた場合，事業者側としては，この公表の違法性について国家賠償請求等で争うこともあり得る

308　第3章　特定受託業務従事者の就業環境の整備

が，行政訴訟実務においては，基本的には，国の権限行使に係る裁量判断は広く解されており，社会観念上著しく妥当性を欠き，裁量権を逸脱・濫用したと認められる場合に限り，国家賠償法上違法であると評価されるため，実際に国家賠償請求訴訟において公表の違法性が認められるケースは極めて限定的であると考えられる。なお，公表に係る裁量権を逸脱・濫用したか否かは，個別具体的な事案にもよるが，公表の必要性，公表内容やその内容が公表されることによる違反事業者の不利益，義務違反の程度や悪質性，過去の法違反や勧告への対応状況，事案の軽重等を考慮し，公表に係る裁量権を逸脱・濫用したか否かが判断されるものと解される。

6　「勧告（第十四条に係るものに限る。）を受けた者が，正当な理由がなく，その勧告に係る措置をとらなかったときは，その旨を公表することができる」（法19条3項）

　「勧告に係る措置をとらなかったとき」に関する考え方については前記3，公表の方法や公表を行うか否かの厚生労働大臣（都道府県労働局長）の裁量については前記5と同様である。

第3 実務対応

　万が一，本条に基づく公表がなされた場合の特定業務委託事業者の不利益の大きさ（レピュテーションリスク）に鑑みれば，法18条の「第3　実務対応」においても解説したとおり，特定業務委託事業者が勧告を受けた場合，速やかに当該勧告に係る措置をとることにより，厚生労働大臣（都道府県労働局長）による命令や公表といったステップに移行されないように対応することが肝要である（いったん公表されてしまうと，そのレピュテーションを回復するのは容易ではないため，命令や公表を回避するに越したことはない）。

（報告及び検査）

第二十条　厚生労働大臣は，第十八条（第十四条に係る部分を除く。）及び前条第一項の規定の施行に必要な限度において，特定業務委託事業者，特定受託事業者その他の関係者に対し，業務委託に関し報告をさせ，又はその職員に，これらの者の事務所その他の事業場に立ち入り，帳簿書類その他の物件を検査させることができる。

2　厚生労働大臣は，第十八条（第十四条に係る部分に限る。）及び前条第三項の規定の施行に必要な限度において，特定業務委託事業者に対し，業務委託に関し報告を求めることができる。

3　第十一条第三項及び第四項の規定は，第一項の規定による立入検査について準用する。

第1　本条の趣旨

　本条は，厚生労働大臣が，法18条に基づく勧告（法14条の規定に違反する行為に係るものを除く）及び法19条1項に基づく命令に必要な限度で，特定業務委託事業者，特定受託事業者その他の関係者に対して立入検査及び報告徴収を行うことができること（1項），法18条に基づく勧告（法14条の規定に違反する行為に係るものに限る）及び法19条3項に基づく公表に必要な限度で，特定業務委託事業者に対して報告徴収を行うことができること（2項），また，1項の立入検査に法11条3項及び4項の規定を準用すること（3項）を規定するものである。

　本条1項は，法14条以外の規定への違反について，勧告や命令の権限を行使するにあたっては，関係者全体の調査からその裏付けとなる証拠を取得すべきであるため，特定業務委託事業者，特定受託事業者その他の関係者の事務所などに立ち入り，帳簿や取引記録等の関連資料を調べる必要があるが，これらの者が任意調査に応じるとは限らないため，報告徴収及び立入検査といった行政

310 第3章 特定受託業務従事者の就業環境の整備

調査に関する権限を規定したものである。

　本条2項は，法14条の規定への違反について，命令という私人の権利制約を伴う処分が予定されていないため，処分の履行確保に行われるべき立入検査の権限までは規定していない。もっとも，勧告や公表の権限を行使するにあたって，裏付けとなる証拠が必要となるため，罰金（刑事罰）より緩やかな手段である過料（行政罰）による担保を予定した報告徴収の権限を規定したものである。

　本条3項は，本条1項に基づく厚生労働大臣による立入検査について，中小企業庁及び公正取引委員会による立入検査に係る身分証明書の携帯・提示や犯罪捜査のためのものと解釈してはならない旨の規定を準用するものである。

　なお，法23条の「第2　条文解説」のとおり，本条1項・2項に規定する厚生労働大臣の報告徴収・立入検査に係る権限は都道府県労働局長に委任されるため（法23条，厚労省関係法施行規則8条），実際の権限行使は都道府県労働局長（より具体的には都道府県労働局雇用環境・均等部（室））により行われることとなる。

第2 │ 条文解説

1 「規定の施行に必要な限度において」（法20条1項・2項）

　厚生労働大臣（都道府県労働局長）が報告徴収及び立入検査を行い得る範囲を明らかにするものである。

　具体的には，本条1項の報告徴収及び立入検査との関係では，法12条（募集情報の的確な表示），法16条（解除等の予告）又は法17条（申出等）3項において準用する法6条（申出等）3項に係る勧告（法18条）と命令（法19条1項）のため，本条2項の報告徴収との関係では，法14条（業務委託に関して行われる言動に起因する問題に関して講ずべき措置等）に係る勧告（法18条）と公表（法19条3項）のため，各規定の違反行為の認定やその裏付けを行う限度で許容

されるものと解される。

2 「特定業務委託事業者，特定受託事業者その他の関係者」（法20条1項）

⑴ 「特定業務委託事業者，特定受託事業者」

法11条の「第2 条文解説」を参照されたい。

⑵ 「その他の関係者」

法11条の「第2 条文解説」のとおり，「その他の関係者」には，特定業務委託事業者に代わって支払代行や役務提供の履行確認等を行う事業者や，特定業務委託事業者の取引先等が含まれると解される。本条においてより具体的に考えると，例えば，募集情報の的確な表示義務の履行確保に当たり，特定業務委託事業者が求人サイトを運営する事業者等の第三者に募集情報を提供して特定受託事業者の募集を行う場合等には，特定業務委託事業者から募集情報を提供された第三者など，特定業務委託事業者の取引先についても，「その他の関係者」に当たると考えられる。

もっとも，特定業務委託事業者の取引先は，特定業務委託事業者と特定受託事業者の取引については関知しておらず，調査への協力は負担となる場合がある。また，一般に，この取引先は，特定業務委託事業者に寄った立場にあり，特定業務委託事業者との取引関係を維持するため，調査に協力しない可能性もあることから，調査権限を行使して取引に関連する事実を把握し，もって厳正な執行を図るという観点から，「その他の関係者」に対する報告徴収等の権限が定められていると考えられる。

3 「報告」（法20条1項・2項），「事務所その他の事業場に立ち入り，帳簿書類その他の物件を検査させる」（法20条1項）

報告徴収と立入検査の内容については，法11条の「第2 条文解説」を参照されたい。

312　第3章　特定受託業務従事者の就業環境の整備

4 「第十一条第三項及び第四項の規定は，第一項の規定による立入検査について準用する」（法20条3項）

　本条1項に基づく立入検査については，公正取引委員会及び中小企業庁長官の立入検査時の身分証明書の携帯・提示に関する規定（法11条3項）と「犯罪捜査のために認められたものと解釈してはならない」という規定（同条4項）が準用されている。法11条3項・4項については，法11条の「第2 条文解説」を参照されたい。

　なお，身分証明書の様式については，厚労省関係法施行規則7条に以下のとおり定められている。

◆厚労省関係法施行規則

（立入検査の身分証明書）
第七条　法第二十条第三項において準用する法第十一条第三項に規定する職員の身分を示す証明書は，別記様式によるものとする。

　この「別記様式」のサンプルは次頁のとおりである。

5 罰則

　本条の調査権限は，これに従わない場合には刑罰を科す間接強制の方法により，その権限行使の実効性を担保している。

　具体的には，本条1項に基づき，厚生労働大臣（都道府県労働局長）が報告を求めたにもかかわらず報告をせず若しくは虚偽の報告をした者，又は立入検査を拒否，妨害，忌避した者に対しては，50万円以下の罰金が規定されている（法24条2号）。この罰則には両罰規定があり，上記の者（行為者）のほか，特定業務委託事業者自身にも同じく50万円以下の罰金（刑事罰）が規定されている（法25条）。

　また，本条2項に基づき，厚生労働大臣（都道府県労働局長）が報告を求め

第20条（報告及び検査）　313

別記様式（表面）

（日本産業規格B列8）

第　　　　号

立入検査証

官　職
氏　名

年　　月　　日生

（写真）

上記の者は、特定受託事業者に係る取引の適正化等に関する法律第20
条第1項の規定により立入検査をする職員であることを証明する。

年　　月　　日

厚生労働大臣又は都道府県労働局長　㊞

別記様式（裏面）

（日本産業規格B列8）

特定受託事業者の取引の適正化等に関する法律（抄）

（報告及び検査）

第11条　中小企業庁長官は、第7条の規定の施行に必要な限度において、業務委託事業者、特定業務委託事業者、特定受託事業者その他の関係者に対し、業務委託に関し報告をさせ、又はその職員に、これらの者の事務所その他の事業場に立ち入り、帳簿書類その他の物件を検査させることができる。

2　公正取引委員会は、第8条及び第9条第1項の規定の施行に必要な限度において、業務委託事業者、特定業務委託事業者、特定受託事業者その他の関係者に対し、業務委託に関し報告をさせ、又はその職員に、これらの者の事務所その他の事業場に立ち入り、帳簿書類その他の物件を検査させることができる。

3　前2項の規定により職員が立ち入るときは、その身分を示す証明書を携帯し、関係人に提示しなければならない。

4　第1項及び第2項の規定による立入検査の権限は、犯罪捜査のために認められたものと解釈してはならない。

（報告及び検査）

第20条　厚生労働大臣は、第18条（第14条に係る部分を除く。）及び前条第1項の規定の施行に必要な限度において、特定業務委託事業者、特定受託事業者その他の関係者に対し、業務委託に関し報告をさせ、又はその職員に、これらの者の事務所その他の事業場に立ち入り、帳簿書類その他の物件を検査させることができる。

2　厚生労働大臣は、第18条（第14条に係る部分に限る。）及び前条第3項の規定の施行に必要な限度において、特定業務委託事業者に対し、業務委託に関し報告を求めることができる。

3　第11条第3項及び第4項の規定は、第1項の規定による立入検査について準用する。

（厚生労働大臣の権限の委任）

第23条　この法律に定める厚生労働大臣の権限は、厚生労働省令で定めるところにより、その一部を都道府県労働局長に委任することができる。

第24条　次の各号のいずれかに該当する場合には、当該違反行為をした者は、50万円以下の罰金に処する。

一　（略）

二　第11条第1項若しくは第2項又は第20条第1項の規定による報告をせず、若しくは虚偽の報告をし、又はこれらの規定による検査を拒み、妨げ、若しくは忌避したとき。

第25条　法人の代表者又は法人若しくは人の代理人、使用人その他の従業者が、その法人又は人の業務に関し、前条の違反行為をしたときは、行為者を罰するほか、その法人又は人に対して同条の刑を科する。

厚生労働省関係特定受託事業者の取引の適正化等に関する法律施行規則（抄）

（権限の委任）

第8条　法第17条第2項、第18条、第19条、第20条第1項及び第2項並びに第22条に規定する厚生労働大臣の権限は、厚生労働大臣が全国的に重要であると認めた事案に係るものを除き、特定業務委託事業者の事業所の所在地を管轄する都道府県労働局の長が行うものとする。

314　第3章　特定受託業務従事者の就業環境の整備

たにもかかわらず報告をせず若しくは虚偽の報告をした者に対して，20万円以下の過料（行政罰）が規定されている（法26条）。

第3 │ 実務対応

1　報告徴収にあたっての留意点

(1)　事実関係を確認した上で回答すること

　前記第2の5のとおり，本条1項の規定に基づく報告徴収において，虚偽の回答をした場合には，罰則の対象となり（法24条2号，25条），また，本条2項の規定に基づく報告徴収において，虚偽の回答をした場合には，過料の対象となる（法26条）。

　そのため，法務担当者から取引内容を把握している現場担当者（営業担当者，調達担当者等）に照会して情報を収集する際，現場担当者の誤った判断によって虚偽の報告がなされないように，事実をありのままに報告することを全社的に周知徹底する必要がある。

(2)　本法を正確に理解した上で回答すること

　都道府県労働局の報告徴収においては，事前にヒアリング票により書面回答させる場合がある。実際に質問に回答する際の留意点であるが，例えば，質問に対する回答に，「ある」又は「ない」といった二者択一の選択肢しか用意されていない場合において，「ある」又は「ない」といった回答だけ見れば違反行為が疑われる場合であっても，個別事情を踏まえれば本法違反とならない場合も多々ある。そのような場合には，選択肢に回答した上で，備考欄や別紙にて別途補足説明を記載することが考えられる。また，選択式のみならず，記述欄に文章を記載する形での回答を求められるケースもあり得る。

　もっとも，補足説明の要否やその内容，記述欄に記載する文章の内容を検討するにあたっては，本法についての一定の知識及び当該知識に基づいた法的評

第20条（報告及び検査）　315

価が必要である。

　このような場合には，社内だけで内容を検討し，回答することに固執せず，外部の弁護士に相談した上で，回答内容を決定することも検討する必要がある。

(3)　情報の一元化

　書面回答にあたっては，実際に取引内容を把握している現場担当者から吸い上げた情報を一元化した方が，回答内容を検討しやすい。したがって，日頃から特定受託事業者との間の取引情報を一元管理していることが望ましい。

　なお，都道府県労働局の報告徴収においては，事前にヒアリング票により書面回答させた上で，都道府県労働局の庁舎に呼び出したり，都道府県労働局の担当官が事業場に訪問してヒアリングを行うことがあるため，回答内容は，回答後一定期間は法務部や回答責任者の管理の下で保存しておくことが望ましい。

2　立入検査にあたっての留意点

　都道府県労働局による立入検査[87]が行われる場合，担当者への事情聴取や関係書類の確認がなされる。立入検査に際しては，基本的に，都道府県労働局から事業場に事前に連絡が入ると思われるため，事前に指定された関係書類の準備とともに，法12条から法14条，法16条に関し，社内での遵守体制や関係書類の精査（その結果，指摘され得ると思われる点の有無及び内容の事前把握）を行うことが肝要である。

---

[87]　なお，一般的には，対象事業者から事件調査に対する協力が得られることが多いことから，特に権限行使の必要がある場合を除いては，本条に基づく間接強制力を伴う立入検査ではなく，対象事業者の任意の協力を得て行われることになるものと考えられる。

第4章

雑　則

> （特定受託事業者からの相談対応に係る体制の整備）
> 第二十一条　国は，特定受託事業者に係る取引の適正化及び特定受託業務従事者
> 　の就業環境の整備に資するよう，特定受託事業者からの相談に応じ，適切に対
> 　応するために必要な体制の整備その他の必要な措置を講ずるものとする。

　本条は，国が，法の目的である特定受託事業者に係る取引の適正化及び特定
受託業務従事者の就業環境の整備に資するよう，特定受託事業者からの相談に
応じ，適切に対応するために必要な体制の整備その他の必要な措置を講ずるこ
とを定めたものである。

　現在，特定受託事業者からの契約・仕事上のトラブルに関する相談に対応す
るため，内閣官房・公正取引委員会・厚生労働省・中小企業庁の連携の下，厚
生労働省の委託事業として「フリーランス・トラブル110番」（運営事業者：第
二東京弁護士会）が設けられており，電話やメール，面談等による相談を受け
付けているところであり，本法施行後も，本条に基づき，相談体制の強化を行
うこと等が想定される。具体的には，法施行後の相談件数の増加に対応できる
よう，「フリーランス・トラブル110番」に関して法施行に向けた相談体制の整
備を図るとともに，違反行為を受けた特定受託事業者が行政機関の対応を希望
する場合には，「フリーランス・トラブル110番」での相談から公正取引委員会，
中小企業庁，厚生労働省の窓口への申告に円滑につなげられるような体制整備
を行うことに加え，公正取引委員会，中小企業庁及び厚生労働省において今後
必要な人員及び体制の確保を行うといったことが想定されている[1]。

1　第211回国会参議院内閣委員会第12号（令和5年4月27日）政府参考人の宮本悦子（内閣官房新
　しい資本主義実現本部事務局フリーランス取引適正化法制準備室次長兼厚生労働省大臣官房審議
　官）の答弁

> （指導及び助言）
> 第二十二条　公正取引委員会及び中小企業庁長官並びに厚生労働大臣は，この法律の施行に関し必要があると認めるときは，業務委託事業者に対し，指導及び助言をすることができる。

第1　本条の趣旨

　本条は，本法の目的を達成するため，公正取引委員会及び中小企業庁長官並びに厚生労働大臣が，業務委託事業者に対し，その任意の協力を求めるものとして，「行政指導」（行政手続法2条6号）たる指導・助言をすることができる旨を規定するものである。

　本法においては，勧告（法8条，18条）や命令（法9条，19条）が予定される義務以外にも，勧告・命令がいずれも予定されていない義務（法13条）や指針で示した取扱いも存在しており，これらについて行政官庁が何らの措置も行えないとなると，業務委託事業者においていかなる遵守行動も行わないことも想定されるため，このような不遵守行動を一定程度抑止するために，行政指導たる勧告（命令・公表につながり得るもの）とは別に，同じく行政指導たる指導・助言を定めたものであると考えられる。

第2　条文解説

1　「この法律の施行に関し必要があると認めるときは」

　「この法律の施行に関し必要があると認めるとき」とは，法によって具体的に事業主の責務とされた事項について，当該責務が十分に遂行されていないと考えられる場合において，当該責務の遂行を促すことが法の目的に照らし必要であると認められるとき等をいうものと解される[2]。

318 第4章 雑 則

2 「業務委託事業者に対し」

本条に基づく指導及び助言の対象は「業務委託事業者」である。

なお，「特定業務委託事業者」以外の業務委託事業者については，法3条（特定受託事業者の給付の内容その他の事項の明示等）及び法6条3項（不利益取扱いの禁止）のみが適用されることとなるため，本条に基づく「特定業務委託事業者」以外の業務委託事業者への指導及び助言は，法3条及び法6条3項の施行に関し必要があると認められる場合に限られる。

3 「指導及び助言」

本法における「指導及び助言」は，行政処分ではなく，行政手続法2条6項で規定される「行政指導」（行政機関がその任務又は所掌事務の範囲内において一定の行政目的を実現するため特定の者に一定の作為又は不作為を求める指導，勧告，助言その他の行為であって処分に該当しないものをいう）であり，あくまで対象事業者の任意の協力を求めるものである[3]。

なお，同じく「行政指導」である勧告は，これに従わなかった場合には法9条及び法19条に基づく命令・公表が予定されているが，本条に基づく指導又は助言に従わなかったからといって，法9条及び法19条に基づく命令・公表がなされるものではない。もっとも，公正取引委員会の「特定受託事業者に係る取引の適正化等に関する法律第2章違反事件に係る公正取引委員会の対応について」（令和6年10月1日）によれば，公正取引委員会は，法第2章に関し，本

2　例えば，均等法29条1項や育介法56条に基づく助言，指導及び勧告における「この法律の施行に関し必要があると認めるとき」も同様に解されている（「改正雇用の分野における男女の均等な機会及び待遇の確保等に関する法律の施行について」（平成18年10月11日雇児発第1011002号：最終改正令和2年2月10日雇均発0210第2号）第7の2⑶「育児休業，介護休業等育児又は家族介護を行う労働者の福祉に関する法律の施行について」（平成28年職発0802第1号：最終改正令和5年4月28日雇均発0428第3号）第14の2⑶）。

3　このように，指導・助言は行政処分ではなく，行政手続法第3章の不利益処分に係る手続の対象にはならず，また，行政不服審査法に基づく審査請求や行政事件訴訟法に基づく取消訴訟の対象にはならない。他方で，行政手続法第4章の行政指導に係る規定の適用はある。

第22条（指導及び助言）　319

法の運用状況等を公表する場合等において，必要に応じて，指導等の概要等を公表することがあるとされている。

第3　実務対応

1　指導・助言の取扱い

本法の指導・助言の取扱いの詳細は今後の事案集積を待つこととなるが，公正取引委員会・中小企業庁における下請法に係る行政指導や都道府県労働局における均等法や労推法に係る行政指導の実務を参考にすると，本法において想定される指導・助言の取扱いは以下のとおりと考えられる。

⑴　公正取引委員会・中小企業庁

法8条の「第3　実務対応」で述べたとおり，下請法違反の場合，次表のように，下請事業者が受ける不利益の軽重や違反行為を繰り返しているか否か等により，指導又は勧告が選択される運用となっており，指導に従わない場合に勧告がなされるというものではない[4]。

指導は書面で行われ，指導を受けた者は，違反行為の改善，下請事業者が被った不利益の回復等の措置を講じ，その結果の報告（改善報告書の提出）を公正取引委員会から求められることとなる。

指導	法違反があるが，勧告に至らないケースについて，違反行為の概要等が記載された書面を交付し，原則として公表はしないが，改善措置を講じることを求める。
勧告	法違反があり，下請事業者が受ける不利益が重大である場合等に書面で行われ，「事業者名」，「違反事実の概要」，「勧告の概要」等を公表する。また，改善措置を講じることを求める。

4　なお，下請法においては，「指導」に関する規定はなく，「勧告」に関する規定があるのみであり，指導は運用上行政指導として行われている。また，都道府県労働局の行政指導とは異なり，「助言」という位置付けの行政指導は行われていない。

320 第4章 雑 則

(2) 都道府県労働局

法18条の「第3 実務対応」で述べたとおり，均等法や労推法を所管している都道府県労働局雇用環境・均等部（室）においては，均等法や労推法違反があった場合，基本的には，下表の手順を踏んで，行政指導が行われることとなる[5]。一方，法違反ではないものの，不適切な取扱いがあるなど改善が望ましい場合には，基本的には助言（口頭）[6]のみが行われる。

助言（口頭）	軽微な法違反の場合において，労働局への呼び出し，担当官の事業所訪問，電話等により，法違反の是正について助言を行う[7]。
指導（指導書）	法違反により被害が生じ，又は生じ得る状況にある場合や，助言を受けたにもかかわらず，法違反の是正が行われない場合は，指導書を交付し，一定期日までに法違反を是正の上で是正報告書を提出するよう指導を行う。
勧告（勧告書）	指導書が交付された後，一定期日までに是正されない場合（是正報告書が提出されない場合）は，勧告書を交付し，一定期日までに法違反を是正の上で是正報告書を提出するよう勧告を行う。

2　指導・助言に対する対応

前記第2の3のとおり，本条に基づく指導・助言は，あくまで行政指導として行われるものにすぎず，これに従う法的義務が存するものではないし，また，

5　法令上は助言，指導，勧告という手順を踏むことが定められているわけではなく，実務運用上そのような対応がなされている。

6　なお，均等法違反の場合の「助言」は均等法29条に基づくものであるが（本法における本条に相当），均等法違反ではない場合の「助言」は事業主の自主的な取組を促すためのものであり，均等法14条に基づくものと考えられる（「改正雇用の分野における男女の均等な機会及び待遇の確保等に関する法律の施行について」（平成18年10月11日雇児発第1011002号：最終改正令和2年2月10日雇均発0210第2号）第4の3参照。なお，本法に均等法14条に相当する規定はない）。また，育介法も同様の構造である（育介法56条，30条，「育児休業，介護休業等育児又は家族介護を行う労働者の福祉に関する法律の施行について」（平成28年職発0802第1号：最終改正令和5年4月28日雇均発0428第3号）第10の1(4)参照）。

7　なお，助言（口頭）の場合も，書面により是正を確認する必要のある事項については是正報告書を提出させる。

指導・助言に従わないとしても，そのことのみで命令がなされるものでもない。

　もっとも，法違反があり，本条に基づく指導又は助言を受けたにもかかわらず，その状態を是正しなかったり，当局に是正に関する報告書を提出しない場合，勧告に移行する可能性があるため[8]，本条に基づく指導又は助言を受けた場合には，速やかに対応するべきである。

　その際，実際に是正をするにあたっては，指導・助言を行った当局に相談しながら進める形で差し支えない。重要なのは，当局に是正を求められた具体的事項に対し，真摯に向き合って速やかに是正を行い，当局にその是正の報告を行うことで，当局において，疑いなく「是正済み」であると思ってもらえるような対応をすることである。

8　公正取引委員会の「特定受託事業者に係る取引の適正化等に関する法律第2章違反事件に係る公正取引委員会の対応について」（令和6年10月1日）においては，公正取引委員会は，法第2章の規定違反に係る勧告を行った場合，「事業者名」，「違反事実の概要」，「勧告の概要」等を公表するとしているため，勧告の段階で企業名公表に至ってしまうことには留意が必要である。

322 第4章 雑 則

> （厚生労働大臣の権限の委任）
> 第二十三条　この法律に定める厚生労働大臣の権限は，厚生労働省令で定めると
> 　　ころにより，その一部を都道府県労働局長に委任することができる。

第1 本条の趣旨

　本条は，本法の規定により厚生労働大臣に付与された権限について，厚生労働省の地方支分部局の長である都道府県労働局長に委任することができることとするものである。

第2 条文解説

　本条が委任する厚生労働省令として，厚労省関係法施行規則8条において，以下のとおり定められている。

◆厚労省関係法施行規則

> （権限の委任）
> 第八条　法第十七条第二項，第十八条，第十九条，第二十条第一項及び第二項並びに第二十二条に規定する厚生労働大臣の権限は，厚生労働大臣が全国的に重要であると認めた事案に係るものを除き，特定業務委託事業者の事業所の所在地を管轄する都道府県労働局の長が行うものとする。

　このように，本条により，法17条（申出等）2項，法18条（勧告），法19条（命令等），法20条（報告及び検査）1項・2項，法22条（指導及び助言）に規定する厚生労働大臣の権限が都道府県労働局長に委任されることになり，実際の権限行使は都道府県労働局長により行われることとなる。なお，具体的な事務の実施は，都道府県労働局雇用環境・均等部（室）が所掌することとされて

いる（厚生労働省組織規則（厚労省関係法施行規則8条）760条の2第13号，760条の3，776条，776条の3第9号）。労働基準監督署又は公共職業安定所において行うことは想定されていない。

◆厚生労働省組織規則

（雇用環境・均等部の所掌事務）
第七百六十条の二　雇用環境・均等部は，次に掲げる事務をつかさどる。
　一〜十二　（略）
十三　在宅就労その他の多様な就業形態を選択する者に係る対策に関すること。
　十四〜十七　（略）

（雇用環境・均等室の所掌事務）
第七百六十条の三　雇用環境・均等室は，前条に規定する事務をつかさどる。

（雇用環境・均等部に置く課）
第七百七十六条　雇用環境・均等部に，次に掲げる課を置く。
　　企画課
　　指導課

（指導課の所掌事務）
第七百七十六条の三　指導課は，次に掲げる事務をつかさどる。
　一〜八　（略）
　九　在宅就労その他の多様な就業形態を選択する者に係る対策に関する事務の
　　実施に関すること。
　十〜十三　（略）

　ただし，「厚生労働大臣が全国的に重要であると認めた事案に係るもの」については，厚生労働大臣（厚生労働省本省）において権限行使を行うことが予定されている（厚労省関係法施行規則8条）。「厚生労働大臣が全国的に重要であると認めた事案に係るもの」とは，以下のいずれかに該当するものと考えられ，

厚生労働大臣が自ら又は都道府県労働局長の上申を受けてその都度判断するものと考えられる[9]。

① 広範囲な都道府県にまたがり，その事案の処理にあたって各方面との調整が必要であると考えられる事案
② 当該事案の性質上社会的に広汎な影響力を持つと考えられる事案
③ 都道府県労働局長が勧告を行ったにもかかわらず是正されない事案

9　均等法29条2項，均等則14条に基づく助言，指導及び勧告における「厚生労働大臣が全国的に重要であると認めた事案に係るもの」も同様に解されている（「改正雇用の分野における男女の均等な機会及び待遇の確保等に関する法律の施行について」（平成18年10月11日雇児発第1011002号：最終改正令和2年2月10日雇均発0210第2号）第7の2(4)）。

第5章

罰　則

第二十四条　次の各号のいずれかに該当する場合には，当該違反行為をした者は，五十万円以下の罰金に処する。

一　第九条第一項又は第十九条第一項の規定による命令に違反したとき。

二　第十一条第一項若しくは第二項又は第二十条第一項の規定による報告をせず，若しくは虚偽の報告をし，又はこれらの規定による検査を拒み，妨げ，若しくは忌避したとき。

第1　本条の趣旨

本条は，公正取引委員会及び厚生労働大臣による特定業務委託事業者の遵守事項に係る命令（法9条1項，19条1項）に違反した場合の罰金（本条1号）及び公正取引委員会及び中小企業庁長官並びに厚生労働大臣による報告徴収・立入検査（11条1項及び2項，20条1項）に係る罰金（本条2号）について規定するものである。

第2　条文解説

公正取引委員会及び厚生労働大臣による勧告に係る措置をとるべきことの命令（法9条1項，19条1項）に違反した場合，50万円以下の罰金に処される。

公正取引委員会及び中小企業庁長官並びに厚生労働大臣による報告徴収・立入検査（11条1項・2項，20条1項）に係る違反をした場合も，50万円以下の罰金

に処される。

　なお，「当該違反行為をした者」は，実際に違反行為を行った行為者（（特定）業務委託事業者の代表者やその代理人，（特定）業務委託事業者が使用する労働者）が想定される（（特定）業務委託事業者自身は法25条により罰せられる）。

> 第二十五条　法人の代表者又は法人若しくは人の代理人，使用人その他の従業者
> が，その法人又は人の業務に関し，前条の違反行為をしたときは，行為者を罰
> するほか，その法人又は人に対して同条の刑を科する。

第1 本条の趣旨

本条は，両罰規定について定めた規定である。

第2 条文解説

法人の代表者又は法人若しくは人の代理人，使用人その他の従業者が，その法人又は人の業務に関し，法24条の違反行為をしたときは，行為者を罰するほか，その法人又は人に対して同条の刑（50万円以下の罰金）を科すものである。

例えば，（特定）業務委託事業者の使用する労働者が公正取引委員会や厚生労働大臣（都道府県労働局）の検査を拒んだり，調査を妨げたりした場合は，当該労働者が50万円以下の罰金に処されることに加え，その労働者を使用する（特定）業務委託事業者も50万円以下の罰金に処されることとなる。

> **第二十六条** 第二十条第二項の規定による報告をせず，又は虚偽の報告をした者は，二十万円以下の過料に処する。

第1 本条の趣旨

本条は，法20条2項の規定により特定業務委託事業者に対し求めた報告について，報告をせず，又は虚偽の報告をした者を20万円以下の過料（行政罰）に処するものである。

第2 条文解説

厚生労働大臣が，法18条（法14条に係る部分に限る）及び法19条3項の規定の施行に必要な限度において，特定業務委託事業者に対し，報告を求めた場合において（法20条2項），特定業務委託事業者が当該報告をせず，又は虚偽の報告をしたときは，20万円以下の過料となる。

なお，過料は刑事罰ではなく行政罰であるため，その手続も刑事訴訟法（昭和23年法律第131号）ではなく非訟事件手続法（平成23年法律第51号）に基づき行われることとなる。

附　則　329

> **附則**

> （施行期日）
> 1　この法律は，公布の日から起算して一年六月を超えない範囲内において政令
> で定める日から施行する。
>
> （検討）
> 2　政府は，この法律の施行後三年を目途として，この法律の規定の施行の状況
> を勘案し，この法律の規定について検討を加え，その結果に基づいて必要な措
> 置を講ずるものとする。

第1　本条の趣旨

　附則各項は，法の施行期日及び法の見直しを規定するものである。

第2　条文解説

1　施行期日（附則1項）

　特定受託事業者に係る取引の適正化等に関する法律の施行期日を定める政令
（令和6年政令第199号）により，法の施行期日は令和6年11月1日である。
　なお，本法においては特に経過措置は設けられていないため，本法のすべて
の規定が令和6年11月1日から適用される。もっとも，本法は，業務委託をす
ることについて本法施行後に合意をした業務委託に適用されるものであり，本
法施行前に合意をした業務委託は，本法施行後に給付を受領し，又は役務の提
供を受ける場合であっても，本法の適用はない（Q&A問33回答，政省令等パブコ

メ回答4-14〜18)。ただし，本法施行前に合意をした業務委託について，本法施行後に契約の更新を行う場合には，新たな業務委託があったものとして，更新後の業務委託に本法が適用される（Q&A問33回答，政省令等パブコメ回答4-14〜18)。

2　検討（附則2項)

　新たな法律が制定された場合には，施行後一定期間（本法の場合，施行後3年）の施行状況を勘案し，見直しの要否及び内容等を検討し，必要に応じて見直し（法改正含む）を行うことが一般的であり，本条もそのことを示したものである。

索　引

英数字

3条通知 · 54

あ行

アフィリエイトビジネス · · · · · · · · · · · · · · 27

育児 · 215

委託 · 40, 41

役務提供委託 · 43

役務の提供 · 43

役務の提供委託 · · · · · · · · · · · · · · · · · · · 43

役務の提供における「委託」 · · · · · · · · · · 44

役務の提供を受けた日 · · · · · · · · · · · · · · 94

越境取引 · 44

か行

介護 · 215

解除予告義務 · 280

買いたたきの禁止 · · · · · · · · · · · · · · · · · 134

加工 · 41

過料 · 328

環境型セクシュアルハラスメント
· 232, 234

勧告 · 161, 301, 302

勧告書 · 303

勧告に係る措置をとらなかったとき
· 168, 306

規定の施行に必要な限度において
· 185, 310

基本契約 · 118

給付の内容 · 62

給付を受領した日 · · · · · · · · · · · · · · · 92, 93

給付を受領する場所等 · · · · · · · · · · · · · · 63

行政規則 · 272

行政指導 · · · · · · · · · · · · 162, 301, 302, 318

行政罰 · 328

業務委託 · 38

業務委託事業者 · · · · · · · · · · · · · · · · · · · 45

業務委託に関して行われる · · · · · · · · · · 231

業務委託をした日 · · · · · · · · · · · · · · · · · · 60

業務委託をする事業者 · · · · · · · · · · · · · · 45

虚偽の表示 · 200

虚偽の表示の禁止 · · · · · · · · · · · · · · · · · 200

虚偽表示禁止 · 194

空白期間 · 120

空白期間要件 · 120

組合 · 36

経過措置 · 329

継続的業務委託 · · · · · · · · · · · · · · · 212, 274

契約期間の満了後に更新しない · · · · · · 276

契約の解除 · 275

契約の更新により継続して行うこととなる
　場合 · 120

権利能力なき社団 · · · · · · · · · · · · · · · · · · 37

更正決定 · 170

購入・利用強制の禁止 · · · · · · · · · · · · · 137

公表 · 169, 307

誤解表示禁止 · 194

誤解を生じさせる表示 · · · · · · · · · · · · · 201

誤解を生じさせる表示の禁止 · · · · · · · · 201

この法律の施行に関し必要があると認める
　ときは‥‥‥‥‥‥‥‥‥‥‥‥‥‥317
顧問契約‥‥‥‥‥‥‥‥‥‥‥‥‥‥40

さ行

再委託‥‥‥‥‥‥‥‥‥‥‥‥‥‥‥99
自家利用役務‥‥‥‥‥‥‥‥‥‥‥‥44
士業‥‥‥‥‥‥‥‥‥‥‥‥‥‥‥‥27
事業‥‥‥‥‥‥‥‥‥‥‥‥‥‥28, 38
事業者‥‥‥‥‥‥‥‥‥‥‥‥‥‥‥27
事業のために‥‥‥‥‥‥‥‥‥‥‥‥39
施行期日‥‥‥‥‥‥‥‥‥‥‥‥‥329
指針‥‥‥‥‥‥‥‥‥‥‥‥‥‥‥271
下請Gメン‥‥‥‥‥‥‥‥‥‥‥‥159
指導‥‥‥‥‥‥‥‥‥‥‥‥‥‥‥318
指導書‥‥‥‥‥‥‥‥‥‥‥‥‥‥320
自発的な申出‥‥‥‥‥‥‥‥‥‥‥163
支払期日‥‥‥‥‥‥‥‥‥‥‥‥‥91
従業員を使用‥‥‥‥‥‥‥‥‥‥‥33
修理委託‥‥‥‥‥‥‥‥‥‥‥‥‥43
受領拒否の禁止‥‥‥‥‥‥‥‥‥125
使用従属性‥‥‥‥‥‥‥‥‥‥‥‥28
状態への嫌がらせ型‥‥‥‥‥‥‥235
消費者‥‥‥‥‥‥‥‥‥‥‥‥‥‥39
情報成果物‥‥‥‥‥‥‥‥‥‥‥‥42
情報成果物の作成委託‥‥‥‥‥‥‥42
情報成果物の作成における「委託」‥‥‥43
助言‥‥‥‥‥‥‥‥‥‥‥‥‥‥‥318
正確最新保持‥‥‥‥‥‥‥‥‥‥194
製造‥‥‥‥‥‥‥‥‥‥‥‥‥‥‥41
正当な理由‥‥‥‥‥‥‥‥‥167, 305
セクシュアルハラスメント‥‥‥‥232
措置請求権限‥‥‥‥‥‥‥‥‥‥159

措置命令書等‥‥‥‥‥‥‥‥‥‥170
その事業のため‥‥‥‥‥‥‥‥‥38
その他の関係者‥‥‥‥‥‥‥186, 311
その他必要な措置‥‥‥‥‥‥‥‥162

た行

対価型セクシュアルハラスメント
　‥‥‥‥‥‥‥‥‥‥‥‥‥232, 233
代金‥‥‥‥‥‥‥‥‥‥‥‥‥‥‥49
立入検査‥‥‥‥‥‥‥187, 191, 311, 315
提供の目的たる役務‥‥‥‥‥‥‥‥44
的確表示‥‥‥‥‥‥‥‥‥‥‥‥194
的確表示義務‥‥‥‥‥‥‥‥‥‥194
適切な配慮‥‥‥‥‥‥‥‥‥‥‥107
適当な措置‥‥‥‥‥‥‥156, 160, 299
できる限り短い期間内‥‥‥‥‥97, 103
電磁的方法‥‥‥‥‥‥‥‥‥‥‥69
同一性要件‥‥‥‥‥‥‥‥‥‥‥120
同居親族‥‥‥‥‥‥‥‥‥‥‥‥34
特定業務委託事業者‥‥‥‥‥‥‥47
特定受託業務従事者‥‥‥‥‥‥‥37
特定受託事業者‥‥‥‥‥‥‥‥‥26
都道府県労働局雇用環境・均等部（室）
　‥‥‥‥‥‥‥‥‥‥‥‥‥‥‥322
都道府県労働局長‥‥‥‥‥‥‥‥322

な行

内部関係‥‥‥‥‥‥‥‥‥‥‥‥40
日本標準産業分類‥‥‥‥‥‥‥‥121
妊娠，出産等に関するハラスメント‥‥234

は行

配慮‥‥‥‥‥‥‥‥‥‥‥‥‥‥215

索　引　333

配慮義務 ····················· 216
配慮の内容の伝達及び実施 ·········217
配慮の内容又は取り得る選択肢の検討
　···························217
配慮の不実施の場合の伝達・理由の説明
　···························217
配慮の申出の内容等の把握 ·········216
配慮申出等への嫌がらせ型 ······ 235, 236
罰金 ························· 325
パワーハラスメント ·············238
犯罪捜査 ····················· 188
必要な措置 ··················· 302
必要な調査 ··············· 156, 299
副業 ························· 27
物品 ························· 41
物品の製造・加工委託 ···········41
物品の製造における「委託」·········41
不当な給付内容の変更及び不当なやり直し
　の禁止 ····················142
不当な経済上の利益の提供要請の禁止
　···························139
フリーランス・トラブル110番 ·······316
不利益な取扱い ················261
返品の禁止 ··················· 131
法規命令 ····················· 272
報告 ························· 186
報告徴収 ··········· 186, 189, 311, 314
報酬 ························· 49

報酬の額 ····················· 64
報酬の減額の禁止 ··············127
報酬の支払期日 ················91
他の事業者 ··················· 40
募集 ························· 197

ま行

前払金 ······················ 107
マタニティハラスメント ··········234
マッチングサービスを提供する事業者
　···························46
自ら用いる役務 ················44
未定事項 ····················· 72
身分証明書 ··················· 312
明示事項 ····················· 57
命令 ··················· 168, 306
申出をしたことを理由として ········157
元委託支払期日 ················102

や行

役員 ························· 36

ら行

理由として ··················· 260
理由の開示 ··················· 289
両罰規定 ····················· 327
労働者 ······················ 28
労働者性 ····················· 28

[編著者プロフィール]

那須　勇太（なす・ゆうた）

TMI 総合法律事務所 パートナー弁護士

2010年12月第一東京弁護士会登録。2011年1月 TMI 総合法律事務所入所。2020年10月 TMI プライバシー＆セキュリティコンサルティング株式会社執行役員就任。2021年1月 TMI 総合法律事務所パートナー就任。主に，人事労務関係（就業規則や雇用契約等の整備・改定，M&A における労務デュー・ディリジェンス，労働審判や労働関係訴訟，人事労務に関する社内調査，フリーランス関係等）を取扱い，特にトラブル対応への関与頻度が高い。また，エンタテインメントビジネス等も取り扱っており，エンタテインメント業界と労務に関する案件にも数多く従事している。主な著作として「プロ野球ビジネスと知的財産」（共著，ジュリスト1514号27頁），「エンタメ×労務」（労務事情，2021年4月15日号～2022年7月15日号連載全15回）等，共著として『人事担当者のための採用から退職までの実務 Q&A100』（労務行政），『労働時間の法律相談』（青林書院）等，多数ある。労働法プラクティスグループ所属。

益原　大亮（ますはら・だいすけ）

TMI 総合法律事務所 弁護士・社会保険労務士

2017年12月東京弁護士会登録，2018年1月 TMI 総合法律事務所入所。2019年10月～2021年9月厚生労働省大臣官房総務課法務室に法務指導官として出向（厚生労働省における法務・訟務全般に対応）。2021年10月～2023年9月厚生労働省労働基準局労働条件政策課に課長補佐・労働関係法専門官として出向（裁量労働制の制度改正，医師の働き方改革，賃金デジタル払い，新しい時代の働き方に関する研究会，働き方改革関連法5年後見直しを含む労働基準法の企画立案・解釈等を担当）。2023年2月東京都社会保険労務士会登録。2023年10月より厚生労働省医政局参与（医師の働き方改革）に就任。人事労務分野におけるリーガルサービス（就業規則や雇用契約等の整備・改定，M&A における労務デュー・ディリジェンス，労働審判や労働関係訴訟，従業員対応，人事労務に関する社内調査，労働基準監督署や労働局への対応，職業紹介事業・労働者派遣事業，フリーランス関係等）を幅広く提供するほか，行政実務に精通する者として，業種に関係なく行政分野におけるリーガルサービスを提供している。編著として『医師の働き方改革 完全解説』（日経 BP），『詳解 裁量労働制』（中央経済社），共著として『労働時間の法律相談』（青林書院），監修として「偽装フリーランス防止のための手引き」（一般社団法人プロフェッショナル＆パラレルキャリア・フリーランス協会）があるほか，寄稿・セミナー多数。労働法プラクティスグループ所属。

[著者プロフィール]

海住 幸生（かいじゅう・ゆきお）

TMI 総合法律事務所 パートナー弁護士

2008年12月第二東京弁護士会登録。2009年1月 TMI 総合法律事務所入所。2016年4月～2018年6月公正取引委員会審査局訟務官に訟務官付（審査専門官）として出向（独占禁止法違反事件の審査や訴訟の対応等を担当）。2019年5月カリフォルニア大学バークレー校ロースクール修了。2019年9月～同年12月米国連邦取引委員会国際室にて勤務。2020年1月～同年7月 Winston & Strawn LLP にて勤務。2022年1月 TMI 総合法律事務所パートナー就任。主な取扱分野は独占禁止法・海外競争法，下請法，景品表示法及びコンプライアンスを中心とした企業法務。日本及び米国での競争当局で勤務した経験を活かし，実務に沿ったアドバイスを行う。主な著作として『独占禁止法の実務手続』（共著，中央経済社），「消耗品ビジネスをめぐる独禁法実務」（NBL1238号26頁），『条解 独占禁止法〔第2版〕』（執筆協力，弘文堂）等，多数ある。独禁法プラクティスグループ所属。

那須 勇太（なす・ゆうた）

TMI 総合法律事務所 パートナー弁護士

編著者プロフィール参照。

安中 嘉彦（あんなか・よしひこ）

TMI 総合法律事務所 弁護士

2015年12月第二東京弁護士会登録，2020年7月 TMI 総合法律事務所入所。弁護士登録以降，TMI 総合法律事務所入所までは，渥美坂井法律事務所・外国法共同事業所属。2021年5月～2023年3月厚生労働省労働基準局監督課に課長補佐・労働関係法専門官として出向（労働基準関係法令の解釈や，行政不服審査・訴訟の対応等を担当）。2024年2月厚生労働省技術審査委員就任。人事労務分野におけるリーガルサービス（労働審判や労働関係訴訟，労働基準監督署や労働局への対応，労働組合対応，就業規則や雇用契約等の整備・改定，人事労務に関する社内調査，M&A における労務デュー・ディリジェンス等）を幅広く提供する。共著として『人事担当者のための採用から退職までの実務 Q&A100』（労務行政），『Employment 2023』及び『Employment 2024』（Chambers and Partners），『医師の働き方改革 完全解説』（日経BP），『詳解 裁量労働制』（中央経済社）がある。労働法プラクティスグループ所属。

益原 大亮（ますはら・だいすけ）

TMI 総合法律事務所 弁護士・社会保険労務士

編著者プロフィール参照。

池田 絹助 （いけだ・けんすけ）

TMI 総合法律事務所 弁護士

2018年12月第二東京弁護士会登録，2019年1月 TMI 総合法律事務所入所。主に，人事労務関係（就業規則や雇用契約等の整備・改定，M&A における労務デュー・ディリジェンス，労働審判や労働関係訴訟，人事労務に関する社内調査，フリーランス関係等），カルテル，企業結合等の独占禁止法，下請法，景品表示法，M&A 法務の分野を取り扱う。共著として『労働時間の法律相談』（青林書院），『医師の働き方改革 完全解説』（日経 BP），『詳解 裁量労働制』（中央経済社）等がある。労働法プラクティスグループ，独禁法プラクティスグループ所属。

正田 琢也 （しょうだ・たくや）

TMI 総合法律事務所 弁護士

2018年12月第一東京弁護士会登録，2019年1月 TMI 総合法律事務所入所。2022年11月〜2024年5月国内大手メーカーの法務部門に企業出向。主に一般企業法務，人事労務（就業規則や雇用契約等の整備・改定，M&A における労務デュー・ディリジェンス，労働審判や労働関係訴訟，労働組合対応，人事労務に関する社内調査，フリーランス関係等），訴訟紛争等の分野を取り扱う。共著として『労働時間の法律相談』（青林書院）等がある。労働法プラクティスグループ所属。

小野関 翼 （おのぜき・つばさ）

TMI 総合法律事務所 弁護士

2022年4月東京弁護士会登録，2022年4月 TMI 総合法律事務所入所。主にスポーツ，競争法（カルテル，当局調査対応，企業結合届出，アライアンス，下請法，景品表示法等）等の分野を取り扱う。独禁法プラクティスグループ所属。

長島 誠 （ながしま・まこと）

TMI 総合法律事務所 弁護士

2022年4月東京弁護士会登録，2022年4月 TMI 総合法律事務所入所。主に競争法（カルテル，当局調査対応，企業結合届出，アライアンス，下請法，景品表示法等），不正調査・リスクマネジメント（内部通報，人事労務，品質不正，会計不正等）等の分野を取り扱う。独禁法プラクティスグループ所属。

梶原 大暉 （かじわら・だいき）

TMI 総合法律事務所 弁護士
2023年12月第一東京弁護士会登録，2024年1月 TMI 総合法律事務所入所。主に一般企業法務，人事労務（就業規則や雇用契約等の整備・改定，M&A における労務デュー・ディリジェンス，労働審判や労働関係訴訟，人事労務に関する社内調査等），学校法務等の分野を取り扱う。労働法プラクティスグループ，学校法人・教育プラクティスグループ所属。

打越 まりん （うちこし・まりん）

TMI 総合法律事務所 弁護士
2023年12月東京弁護士会登録，2024年1月 TMI 総合法律事務所入所。一般企業法務，独占禁止法，下請法分野の案件を取り扱うほか，不正調査（カルテル，会計不正等），リスクマネジメント（内部通報等），ファイナンス，紛争関連の案件も広く取り扱う。

［事務所プロフィール］

TMI 総合法律事務所

TMI 総合法律事務所は，新しい時代が要請する総合的なプロフェッショナルサービスへの
需要に応えることを目的として，1990年10月1日に設立。設立以来，「国際化そしてさらに
ボーダレスな世界に進もうとしている新しい時代への対応」「専門性の確立」「専門領域の総
合化」といった設立時の基本コンセプトを絶えず念頭に置きつつ，企業法務，知的財産，
ファイナンス，倒産・紛争処理を中心に，高度で専門的な法律判断と，総合的な付加価値の
高いサービスを提供できる体制を構築している。

実務逐条解説　フリーランス・事業者間取引適正化等法

2024年12月25日　第1版第1刷発行					
2024年12月30日　第1版第2刷発行					

編著者　那　須　勇　太
　　　　益　原　大　亮

著　者　海　住　幸　生
　　　　安　中　嘉　彦
　　　　池　田　絹　助
　　　　正　田　琢　也
　　　　小　野　関　翼
　　　　長　島　　　誠
　　　　梶　原　大　暉
　　　　打　越　ま　り　ん

発行者　山　本　　　継

発行所　㈱中央経済社

発売元　㈱中央経済グループ
　　　　パブリッシング

〒101-0051　東京都千代田区神田神保町1-35
電　話　03(3293)3371(編集代表)
　　　　03(3293)3381(営業代表)
https://www.chuokeizai.co.jp
印刷／東光整版印刷㈱
製本／誠　製　本　㈱

© 2024
Printed in Japan

＊頁の「欠落」や「順序違い」などがありましたらお取り替えいた
しますので発売元までご送付ください。(送料小社負担)
ISBN 978-4-502-52211-6　C3032

JCOPY〈出版者著作権管理機構委託出版物〉本書を無断で複写複製(コピー)することは,
著作権法上の例外を除き,禁じられています。本書をコピーされる場合は事前に出版者著
作権管理機構(JCOPY)の許諾を受けてください。
　JCOPY〈https://www.jcopy.or.jp　eメール：info@jcopy.or.jp〉